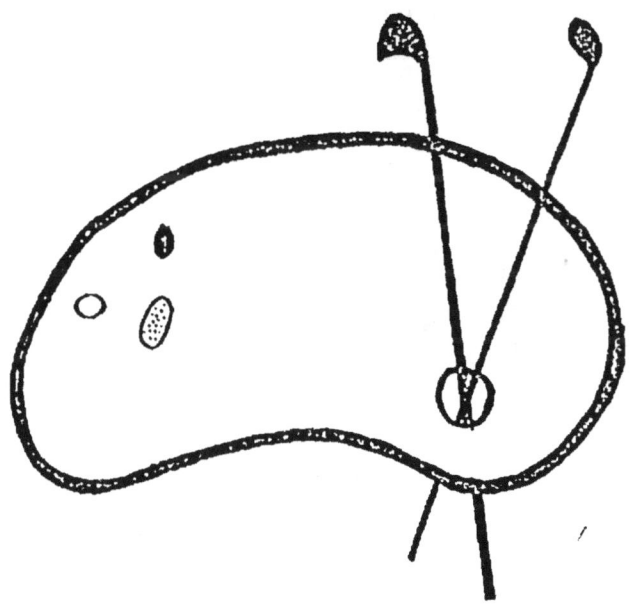

COUVERTURE SUPERIEURE ET INFERIEURE
EN COULEUR

ABBÉ C. PIAT

AGRÉGÉ DE PHILOSOPHIE, DOCTEUR ÈS LETTRES,
PROFESSEUR A L'INSTITUT CATHOLIQUE DE PARIS

L'IDÉE

PARIS
LIBRAIRIE CH. POUSSIELGUE
RUE CASSETTE, 15

1895

A LA MÊME LIBRAIRIE

MÉLANGES PHILOSOPHIQUES. Recueils d'essais consacrés à la défense du spiritualisme par le retour à la tradition des Écoles catholiques, par Mgr d'Hulst. In-8° écu.. .... 5 fr.

CONFÉRENCES DE NOTRE-DAME, par Mgr d'Hulst. In-8° écu avec notes.

   Carême de 1891. *Les Fondements de la moralité* et Retraite de la Semaine sainte............................. 5 fr.
   Carême de 1892. *Les Devoirs envers Dieu* et Retraite de la Semaine sainte.. .... 5 fr.
   Carême de 1893. *Les Devoirs envers Dieu* (suite) ...... 5 fr.
   Carême de 1894. *La Morale de la Famille* et Retraite de la Semaine sainte............................. 5 fr.
   Carême de 1895. *La Morale du citoyen* et Retraite de la Semaine sainte............................. 5 fr.

MORALE CATHOLIQUE (Principes de), par M. Jules Didiot, docteur en théologie. In-18 jésus cartonné. .... 1 fr. 50

PSYCHOLOGIE (Notions de), à l'usage des jeunes filles, par M. l'abbé L. Salembier, docteur en théologie, aumônier des Dames Bernardines à Lille. In-18 jésus broché ...... 2 fr.
   Cartonné .... 2 fr. 25

PHILOSOPHIE CLASSIQUE (Cours élémentaire de), rédigé conformément au programme du 12 août 1890, par le R. P. Regnault, Eudiste, professeur de philosophie, supérieur de l'École Saint-Jean à Versailles. 4e édition entièrement refondue et considérablement augmentée. Fort volume in-8° broché............................. 6 fr.
   Cartonné .... 6 fr. 50

PHILOSOPHIE (Histoire de la), conforme au programme du 12 août 1890, par le R. P. Regnault. 4e édition. In-8° broché............................. 2 fr.

PHILOSOPHIE (Tableaux analytiques de la), de **l'HISTOIRE DE LA PHILOSOPHIE ET DES AUTEURS PHILOSOPHIQUES,** conformes au programme du 12 août 1890, par le R. P. Regnault. 2e édition. In-8° jésus broché............ ...... 2 fr. 50

MEMENTO DE LA DISSERTATION PHILOSOPHIQUE, contenant 550 sujets de dissertations donnés aux examens du baccalauréat et 350 plans et esquisses, avec des modèles de développements, par M. l'abbé A. Gouraud, licencié ès lettres, ancien professeur de philosophie, supérieur de l'Externat des Enfants Nantais, à Nantes. Nouvelle édition entièrement refondue. In-18 jésus broché ... . 2 fr. 50

PHILOSOPHIE SCIENTIFIQUE ET DE PHILOSOPHIE MORALE (Éléments de) pour les classes de mathématiques élémentaires et de première sciences, par M. l'abbé Eugène Durand, professeur à l'École Saint-Sigisbert de Nancy. In-8° écu broché. 3 fr. 50

L'IDÉE

PROPRIÉTÉ DE

DU MÊME AUTEUR

L'Intellect actif. Ernest Leroux, Paris, 1889.

Quid divini nostris idols tribuat Divus Thomas? Ernest Leroux, Paris, 1889.

Historique de la liberté au XIXᵉ siècle. Lethielleux, Paris, 1891.

Le problème de la liberté. Lethielleux, Paris, 1895.

ABBÉ C. PIAT

AGRÉGÉ DE PHILOSOPHIE, DOCTEUR ÈS LETTRES,
PROFESSEUR A L'INSTITUT CATHOLIQUE DE PARIS

L'IDÉE

PARIS
LIBRAIRIE CH. POUSSIELGUE
RUE CASSETTE, 15

1895
Droits de reproduction et de traduction réservés.

NOTIONS PRÉLIMINAIRES

Je sens, mais aussi je comprends. Quand je considère un triangle donné, il se passe à la fois dans ma conscience deux faits d'ordre différent : je me représente un triangle d'une forme déterminée, avec une certaine grandeur de ses angles et de ses côtés. Mais en même temps je conçois ce que c'est que le triangle : je me forme une représentation qui convient à tous les triangles, de quelque espèce et de quelque dimension qu'ils soient. De même, si je produis un acte de volition, ce phénomène se dédouble immédiatement sous le regard de ma conscience. D'une part, je sens l'acte réel et vivant dont je suis cause, qui a une intensité définie, des motifs et des effets également définis. De l'autre, je vois se dégager de cet acte une représentation qui n'enveloppe plus rien de vivant, où ma personnalité ne compte pas, qui n'a plus tel ou tel degré d'énergie, qui s'élève au-dessus des conditions de l'espace et du temps et s'applique à tous les cas du même genre. Cette représentation qui naît avec l'image et la dépasse en extension, qui contient encore les caractères de l'individu et n'en garde plus l'individualité : voilà ce qui s'appelle une idée.

Ainsi comprise, l'idée n'est pas en nous un phénomène isolé : elle est le principe régulateur de notre vie consciente; elle tient à tout le reste.

D'abord l'idée ne ressemble pas à l'empreinte qu'on trace avec une pointe de métal sur un morceau de cire. La comparaison poétique de Platon n'est qu'une face de la vérité. L'idée vit, et de la vie la plus noble : elle est perçue; elle contient une pensée qui la pénètre et la saisit, elle suppose et enveloppe la conscience.

En second lieu, l'idée se révèle à nous sous une triade de caractères généraux qui ne s'en séparent pas : elle est à la fois abstraite, universelle et nécessaire. Antérieurement à l'acte intellectuel, la couleur d'une cerise est un mode inhérent à ce fruit, qui ne peut exister qu'en lui. Dès que mon intelligence intervient, cette couleur devient la couleur, c'est-à-dire une chose qui est réalisable dans tous les temps et tous les lieux, autant de fois qu'on le voudra, qui ne peut cesser de l'être. Et c'est là une transformation bien mystérieuse; ce bond subit du relatif dans l'absolu a de quoi nous jeter dans l'étonnement. Mais il n'en est pas moins le fait le plus familier de notre activité consciente.

En troisième lieu, l'idée est intimement liée à l'image, ou, si l'on veut, au phénomène empirique. Nous ne pensons rien d'abstrait qui ne suppose du concret, rien de logique qui ne se fonde de quelque manière sur le réel : toute idée a pour *substratum* un fait : nous ne comprenons qu'autant que nous sentons.

Enfin, l'idée renferme de l'être, et cet être a une valeur objective : ou c'est la réalité, une face de l'immense et mystérieuse nature; ou c'en est le substitut mental. Car nous sommes faits pour la vérité; or il n'y a que deux moyens de l'atteindre : il faut que nous en devenions la pensée ou que notre pensée en devienne l'image.

A ces différents aspects de l'idée se rattache toute une série de questions qui se posent d'elles-mêmes.

1° Quel est le rapport de l'idée à la conscience? N'y a-t-il pas un dernier terme de l'opération intellectuelle où la pensée cesse d'informer son objet et ne fait plus que le percevoir? Derrière la puissance de lier, dont Kant a gratifié l'entendement humain, ne se trouve-t-il pas un pouvoir d'intuition? Et s'il en est ainsi, n'est-ce pas l'absolu qu'on atteint dans l'idée?

2° Quel est le rapport de l'idée à ses caractères généraux? Kant a fait de ces caractères supérieurs à l'expérience sensible des formes *a priori* de la pensée rationnelle. Cette théorie est-elle juste ? Au lieu de situer les catégories dans la conscience, ne faut-il pas les situer dans l'objet ? N'est-ce pas du fond même de l'idée qu'elles jaillissent sous l'effort de l'intelligence ?

3° Quel est le rapport de l'idée aux données de l'intuition sensible, ou, si l'on préfère, au phénomène empirique? Ne vient-elle pas de ce phénomène? et, si elle en vient, comment? Est-elle un résidu passif de l'expérience ou bien le résultat de l'activité mentale?

4° Quel est le rapport de l'idée à l'être? On parle sans cesse de l'identité de la pensée et des choses; on y croit de plus en plus : l'idéalisme semble derechef absorber peu à peu le Kantisme. Cette identité, si fortement affirmée, érigée en dogme dans notre société sceptique, a-t-elle des preuves solides à son appui? Ne peut-on pas démontrer que l'être déborde la pensée et même qu'il en est séparable?

Ce sont ces questions que nous avons le dessein d'élucider; et dès lors on voit l'importance et l'actualité du sujet que nous abordons.

Ce qui a préoccupé les philosophes modernes, ce qui en a fait et en fait encore le tourment, c'est le problème de la connaissance. Depuis Descartes, il s'est produit en philosophie une révolution analogue à celle qui s'est accomplie avec Kepler en astronomie. Ce n'est plus vers l'objet, c'est vers le sujet que convergent tous les efforts de la recherche ; c'est au sujet qu'on demande le secret de l'origine et de la valeur de nos idées. Et de cette orientation nouvelle de la spéculation sont sortis toute une pléiade de systèmes qui ont régné tour à tour sur les intelligences : le relativisme, l'innéisme des idées, l'innéisme des formes, l'idéalisme, l'empirisme. Ces grandes théories se présenteront naturellement sur notre route ; et nous aurons l'avantage d'en faire la critique à la lumière d'un seul et même fait auquel elles se rapportent toutes : l'*idée*.

L'IDÉE

LIVRE PREMIER

IDÉE ET CONSCIENCE

CHAPITRE PREMIER

Manière dont la conscience perçoit l'idée.

Il ne s'agit pas ici de la conscience morale. Il n'est pas question non plus de ce sens métaphysique qui est donné à tout homme de certaines vérités fondamentales, comme Dieu, le devoir, la vie future; sens mystérieux, mais d'une valeur primordiale, et dont Frédéric-Henri Jacobi fait à juste titre la base de la philosophie[1]. Nous donnons au terme de conscience une signification à la

---

1. Préface du tome IV des Œuvres, écrite en 1819.

fois plus expérimentale et plus large : nous voulons parler de ce regard intérieur qui enferme dans son champ à peu près tous les phénomènes de notre vie mentale, représentations, volitions, émotions, désirs, mouvements; nous voulons parler de la conscience psychologique.

Qu'est-ce que cette conscience ? Il est inutile de le définir; car chacun le sait par le fait même qu'il pense. On peut ajouter que la conscience échappe, par nature, à toute définition. Elle y échappe parce qu'elle est essentiellement simple; elle y échappe aussi pour cette raison plus spéciale qu'étant la source de toute connaissance, de la dernière des sensations comme de la plus haute idée, elle reste toujours ce qu'il y a de plus lumineux dans ce que nous pensons.

Mais, si la conscience ne se définit pas, on peut esquisser les formes qu'elle revêt; et c'est ce qu'il importe de faire dès maintenant au point de vue où nous sommes placé.

Lorsque la conscience saisit une représentation qui surgit par elle-même du fond de notre être ou nous arrive comme une dernière ondulation du mouvement extérieur, on a ce qu'on peut appeler une *perception*.

Lorsque la conscience prend garde à la représentation déjà donnée, soit pour en pénétrer la nature, soit pour en mesurer les conséquences, elle se nomme *attention;* et l'attention peut à son tour avoir deux caractères différents, suivant la cause qui la provoque. Ou bien elle tient à l'émotion, et, si l'on veut un terme plus général, à l'intérêt, comme il arrive d'un sanglier qui aperçoit subitement la carabine du chasseur; et tout le monde reconnaît à cet indice l'*attention spontanée.* Ou bien l'application de la conscience au phénomène perçu provient du vouloir proprement dit, non du désir; et c'est l'*attention libre.*

Enfin, quand la conscience se replie sur elle-même, ou pour étudier son essence, ou pour connaître les émotions qu'elle enveloppe d'ordinaire et qui sont ses propres modalités, elle porte le nom de *réflexion;* et cette dernière forme de la conscience est le trait caractéristique de la personne humaine. L'homme seul ici-bas a le double pouvoir et de connaître et de se connaître, et par là même le privilège inappréciable de se posséder, d'être placé dans la main de son conseil.

Ces quelques notions définies, entrons, sans autre préambule, dans le sujet qui nous occupe.

I

La question est de savoir comment la conscience atteint l'idée. Mais cette question en suppose une autre qui est plus vaste : celle du rapport que la conscience soutient, en général, avec ses propres états. C'est donc ce rapport qu'il importe de déterminer; car, sa nature une fois connue, la solution cherchée en sortira comme l'un de ses corollaires.

Aux yeux de Kant, entre la conscience et notre âme elle-même il y a toute une hiérarchie de formes innées : la double loi de la sensibilité, les catégories de l'entendement. C'est du sommet de cette hiérarchie que chacun s'aperçoit lui-même, à peu près comme on voit l'Égypte du haut des Pyramides, quand ce pays se couvre de son voile de brume étincelante. Entre notre pensée et notre être s'interpose un milieu essentiellement réfringent. Non seulement nous ne nous possédons pas par la connaissance, mais encore nous n'y pouvons trouver de notre moi qu'une image profondément altérée. Et cette théorie de Kant domine encore les philosophes contemporains. Si ces philosophes, en effet, ne croient plus aux catégories dont le penseur de Kœnigsberg a dressé le tableau, ils attribuent à la conscience une manière de voir qui lui est inhérente et lui dissimule par là même la nature absolue des choses. A leur sens, l'effort qu'on fait pour saisir la vérité est aussi l'obstacle qui la masque.

Ne peut-on pas sortir de cette étroite et désolante prison où la critique a enfermé la raison humaine? N'avons-nous donc un entendement que pour établir qu'il est à jamais frappé d'une impuissance radicale? Ne peut-on pas montrer qu'il y a quelque moyen de remettre le pied dans l'absolu; que, si l'homme ne se connaît pas tout entier, il a du moins de lui-même quelque réelle connaissance? Le problème est difficile, complexe et profond. Nombre de chercheurs d'élite l'ont remué avec autant de vigueur que de patience, sans en trouver la solution définitive. Mais il nous semble qu'on peut faire avancer la question, si l'on examine d'un point de vue nouveau la manière dont la conscience saisit ses propres états.

II

La critique, pour radicale qu'elle ait été, n'a pas détruit la règle fondamentale de la méthode cartésienne, puisque c'est sur cette règle qu'elle repose. Il reste vrai qu'on a le droit d'affirmer tout fait, toute idée, toute liaison d'idées qui est évidente. Or, si l'on s'arme de ce principe et qu'on étudie à sa lumière le procédé natif de la conscience, on s'aperçoit bien vite qu'il n'y a pas lieu de renoncer à l'espérance d'atteindre toute réalité.

Si loin qu'on étende le domaine du relativisme, on n'y peut tout comprendre. Il reste toujours une barrière où il faut qu'on s'arrête : ce sont les phénomènes du *moi*. Supposons que le monde de nos représentations mentales n'ait ni prototype ni fondement dans la nature, qu'il ne nous révèle la réalité d'aucun au-delà. Supposons même que ces représentations, considérées comme simples affections de notre être, ne soient pas d'une seule pièce, mais qu'elles enveloppent à la fois dans leur contenu les formes de l'esprit qui connaît et l'état ou l'acte connu. Imaginons que notre pensée soit telle de sa nature que nous ne puissions que nous *apparaître*. Il n'est pas moins vrai qu'il arrive un moment où tout acte de connaissance se sépare en deux termes très distincts : d'un côté ce qui perçoit, de l'autre ce qui est perçu. Qu'on multiplie autant qu'on voudra le nombre des formes que la conscience mêle à ce qu'elle appréhende ; il se trouve toujours un dernier site d'où elle ne fait plus que voir son objet, d'où elle le voit comme il est. En fin de compte, la parole de Bossuet reprend sa justesse : « Ce ne sont pas nos connaissances qui font leurs objets, elles les supposent [1]. »

1. *Conn. de Dieu et de soi-même*, éd. Lefranc, IV, 1. V, c.

Je puis douter, à la rigueur, au moins pour un instant, si cette surface blanche et plane sur laquelle j'écris et que j'appelle du papier, existe réellement au dehors de moi, si même elle a quelque part un corrélatif dans la nature. Peut-être ce phénomène s'éveille-t-il tout entier dans une région inconsciente de mon être et d'après une loi sur laquelle ma volonté n'a pas d'action, ne différant que par là de ces autres images que je fais naître, vivre et disparaître à peu près à ma guise. Et dans ce cas, qui m'assure que ma feuille de papier était objectivement au début ce qu'elle m'apparaît? Ne m'est-il pas arrivé, en la connaissant, d'en altérer les propriétés absolues? Mais de quelque source que vienne la double impression d'étendue et de blancheur produite en moi par l'objet où je trace ces lignes, que ce phénomène résulte ou non d'éléments divers, il est également certain que je vois une surface blanche et plane, qu'au moment où je la vois elle est bien telle que je la vois, que si je prends cet objet comme il est donné à ma conscience, je n'y change rien, mais ne fais que le saisir ; et partant je puis en affirmer tous les caractères et toutes les relations que j'y rencontre.

On peut étendre cette remarque des représentations concrètes aux représentations logiques, des impressions aux idées, et l'on constatera sans peine qu'elle garde la même valeur. Si l'on ne considère plus d'où sortent et comment se forment nos idées, qu'on les prenne pour ainsi dire toutes faites et comme à l'état brut, le rôle de la conscience n'est plus de leur imposer son mode, mais de les connaître.

Le rapport essentiel de la conscience et de la représentation nous révèle donc un fait à la fois primordial et indiscutable : c'est qu'il se produit un moment où la conscience convertit en objet jusqu'à ses propres formes et ne fait que percevoir. En d'autres termes, derrière le cortège des catégories, si catégories il y a, dans quelque région reculée de notre esprit agit une puissance mystérieuse dont le propre est de saisir les représentations sans les changer : l'être se révèle dans le phénomène l'absolu dans le relatif.

Cette première constatation nous autorise à faire un pas de plus : elle nous apprend, en effet, que le trait caractéristique de la conscience, considérée en elle-même, c'est de voir sans altérer ce qu'elle voit, de pénétrer son terme immanent sans en modifier la nature. Et de là découlent trois vérités importantes : 1° la perception, qui est la conscience à son état le plus simple, ne change pas l'acte ou l'état qu'elle pénètre de sa mystérieuse clarté : elle en est témoin et c'est tout ; 2° l'attention elle-même, qui n'est que la conscience à un degré plus intense, peut rendre les données de la perception plus nettes et plus distinctes, mais elle en respecte la nature ; son rôle consiste à les penser d'une façon plus exacte et plus détaillée ; 3° la réflexion, qui n'est que la forme la plus élevée de la conscience, ne change pas son essence en se connaissant : elle se saisit telle qu'elle est. Par où l'on peut voir que, s'il y a des formes innées, elles ne sont point dans cette partie de nous-mêmes qui connaît ; elles tiennent à cette autre région de notre être qui est connue : elles dépendent de l'essence même de notre activité mentale, et de telle sorte que, si la pensée s'en pouvait séparer, elles seraient encore ce qu'elles sont. Ainsi c'est notre âme elle-même que nous saisissons, bien que d'une manière inadéquate, et par la perception, et par l'attention et par la réflexion. L'hypothèse de Kant, qu'a inventée le besoin de l'*a priori*, ne tient pas en face de l'expérience. La vérité, c'est que la conscience procède à la façon de la lumière qui traverse le cristal sans en modifier la structure ; la vérité, c'est que chacun de nous se saisit dans la mesure même où il agit.

III

Mais ne nous contentons pas d'inférer de la nature de la conscience à sa valeur, si directe que soit cette inférence. Employons à montrer le même fait une méthode un peu plus directe.

Tout d'abord, il faut bien, comme on l'a vu, que la perception se dégage à un moment donné du sein de la représentation, qu'elle se pose pour ainsi dire à l'état indépendant. De quelque manière que se forme son objet, il faut qu'à une certaine étape du phénomène elle ne fasse plus que voir; autrement il n'y aurait jamais de perception. Les données de la conscience directe sont donc telles qu'elle les perçoit. D'autre part, ces données elles-mêmes, voilà ce qui constitue la trame de mes propres états; ces images, ces idées, ces desseins, ces émotions et ces désirs dont elles se composent, voilà ce qui fait ma vie; ce sujet unique et permanent qu'elles enveloppent et qui se manifeste en elles et par elles, voilà ce que j'appelle mon *moi*, ma personnalité. Qu'il y ait derrière ces états divers et changeants, derrière ce principe indivisible qui les supporte ou les produit, une réalité plus profonde, inaccessible à ma pensée et dont ils dépendent en dernière analyse, un autre *moi* dont le mien n'est que le *sosie*:

c'est chose qui m'importe peu et j'ai quelque droit de m'en désintéresser. Quels que soient la nature et le rôle de cet autre moi, je n'en suis pas moins ce que je suis.

La perception me donne à moi-même comme je suis ; et l'attention, à son tour, ne change rien aux données de la perception. Elles restent sous son regard scrutateur ce qu'elles étaient auparavant ; on le peut établir à la lumière des faits. Supposez que je parcoure pour la première fois les galeries du Louvre et que je me trouve tout à coup en face de la Vierge de Murillo. Au premier instant, je reçois un ensemble d'impressions où je me sens passif. Mais l'originalité du chef-d'œuvre ne tarde pas à éveiller mon attention et j'en remarque les beautés avec une admiration croissante. Que se passe-t-il à ce moment ? Est-ce que l'objet de ma conscience varie ? Nullement, et je m'en rends compte. La perception par laquelle a commencé le phénomène n'a pas encore cessé, lorsque l'attention se met de la partie ; elle persiste à travers cette opération nouvelle, de telle sorte que je puis savoir ce qu'elle devient. Or ce que je remarque, c'est qu'elle ne change pas. Je vois encore ce que je voyais ; toute la différence entre mon état actuel et le précédent, c'est que je le vois mieux. Mon attention n'est que ma perception elle même portée à un degré plus haut d'intensité.

Enfin, il existe aussi une certaine manière de montrer que la réflexion ne change rien à la perception, lorsqu'elle la saisit ; en d'autres termes, il est possible de prouver que la pensée d'un objet donné ne se modifie pas quand on la pense.

Pour tirer au clair cette question délicate, qui a l'air d'une vaine subtilité, mais qui tient de fait aux racines de la psychologie, il est bon de distinguer deux ordres de cas.

Il se peut d'abord que le sujet conscient s'absorbe dans son objet au point de s'y oublier soi-même. Tel est l'état mental d'une personne qu'enchante une scène dramatique, un morceau de musique, la recherche d'un problème ; tel est surtout l'effet de toute extase. Dans ces circonstances on ne s'appartient plus, on se perd de vue pour ne plus voir que ce qui s'oppose à la conscience. On pense un objet sans penser par là même la pensée qu'on en a ; ou, si cette pensée existe, elle a si peu d'importance qu'il n'est pas possible d'en affirmer la réalité. Quand la partie représentative de la connaissance prend cette place dominante, quand elle s'étend au point de tout accaparer, on n'a aucun moyen direct de déterminer les modifications que peut introduire dans la conscience le concours de la réflexion. Il faut alors faire appel au raisonnement. On sait déjà par l'analyse précédente qu'un objet donné à la conscience directe ne change point par l'intervention de la conscience indirecte. Mais, si l'objet ne change point, la pensée ne change pas non plus ; car au même objet correspond nécessairement la même pensée. Le terme de la pensée restant le même, la pensée ne peut varier qu'en intensité. Prise en elle-même, elle reste ce qu'elle est.

Le problème devient plus facile, lorsque l'objet de la pensée a moins d'importance et tient par là même moins de place, lorsqu'il existe une sorte d'égalité entre ce qu'on connaît et l'acte par lequel on connaît. Dans ce cas, en effet, il arrive que la conscience ne passe pas tout entière à son objet ; dans ce cas, de beaucoup le plus fréquent, il y a toujours dans la connaissance un commencement de réflexion : on pense à la fois l'objet et sa propre pensée. Dès lors il n'y a entre la connaissance directe et la conscience réfléchie qu'une différence de degré. Quand on essaie, en se repliant sur soi-même, de penser sa pensée, on ne fait qu'accroître l'activité du phénomène donné : on prend une vue plus claire de ce qu'on savait déjà. Le point culminant de la conscience se trouvait tout à l'heure au sein de l'objet ; il est maintenant dans le sujet.

IV

Ainsi, quelque forme que revête la conscience, qu'elle s'appelle perception, attention ou réflexion, c'est toujours la réalité vivante et agissante de notre être qu'elle nous révèle à nous-mêmes et sans en altérer la nature absolue; non peut-être qu'elle lui soit adéquate, comme l'a voulu Descartes. Mais ce qu'elle nous en manifeste, elle ne le change pas. C'est là un fait qu'on ne peut révoquer en doute. Et de ce fait découlent des conclusions de la plus haute importance.

1° D'après Mansel, la pensée n'atteint rien qu'elle ne modifie du même coup. Par là-même, ce que nous appréhendons de notre vie mentale, n'est point tel que nous l'appréhendons. L'absolu nous échappe, même quand cet absolu est dans notre âme. « Les objets se logent en nous à notre guise », disait Montaigne, en parlant du monde extérieur. Le philosophe anglais renchérit sur cette parole déjà passablement décevante et l'étend jusqu'aux états du sujet pensant[1]. C'est là aussi ce que fait H. Spencer, comme on peut le voir par les *Premiers Principes*. Au second chapitre de

---

1. *Limits of religious thought*, ch. II, trad. de M. E. Cazelles. Paris, Alcan.

ce livre remarquable, il fait un long raisonnement pour prouver comment on peut s'élever logiquement de l'idée de cause première à l'idée d'être indépendant, pour monter de là jusqu'à l'idée d'être parfait ; et l'on est saisi de la puissance et de la lucidité de son argumentation toute scolastique. Mais il ne tarde pas à conclure par une réflexion qui fait crouler subitement ce bel échafaudage. Ce ne sont là, dit-il, que « des conceptions symboliques de l'ordre illégitime ». Nous savons maintenant que ce relativisme radical qui pénètre jusqu'au rapport de la conscience et des états psychologiques n'est pas fondé en raison. Il peut y avoir de la relativité dans la manière dont nous connaissons les objets extérieurs ; mais il n'y en a pas dans la façon dont l'âme se saisit elle-même. Si le relativisme se veut défendre, il faut qu'il recule d'un pas et qu'il passe la frontière de la conscience ; car la conscience, c'est le domaine de l'absolu.

2° Aux yeux des partisans du positivisme, il n'y a que des agglutinations physiques dans le champ de la conscience ; et par là même, il n'y a que des vérités de fait. Cette redoutable assertion ne tient plus debout, si la conscience saisit ses états comme ils sont. Car elle nous révèle en nous des connexions logiques, c'est-à-dire des enchaînements d'idées qui ne peuvent nullement changer, qui sont par la même de tous les temps et de tous les lieux.

3° D'après le criticisme, il existe des vérités de *droit*; mais on ne sait pourquoi: on constate la suite nécessaire des idées sans pouvoir en fournir l'explication. Cette troisième erreur, dont Kant est le père, se trouve aussi battue en brèche, si l'on rétablit la valeur absolue de l'introspection. Car nous constatons en nous non seulement que nos idées soutiennent des liaisons nécessaires, mais encore que cette nécessité repose sur une dérivation essentielle.

Dès qu'on établit que l'âme s'atteint elle-même dans son activité, dès qu'on ramène l'idée-mère de la méthode cartésienne, les théories relativistes de la connaissance qui règnent de nos jours vacillent sur leur fondement, et le dogmatisme retrouve son assiette.

CHAPITRE II

Dualité de la conscience et de l'idée.

La conscience, nous venons de le voir, ne peut percevoir son objet qu'à condition de se l'opposer de quelque manière et par là même de s'en distinguer dans une certaine mesure. Il y a donc deux termes en toute idée : la chose perçue et l'acte qui la saisit, la représentation ou l'idée proprement dite et la pensée qui la pénètre. Quels sont les caractères respectifs de ces deux termes ?

On est tenté, à première vue, de croire que les différences qu'ils présentent ne sont qu'apparentes ; et c'est là ce qui se dit assez souvent. Mais à mesure qu'on y regarde de plus près, on se sent contraint de changer d'avis.

I

La conscience que nous avons d'une idée ou d'un groupe d'idées est chose absolument indivisible : on n'y conçoit ni tiers ni moitié. Sans doute, et c'est Kant qui le fait observer, si la conscience n'a pas de « quantité extensive », on ne saurait lui refuser une sorte de « quantité intensive »: nous pensons plus ou moins fortement; notre conscience a des degrés[1]. Mais ce fait incontestable ne nous autorise nullement à conclure que la conscience, à la façon du silex, peut se réduire en fragments. Les degrés de réalité qui forment son *quantum* sont métaphysiquement inséparables. Si forte et si vive que soit une pensée donnée, la réflexion nous révèle toujours avec la même clarté qu'on n'a point des parties de pensée. Or le témoignage de la réflexion sur ce point est irrécusable : l'apparaître, pour elle, c'est aussi l'être. La conscience se développe donc, mais ne se scinde pas; elle est toujours tout ce qu'elle est ou n'est rien du tout. Autre est cet aspect de l'idée qui s'appelle représentation. Considérée au point de vue objectif, l'idée enveloppe le plus souvent une certaine multiplicité; et cette multiplicité ne s'arrête pas toujours à la surface de la chose connue, comme il en est de l'idée de l'infini, où tout se ramène de quelque manière à l'absolue unité : cette multiplicité est parfois réelle et probablement radicale. Que je comprenne une surface donnée ou que je l'imagine, elle n'en contient pas moins des plans, des

---

[1]. *Critique de la raison pure*; J. Barni, t. II, *I*, 16-17.

lignes, des points, et par là même des parties. Ces parties, mon intelligence ne les saisit pas dans leur réalité concrète; elle les considère sous son angle à elle; elle ne les voit qu'en tant qu'elles ont telles ou telles propriétés : et voilà toute la différence. Il y a nécessairement du multiple dans l'idée quand il y en a dans l'image elle-même; et c'est là un fait que Kant a aussi l'honneur d'avoir mis en lumière.

On peut faire entre la conscience et l'idée une autre distinction qui n'est pas moins nette : la conscience est essentiellement active. Complètement passif, dépourvu de tout pouvoir de réagir, je ne recevrais aucune représentation, ou du moins je n'en percevrais aucune. La pensée est « un acte vital », comme l'ont dit les philosophes de l'École. Toute idée suppose une réplique consciente du sujet qui la saisit. En outre, il se fait dans ce sujet une réaction intellectuelle du dedans sur le dehors, il s'y opère un phénomène d'attention. Supposez une mère qui apprend tout d'un coup la mort de son fils : son amour subitement désolé peut lui donner de son malheur une vue assez vive et assez claire pour la faire mourir sur-le-champ. Enfin, l'esprit, une fois maître d'une idée, se replie sur lui-même, analyse, pèse, calcule, prévoit avec une précision de plus en plus grande : c'est le travail de la réflexion. Toute idée donnée suscite, ou du moins peut susciter dans la conscience une triple réponse, et cette triple réponse n'est qu'un seul et même acte qui gagne progressivement en intensité, dont l'énergie s'accuse par un effort de plus en plus grand. Et c'est assez d'une remarque de cette nature pour faire crouler la théorie des *idées-reflets* qui tient une si large place dans la philosophie contemporaine.

L'idée présente un caractère tout différent : elle peut être active; mais aussi elle peut ne pas l'être. Pour tirer la question au clair, distinguons le contenu de l'idée et sa tendance à produire du mouvement.

Considérée en son contenu, l'idée est tantôt active, tantôt passive suivant la nature de la chose qu'elle symbolise. On conçoit un feu d'artifice comme un phénomène qui tourbillonne, étincelle, pétille, jette feu et flamme tout en dessinant différentes figures. Au contraire, l'idée de la lune qui, par une belle nuit, emplit la nature de sa douce et sereine clarté, nous apparaît en elle-même comme une chose purement statique. On constate une différence analogue si, prenant l'idée sous un autre aspect, on l'examine comme tendant à se traduire en mouvement. On a dit, il est vrai, que cette tendance lui est essentielle ; on l'a soutenu avec persévérance et dans nombre d'articles et d'ouvrages qui honorent la pensée philosophique. Mais, quand on étudie les faits sans parti pris, on sent le besoin de se rattacher à une opinion moins absolue.

« La nature en tous sens a varié ses dons ».

Il existe en premier lieu des idées qu'on peut appeler *cinétiques*, parce qu'elles se réalisent d'elles-mêmes. Et à cette première catégorie se rapportent d'abord celles qui sont une copie mentale du mouvement.

Qu'on place un hypnotisé en face d'un malade atteint de la danse de Saint-Guy: il ne tarde pas à remuer le bras, puis la jambe, enfin tout le corps; et le spectateur gesticule à l'unisson avec l'acteur. « Au lieu de toucher le sujet, dit M. P. Janet, mettons-nous en face de lui, dans la direction de son regard, et faisons nous-même un mouvement, au lieu de déplacer les membres. Lentement Léonie va se mouvoir, et mettre son bras, puis tout son corps exactement dans la même position que nous avons prise [1]. » Marc a trouvé dans une maison de santé de Paris une demoiselle qui s'amusait à découper en petits morceaux ses vêtements et ses

1. *Automatisme psych.*, p. 18.

hardes. Interrogée sur la cause de cette singulière façon d'occuper ses loisirs, elle répond : « Je ne puis m'en empêcher, c'est plus fort que moi[1]. » Evidemment, il y avait là l'effet fatal et tout automatique d'une obsession. Ball dit avoir vu, dans le service du Dʳ Mesnet, un alcoolique héréditaire, chez qui les hallucinations étaient exclusivement auditives... Il apppréciait parfaitement la nature de ses fausses perceptions, et ne croyait nullement à leur réalité : elles exerçaient cependant un empire irrésistible sur lui. Lorsqu'au milieu de la rue, il s'entendait appeler par son nom, il se retournait presque toujours; lorsque les voix lui intimaient un commandement, il obéissait presque invariablement. Un jour, passant sur les quais, il entend une voix qui lui commandait de jeter dans la Seine les deux pièces de cinq francs qu'il avait dans sa poche; il obéit machinalement, et à peine l'avait-il fait qu'il aurait voulu se jeter lui-même à l'eau; car, disait-il, nous n'avions pas en ce moment vingt francs à la maison[2]. On sait aussi que le récit d'un événement se traduit naturellement par des gestes, que l'idée du bâillement le provoque, que la vue d'un précipice suffit à donner parfois la

1. Marc, *De la Folie*, I, p. 88.
2. Ball, *Leçons sur les maladies mentales*, p. 640; cité par M. Paulhan dans *l'Activité mentale*, p. 31-32.

tentation de s'y jeter. On constate une influence analogue dans les morceaux de musique dont le but est d'imiter le mouvement; ils tendent à le produire. L'effet des marches militaires est bien connu, et l'on n'a pas oublié que Livingstone, traversant les peuplades de l'Afrique, n'avait qu'à faire jouer une danse pour leur ôter tout instinct de barbarie. On écoutait le nouvel Orphée et chacun se mettait à gambader.

Au même type se rattachent aussi les idées *impératives*, c'est-à-dire celles qui contiennent l'ordre d'un mouvement. Dit-on à un hypnotisé : « Lève-toi, assieds-toi, remue ton bras », « il comprend très bien ce que l'on veut dire; mais, sans qu'il y ait consenti, il se lève réellement, remue le bras ou s'assied [1]. » Il arrive même parfois que le mouvement qui suit un ordre donné, se continue à l'encontre de la volonté de celui qui l'a reçu. Qu'on demande à un hystérique d'exécuter plusieurs fois, sans s'arrêter, un même mouvement, par exemple de toucher un point de son visage avec l'index de la main anesthésique : « après plusieurs répétitions volontaires de cet acte, et quand l'hystérique veut s'arrêter, sa main continue le mouvement, et se soulève en quelque sorte toute seule jusqu'à son

1. *Automatisme psychique*, p. 146.

visage; ce mouvement inconscient peut être supprimé par la volonté; mais parfois il s'exécute malgré la volonté contraire du sujet, fort étonné de cette insubordination de l'un de ses membres [1]. » Mais on serait interminable, si l'on voulait citer tous les cas qui témoignent dans le même sens : c'est une loi psychologique amplement démontrée par les faits : il en est des idées à *jussion* comme des représentations mentales du mouvement; elles tendent par elles-mêmes à le produire.

Il faut encore élargir le domaine des idées *cinétiques*. A certaines idées se trouve agglutinée soit par la nature, soit par l'expérience, toute une série de mouvements. Or ces idées, une fois éveillées, tendent à évoquer leur cortège habituel. « A-t-on fermé l'un des poings de Léonie, l'autre se ferme également, les bras se lèvent dans la position de l'attaque, le corps se redresse, la figure change ; les lèvres serrées, les poings fermés, les sourcils froncés n'expriment que la colère. Ai-je mis une main étendue près des lèvres, l'autre main s'y place également et semble envoyer des baisers; la figure se modifie tout d'un coup et, au lieu d'exprimer la fureur, les lèvres et les yeux, tout sourit. On peut changer indéfiniment ces attitudes, ces poses plas-

---

[1]. A. Binet, *Les altérations de la personnalité*, Paris, Alcan, 1892.

tiques et faire exprimer au sujet l'amour, la prière, la terreur, la moquerie, toujours avec une égale perfection. Il suffit de modifier légèrement un des gestes du corps. » Cette impression donnée suscite une idée générale, qui déchaîne à son tour toute la légion des images et des mouvements qui lui tient[1].

L'expérience est aussi claire qu'on le peut souhaiter : les idées tendent à se réaliser par voie d'association.

Il y a donc des idées qui tendent d'elles-mêmes au mouvement ; il y a des idées *cinétiques*, et ces idées, il le faut avouer, tiennent une immense place dans le déploiement de notre activité motrice. Mais sont-elles seules à remplir le champ de notre pensée ? Nous ne le croyons pas, et notre sentiment, c'est qu'il existe aussi des idées purement *statiques*. Les feuilles de papier blanc dont je me sers pour écrire, ne m'excitent à les prendre qu'au fur et à mesure que j'en ai besoin. J'entre dans une bibliothèque et j'y trouve un livre en chinois. Les caractères dont il est plein et que j'ai le malheur de ne pas comprendre ne disent rien à mon activité motrice. Je ne m'aperçois point que le parquet de

---

1. *Aut. psych.*, p. 19.

ma chambre sur lequel j'arrête parfois mes regards en réfléchissant me sollicite à l'action. Il en est de même des lignes, des plans, des solides et des équations que déroulent les géomètres sur un tableau noir ; il en est de même de toutes les formes de l'étendue, à moins qu'elles ne se revêtent de grâce ou de beauté. J'ai sous mes yeux tout un massif de maisons de toutes formes; je n'ai jamais observé que ce spectacle ait déterminé en moi le plus petit mouvement. Je prends un instrument de musique et j'en tire quelques notes au hasard : je vois bien ici l'action qui détermine les sons que j'entends ; mais je ne réussis pas à constater celle qu'ils déterminent à leur tour. Qu'on nous dise si les termes d'être, de non-être, de qualité, de quantité, de relation, de substance et même de cause et d'effet, ont jamais produit par eux-mêmes la moindre ébauche d'un mouvement quelconque. A chaque instant je reçois en moi-même ou produis des représentations qui sont indifférentes à l'action. Toute idée n'est donc pas motrice : les *idées-spectacles* ne sont pas encore totalement bannies du domaine de la pensée. Et dès lors le principal fondement du déterminisme psychologique ne garde plus son originale intégrité : il se trouve que l'idée ne meut pas comme telle, qu'il n'est pas de son essence de tendre au mouvement.

On peut pousser plus loin le parallèle de la conscience et de l'idée; on peut entre ces deux pôles de la pensée trouver une différence à la fois plus profonde et plus significative que les deux précédentes.

Ma pensée n'est une abstraction qu'aux yeux de mon entendement, dont le propre est d'analyser la réalité, de la dépouiller du fait de l'existence et de n'en retenir que l'idéale nature. Considérée en soi, et comme sur le vif, saisie au moment où elle jaillit toute vivante des profondeurs de l'inconscient, ma pensée c'est moi-même. Ma sensation, c'est moi qui sens; mon attention, moi qui prends garde au phénomène nouvellement apparu; ma réflexion, moi qui, par une mystérieuse opération, me replie sur moi-même pour imprégner de lumière la lumière de mon âme; je suis tout entier dans chacun de mes actes de conscience, bien que je n'y sois pas tout entier à l'état actuel. Ma conscience, voilà ce qui constitue ma personnalité. Il en va tout autrement de l'idée. L'idée se déroule sous le regard de ma pensée à la manière d'un spectacle : elle tient de quelque façon à mon être, puisque je la perçois ; mais elle ne le forme pas. Le champ de ma conscience, en effet, peut changer tout d'un coup, s'élargir, se rétrécir, subir des effondrements soudains; je ne cesse point de me sentir identique à moi-même sous ce flux et reflux de mes représentations. L'idée est ce que je vois, non ce que je suis.

Et de là une réponse à ceux qui prennent pour des dédoublements du *moi* les objectivations dont parle M. Ch. Richet dans son ouvrage intitulé « L'homme et l'intelligence [1] ». Le *moi* ne disparaît pas dans ces singulières métamorphoses; elles n'altèrent que les états du *moi* : la preuve en est facile à fournir. Quand on interroge les personnes qui éprouvent ces transformations, elles répondent invariablement : *Je* suis devenue telle chose, un pâtissier, un chien, un chat. Vous voilà changée en petit lapin, dit M. Richet à une femme; et, de vrai, cette femme se jette par terre, marche à quatre pattes, remue rapidement les lèvres et les dents; puis fait un saut brusque en paraissant effrayée. « Lorsqu'elle est revenue à l'état normal, elle me dit : Il me semblait que je mangeais un chou; c'était bon comme une truffe; puis j'ai entendu du bruit, j'ai cru voir un chien qui venait, j'ai eu peur et je me suis sauvée dans mon terrier [2]. » Le *moi* n'est donc pas aboli; la même conscience passe de l'état d'hallucination à l'état de veille, identique à elle-même : il n'y a de changé que le système de représentations que contemple le *moi*, et la fa-

---

1. P. 236-238.
2. *Ibid.*, p. 249.

çon de sentir et d'agir que déterminent ces mêmes représentations; il n'y a de changé que le champ de la conscience et l'aspect du caractère qui lui correspond.

On peut tirer une autre conséquence de l'identité de la conscience et du *moi*. Au regard des idéalistes qui relèvent de Hégel, la vérité est universelle et nécessaire; par conséquent elle est une pour tous les esprits, par conséquent aussi elle est éternelle de sa nature. C'est donc en elle qu'il faut voir l'immuable réalité, c'est en elle que réside la substance du monde. L'univers est un système d'idées dont les phénomènes ne sont que d'éphémères manifestations. Mais à supposer qu'il n'y ait qu'une seule et même vérité, un seul et même idéal, qui serait en même temps le fond de l'être, pourquoi n'y aurait-il pas encore plusieurs consciences, et par conséquent plusieurs personnalités? Quelle raison de conclure de l'identité du spectacle à l'identité des spectateurs, et par là même de l'unité de l'objet intellectuel à l'impersonnalité des intelligences? A bien prendre la question, on ne voit pas pourquoi un idéaliste n'admettrait pas la multiplicité des *moi*. Et c'est ce qu'a bien vu Schelling. Il excelle à montrer dans sa *Philosophie de la révélation* comment les modes de l'éternelle et unique substance peuvent s'en distinguer tout en lui restant immanents, acquérir une individualité de plus en plus grande, devenir conscients pour leur compte et même se réfléchir sur eux-mêmes, ce qui est le trait caractéristique de la personnalité.

Évidemment, notre intention n'est pas ici de plaider pour une hypothèse qui nous paraît à la fois gratuite et erronée. Il nous a semblé que nombre d'idéalistes pourraient rendre leur système plus conforme aux données de l'observation intérieure; et nous le disons.

II

Jusqu'ici, nous avons comparé la conscience et l'idée au point de vue de la qualité, et nous avons abouti à trois conclusions principales : 1° la conscience est indivisible ; l'idée enveloppe d'ordinaire une certaine multiplicité ; 2° la conscience est essentiellement active, l'idée ne l'est qu'accidentellement ; 3° c'est la conscience toute seule qui constitue le *moi*. Changeons maintenant l'aspect de la question ; plaçons-nous au point de vue de la quantité. Il s'agit de savoir si l'intensité de la conscience est toujours proportionnelle à l'intensité de l'idée. Or, pour éclaircir ce nouveau problème, il est bon de distinguer la conscience spontanée de la conscience réfléchie.

La conscience spontanée et l'idée sont nécessairement proportionnelles ; car la conscience spontanée n'est que dans la mesure où elle perçoit, et l'idée dans la mesure où elle est perçue. Mais la solution devient différente, si l'on considère la conscience réfléchie. Par la réflexion, en effet, je fais naître mes idées, je les arrête sous le regard de mon esprit, pour pénétrer le mystère de leur trame logique et mesurer leurs conséquences ; j'en diminue l'importance et la netteté, je les fais rentrer dans la nuit de l'inconscient. Loin de suivre patiemment leurs variations d'intensité, je mesure à chacune d'elles le relief qu'elle doit avoir dans ma vie mentale. J'acquiers à leur égard une sorte d'indépendance qui ne fait que grandir avec le temps, pourvu que je continue à garder le gouvernail de mon âme. Par où l'on peut voir l'erreur de cette théorie toute mécaniste de la pensée d'après laquelle la conscience est à l'égard de la représentation ce qu'est la vitesse à l'égard du mouvement, ou le convexe à l'égard du concave. Si la conscience n'était pas, dès le premier moment et par sa nature, distincte des phénomènes, si elle ne cachait pas en son sein une énergie qui lui est propre, comment pourrait-elle acquérir cet empire sur elle-même, grâce auquel elle se développe et développe aussi tout le reste ? C'est l'esprit, non la matière, qui domine en nous, ou du moins qui peut y dominer.

CHAPITRE III

Unité de la Conscience et de l'Idée.

La conscience et l'idée ont des caractères qui les distinguent et n'existent qu'à cette condition. Considérées en elles-mêmes, elles diffèrent au même titre que la volition et le motif qui la sollicite, au même titre que le désir et l'émotion qui le provoque : la conscience et l'idée sont directement irréductibles l'une à l'autre. Mais cette dualité, pourtant si saillante et si claire, n'est qu'une face du phénomène mystérieux qu'elles constituent; au fond, elles ne sont que deux aspects d'une seule et même opération, elles procèdent d'un seul et même sujet, elles jaillissent d'une seule et même âme. Ainsi le veut l'essence de la pensée.

De quelque manière qu'on rattache l'idée à la conscience, qu'on l'identifie avec l'être lui-même, comme le font les idéalistes, ou qu'on y voie simplement le substitut mental d'une réalité qui la dépasse et s'en distingue, il reste toujours vrai que toute pensée enveloppe un objet qui est aussi son mode, un objet par lequel elle commence, se poursuit et s'achève, ce qu'on appelle d'ordinaire « un terme immanent ». Si les idéalistes ont raison, si la représentation est identique à l'être, l'existence de ce terme intérieur est évidente ; car il est tout. La pensée n'a nulle part, en dehors de lui, d'autre point d'appui où elle puisse porter. Il n'est pas moins difficile d'en contester la présence, si l'on admet avec les réalistes que le monde extérieur est une chose en soi, c'est-à-dire une chose radicalement distincte de l'esprit qui la connaît. Car il faut, dans cette hypothèse, que la conscience entre d'une certaine manière en communion avec les objets pour les percevoir. Or, pendant qu'elle s'y insinue en quelque sorte, qu'elle les explore et les pénètre de sa lumière, elle en subit l'influence dynamique au dedans d'elle-même, elle en reçoit en son être comme une intime empreinte : c'est là une nécessité d'ordre physique. Impossible à une force donnée d'entrer en contact avec une autre force sans devenir passive par le fait ; impossible, par conséquent, à la conscience d'atteindre une réalité transcendante, sans y cueillir pour elle-même un fruit de vie, sans en retenir un symbole immanent. L'expérience nous révèle d'ailleurs que telle est bien la loi fondamentale de la connaissance, si l'hypothèse réaliste est conforme à la vérité. L'objet disparu, nous pouvons nous le représenter encore, nous sommes à même de nous en souvenir; c'est donc qu'en passant sous le regard de notre âme il y a laissé et fixé sa propre image.

Toute pensée enveloppe un terme immanent. En outre, ce terme est d'ordre hyperorganique. Ce que saisit directement la conscience, ce n'est pas l'excitation physique, mais quelque chose de plus profond dont l'excitation physique n'est que l'antécédent. Nous en avons une preuve frappante dans les phénomènes visuels. J'ouvre les yeux et j'enferme dans le champ de ma vue toute la calotte du ciel. Je clos mes paupières et je jouis encore du même spectacle : il peut avoir perdu quelque chose de son intensité et de sa distinction; mais il garde les mêmes dimensions, il est immense comme auparavant. Où réside une telle représentation ? Evidemment elle n'est pas une simple affection de ma rétine ou de mes centres optiques, qui ne sont que des portions si infimes de l'espace. C'est dans l'organisme qu'elle commence, mais c'est dans une autre région qu'elle s'achève. Il faut, pour l'expliquer, recourir à un facteur spécial, qui élabore et transforme du tout au tout les données de l'excitation physique, à un principe d'ordre supra-matériel [1].

1. *La Liberté*, t. II, p. 200-201.

On constate quelque chose d'analogue dans les phénomènes auditifs. Beethoven était sourd quand il composa sa *Symphonie pastorale*[1]. Les harmonies de la nature, qui sont exprimées avec une originalité si puissante en cette œuvre célèbre, ne retentissaient alors qu'en son âme. L'idéal qu'il contemplait et s'efforçait de traduire au dehors, ne vivait plus qu'en lui et pour lui. Il y a donc des sons qui ne résonnent pas, et ces sons qui restent insaisissables à l'oreille la plus fine, le génie mu-

---

[1]. V. *Beethoven*, par V. Wilder, p. 285-286, Paris, Charpentier, 1883; — voir aussi l'*Encyclopédie du XIXᵉ siècle*, p. 117 (rue Neuve-de-l'Université, 6), 1867. « Beethoven devint sourd. Imaginez le supplice de cet homme pour lequel les jouissances musicales étaient le premier besoin, ou plutôt le seul plaisir de sa vie. Toute perception de son lui était étrangère. Un orchestre placé près de lui, et qui jouait *fortissimo*, ne lui causait pas la plus légère sensation. Son infirmité lui paraissait un déshonneur pour un musicien ; il avouait que son plus vif chagrin était d'être forcé d'en révéler le secret.

« Par un étrange phénomène, son talent s'accrut par l'accident même qui semblait l'anéantir. Ses plus magnifiques œuvres datent de cette époque. Il s'enferma dans une solitude profonde, dans le village de Baden, à quelques lieues de Vienne. Un piano acoustique, chef-d'œuvre du mécanicien Maelzel, et par le moyen duquel Beethoven aurait pu percevoir les sons, resta toujours fermé. C'était dans les bois, où le compositeur s'égarait pendant le silence des nuits, aux bords des lacs et dans les grottes de Baden, qu'il créait ses chants et leur harmonie. Jamais il n'écrivait une note avant d'avoir achevé son morceau dans sa tête.

sical les entend, en mesure l'intensité, en calcule les intervalles, en fait comme des grappes vivantes et savamment ordonnées. De là ces accords mystérieux, que les artistes interprètent avec leurs instruments, qui nous arrivent portés sur les ailes transparentes de l'air, et nous font rêver, malgré nous, d'un monde plus noble et plus beau. Mesquine, banale, et fausse philosophie que celle qui ne voit dans nos représentations que des vibrations nerveuses ou des ondulations cérébrales ! La vérité déborde de toutes parts cette théorie déprimante, qui reste, peut-être, au-dessous de l'animal lui-même. Les nerfs, le cerveau sont une demeure trop petite pour contenir notre pensée. Elle se révolte, elle se débat comme une captive, quand on veut la rabaisser jusque-là. Son espace, son atmosphère, ses harmonies, son ciel, ne sont qu'en elle et pour elle.

I

Idée et conscience jaillissent d'une seule et même source ; idée et conscience s'unissent en un même sujet, qui est l'âme toute seule ; et cette unité n'est pas synthétique : elle ne souffre pas de division, elle est essentielle. L'idée n'est plus quand elle cesse d'être perçue, et la conscience n'est qu'autant qu'elle perçoit. Ces deux choses n'ont plus de sens quand on les sépare; et, par conséquent, il faut que le principe dont elles sont l'acte n'ait pas d'éléments séparables, qu'il n'enveloppe pas de parties, qu'il soit radicalement indivisible.

Est-ce à dire que ce même principe soit totalement uniforme? Est-ce à dire que son indestructible unité soit tellement absolue qu'on n'y découvre plus aucune variété? Prise en elle-même, l'âme est-elle comme un océan qui n'a plus de ride? Il est difficile de le soutenir, et quand on pousse la question un peu plus loin, on trouve qu'il reste une certaine diversité jusque dans l'unité du sujet pensant.

Les philosophes de jadis attribuaient nos pensées à une faculté spéciale qui est l'intelligence; nos volitions, à une autre faculté qui est la volonté; nos émotions, à une troisième faculté qu'on appelle la sensibilité. Et dans cette vieille théorie l'on ne veut plus voir qu'un vain rêve; mais, si profonde que soit l'horreur dont on est pris à l'heure actuelle pour les qualités occultes, il faut bien qu'on y revienne. Les différences phénoménales supposent des différences nouménales. Si la pensée, le vouloir et l'émotion sont des faits qui se distinguent, dont chacun a sa physionomie nettement marquée, qu'on ne peut ramener directement l'un à l'autre, c'est que le sujet dont ils procèdent se diversifie aussi de quelque manière. Affirmer que ce sujet est une chose absolument uniforme au fond de son être, reviendrait à dire que la même touche d'un instrument peut produire toutes les notes de la gamme. Il y a dans l'âme des puissances distinctes; la spécification de son activité ne se peut expliquer autrement. Mais la conscience, comme nous l'avons vu dans le chapitre précédent, ne diffère guère moins de l'idée que la pensée elle-même de la volition ou la volition d'un plaisir et d'une douleur. La conscience et l'idée ne peuvent, non plus que les autres phénomènes de l'âme, se réduire l'une à l'autre : elles ne sont plus quand on les identifie; elles ne sont qu'autant qu'elles s'opposent. Il y a donc aussi dans le sujet pensant, antérieurement à toute pensée, une disposition native, une sorte de préformation qui le détermine et fait que la conscience et l'idée en peuvent éclore; il existe dans l'être qui connaît comme des linéaments cachés qui préparent la dualité phénoménale de la connaissance. Considéré en lui-même, séparément des modes dont il se revêt à chaque instant, le principe de la pensée est un et divers à la fois.

II

En allant de la conscience et de l'idée à la virtualité dont elles émanent, on trouve encore une certaine dualité. Et, cependant, c'est à l'unité qu'il faut aboutir. Le sujet pensant, considéré comme tel, présente deux faces assez différentes. Il y a donc un principe qui leur sert de support et de lien. Quel est ce principe? « Quelques historiens de la philosophie et quelques psychologues, dit M. Francisque Bouillier, ont reproché à Descartes d'avoir fait de la pensée l'essence de l'âme, et de toutes ses modifications des modifications de la pensée, des espèces de pensées..... Quant à nous, au lieu de blâmer Descartes de cette prétendue confusion, nous l'avons loué il y a déjà longtemps, et nous le louerons encore davantage aujourd'hui, d'avoir montré que la conscience ou la pensée est, en effet, le fond commun de tous les phénomènes psychologiques, tant de ceux de la passion et de la volonté que de ceux de l'intelligence, et que seule, au milieu de si grandes diversités, elle fait leur unité..... La conscience, voilà non seulement le lien intime, mais, encore une fois, l'essence de toutes les facultés de l'âme. Si la conscience n'était qu'un fait interne particulier, l'unité de l'âme au sein de la diversité des facultés deviendrait incompréhensible[1]. »

Si profond que soit notre respect pour le vaillant psychologue qui a écrit cette éloquente page, nous sommes contraint d'avouer que sa théorie ne résout pas le problème. Prise à l'état actuel, la conscience est un phénomène plus fondamental et plus durable que les autres, mais qui n'en a pas moins ses éclipses, comme la pathologie s'est chargée de nous l'apprendre. Prise à l'état actuel, la conscience n'est qu'un mode de l'âme, loin d'en constituer l'essence. D'autre part, la virtualité dont elle sort, pour y rentrer à certaines heures de détresse physique, est si peu le principe où tout s'unit, qu'elle est elle-même un des deux termes à unifier. Ni Descartes ni ses disciples n'ont trouvé la vraie place qu'occupe la conscience dans la constitution de l'âme humaine : ils ont pris pour le fond de notre être psychologique ce qui n'en est que le phénomène dominant.

Kant, sur ce point, nous paraît plus voisin de la vérité. « Quoique l'étendue, l'impénétrabilité, la composition et le mouvement, bref, tout ce que les sens extérieurs peuvent nous fournir, ne soient pas des pensées, des sentiments, des inclinations, des résolutions, ou que l'on ne comprenne parmi ces

---

1. *La Vraie Conscience*, p. 208-210, Hachette, 1882.

derniers phénomènes que des choses qui, en aucun cas, ne peuvent être des objets d'intuition extérieure, cependant, ce quelque chose qui sert de fondement aux phénomènes extérieurs, qui affecte notre sens, de manière à lui donner les représentations d'espace, de matière, de figure, etc., ce quelque chose pourrait bien être aussi le sujet des pensées, quoique, par la manière dont notre sens extérieur est affecté, nous ne recevions aucune intuition de pensées, de volitions, etc., mais seulement de l'espace et de ses déterminations[1]. »
En d'autres termes, derrière les images que nous envoie le monde extérieur et la perception que nous en avons; derrière les états divers du moi et l'intuition qui nous en est donnée; par delà les frontières de l'idée et de la conscience, en dehors de l'horizon de la pensée, se trouve un principe indivisible, directement inconnaissable, qu'on n'atteint que par déduction et qui supporte tous les états du sujet pensant, d'où tout vient, où tout trouve à la fois sa source première et son unité. Non point que ce principe absorbe en lui-même la réalité du monde extérieur, comme Kant l'a gratuitement prétendu; mais il en supporte et produit partiellement l'idéale représentation : si bien que les modes

1. *Critique de la raison pure*, trad. Barni, t. II, p. 444.

de la pensée et les phénomènes matériels tels que nous les percevons, sont comme le double épanouissement d'une seule et même tige. C'est, d'ailleurs, ce qu'ont pensé les scolastiques eux-mêmes. L'âme, d'après leur théorie, ne se connaît pas dans son essence. Elle ne se saisit que dans et par ses actes. Derrière les modes du sujet pensant il y a les facultés ; les facultés elles-mêmes s'unissent en un fond impénétrable qui est la substance psychologique [1]. Et rien ne plaît comme ce baiser de réconciliation que se donnent aux profondeurs de la métaphysique les tenants des systèmes les plus opposés.

III

Le sujet pensant n'est pas seulement indivisible ; il est encore absolument un dans sa racine première. Mais d'où vient ce sujet? Ne sort-il pas du multiple pour produire à son tour le multiple? Nous savons par l'expérience de notre vie intérieure que *le plusieurs* sort de *l'un*. La réciproque n'est-elle pas vraie? Ne se pourrait-il pas que l'un sortît du multiple? L'unité de notre âme n'est-elle pas une étape d'un moment entre un terme matériel qui a cessé et un autre terme également matériel qui commence?

[1]. S. Th. I, LXXVII, art. 1. — *Ibid.*, LXXXVII, art. 1.

L'hypothèse peut paraître étrange. Mais on l'a faite; on l'a même soutenue avec ténacité, et il faut y répondre. Kant, au second volume de sa *Raison pure*, avait déjà parlé de la possibilité d'identifier deux consciences. L'idée a été reprise par Büchner, et M. Ribot en a essayé la vérification expérimentale dans ses *Maladies de la personnalité*. Il y aurait des fusions aussi bien que des dédoublements de consciences : et si l'on pouvait fondre deux cerveaux, comme on fait deux morceaux de cire, il est probable, dit-on, qu'on n'aurait plus par là même qu'un seul et même *moi*.

On voit d'ailleurs où tend la conjecture. Si l'âme vient du multiple pour retourner au multiple, l'unité et l'identité du *moi* deviennent précaires : la thèse de l'immortalité se trouve ébranlée, et la Psychologie traditionnelle doit changer ses moyens de défense.

Heureusement, l'idée d'ailleurs très pénétrante des matérialistes contemporains n'est terrible qu'en apparence, et la valeur qu'on lui prête tient surtout à la méthode exclusivement empirique qu'on emploie depuis un demi-siècle. On a cessé de raisonner pour mieux observer; et dès lors tout a paru également raisonnable.

Le sujet pensant, avons-nous dit, est chose absolument indivisible. Or, que l'on combine comme on le voudra les éléments matériels, qu'on les suppose agglutinés, soudés, stratifiés par l'action persistante de millions de siècles, on n'aura toujours, aux yeux de la raison, qu'une coagulation caduque; on n'aura toujours qu'une union, non l'unité. Tout ce qui s'additionne peut aussi se soustraire. En ajoutant des parties à d'autres parties, on obtient le contigu, non l'indivisible.

Entrons plus avant dans l'étude de cette difficile question.

Tout être matériel a une limite; et cette limite lui est essentielle. Elle dérive de son intime constitution, si bien qu'il n'est plus, quand elle cesse d'être. Mais l'identification de deux éléments ne se peut faire que si leurs limites respectives disparaissent; car aussi longtemps qu'elles subsistent, ils s'opposent au lieu de se confondre. Identifier deux éléments, c'est donc les annihiler.

Il est également facile d'observer que l'identification de deux ou plusieurs éléments ne se peut produire que s'ils commencent à être contigus. Or, qu'arrive-t-il à ce moment? qu'ils se distinguent encore mieux, loin de se confondre. La contiguïté, en effet, suppose action et réaction; ces deux phénomènes à leur tour impliquent résistance, opposition; et cette opposition s'accentue au fur et à mesure que la contiguïté va croissant; si bien que plus deux êtres s'unissent, plus ils tendent à rester deux. L'expérience suit la marche inverse de celle qu'ont inventée les positivistes.

C'est donc la simplicité, c'est l'indivisibilité qui fait le fond de notre esprit. Et cette indivisibilité n'a pas son origine dans la matière, elle n'en est ni l'effet ni le mode : cette indivisibilité est une donnée première ; le multiple, qu'il soit psychologique ou physique, qu'il s'épanouisse sous forme de pensée ou de représentation spatiale, n'en est que la perpétuelle manifestation, la vivante et consciente activité.

Evidemment, l'on ne peut conclure de là que l'âme soit essentiellement indépendante de toute matière, c'est-à-dire spirituelle. Derrière les phénomènes matériels que nous subissons, il y a une cause nouménale qui les produit : et cette cause comprend le corps auquel nous sommes unis. Quelle est cette union? Est-elle nécessaire ou accidentelle? Voilà ce qu'il faudrait établir pour savoir à quoi s'en tenir sur la spiritualité de l'âme, et ce que nos prémisses ne contiennent pas. Mais c'est déjà quelque chose de savoir que la pensée ne peut ni provenir de la matière ni s'y réduire.

IV

Formulons maintenant les principales conclusions auxquelles nous a conduit l'analyse de la conscience et de l'idée :

1° La conscience saisit les phénomènes tels qu'ils sont ; ils sont donc pour elle autant d'absolus. Partant le relativisme ne s'étend pas au rapport de la pensée et de son objet immanent.

2° Les phénomènes sont les actes vivants de l'âme, par là même on se connait dans la mesure où l'on agit.

3° On peut en particulier affirmer de l'idée tout ce que la conscience nous y fait voir; car la conscience, en intervenant, ne change pas ses caractères natifs.

4° La conscience se distingue de l'idée au point d'en pouvoir mesurer l'intensité et la durée. Elle n'est donc pas à la représentation qu'on réduit au mouvement, comme le concave au convexe : elle contient une activité qui lui est propre.

5° C'est la conscience, non l'idée qui fait le *moi*. Par où l'on peut voir qu'on s'est trop hâté de conclure de l'unité de la vérité à l'impersonnalité de la raison. Supposez qu'il n'existe qu'un idéal de l'entendement, éternel, immuable, nécessaire; il se peut encore qu'il y ait plusieurs consciences, par là même plusieurs *moi* pour le contempler.

6° L'idée elle-même, considérée comme représentation, a quelque chose d'hyperorganique; elle n'est pas le mouvement lui-même, une vibration des nerfs ou une ondulation des molécules cérébrales; c'est un mode de l'âme.

7° Le sujet de la pensée est indivisible, et cette indivisibilité ne s'explique pas par une intime coagulation de parties matérielles; car, si de l'un on va au multiple, du multiple on ne va pas à l'un. C'est le simple qui précède le composé et le produit. Et s'il en est ainsi, l'hypothèse des fusions de consciences n'a plus de fondement.

LIVRE II

CARACTÈRES GÉNÉRAUX DE L'IDÉE

CHAPITRE PREMIER

Nature de ces caractères.

Toute idée est le terme immanent d'une pensée; toute idée se rapporte essentiellement à un acte de conscience qui lui est adéquat; et c'est ce rapport que l'on vient d'examiner.

En outre, toute idée, quel que soit d'ailleurs l'objet qu'elle représente, a certains traits qui la distinguent de l'image correspondante et qu'on peut appeler ses caractères généraux : toute idée est à la fois *abstraite, universelle* et *nécessaire*. D'où viennent ces caractères inaliénables? se rattachent-ils à la pensée ou à son objet? Jaillissent-ils, au contact de l'expérience, du fond même de l'entendement? ou bien l'esprit a-t-il le pouvoir de les extraire du phénomène sensible? Faut-il les situer dans la conscience ou dans l'idée? Telle est la question qui se pose maintenant; et pour la résoudre avec bonheur, il importe en premier lieu d'en définir le mystérieux objet, de chercher en quoi consistent au juste l'abstrait, l'universel et le nécessaire.

I

Le caractère fondamental de l'idée est d'être *abstrait*; et de ce fait psychologique tout le monde convient. Mais peut-être n'est-on pas d'accord sur la notion précise qu'il en faut avoir : il est bon d'en fixer le trait original.

M. l'abbé de Broglie remarque, dans son œuvre magistrale sur *Le positivisme et la science expérimentale*, que l'abstraction est tombée dans l'oubli depuis la révolution philosophique qui s'est produite au commencement du xviie siècle. «La faculté d'abstraction, sous le nom d'*intellect agent*, était considérée, dit-il, par la philosophie scolastique, comme la principale des facultés supérieures de l'intelligence humaine. C'est à l'analyse des données expérimentales, opérée au moyen de cette faculté, que les sectateurs d'Aristote attribuaient la formation de toutes les idées vulgairement nommées idées de raison.

La philosophie cartésienne, ayant imprudemment compris la doctrine profonde et vraie d'Aristote sur la connaissance humaine parmi les préjugés qu'elle a mis de côté, a perdu de vue le rôle important de la faculté d'abstraction, et cet oubli a duré jusqu'à nos jours, à tel point que dans les livres élémentaires de la philosophie éclectique, l'abstraction est reléguée à un rang inférieur comme une des variétés de l'attention.

« Nous devons cette justice à M. Taine qu'il a deviné l'importance de l'abstraction et qu'il a rendu à cette faculté le rang qui lui appartenait. Il a essayé de s'en servir pour combler les immenses lacunes de la philosophie purement empirique de Stuart Mill. Malheureusement M. Taine n'a pas saisi le rapport intime entre la notion de substance et la faculté d'abstraction. Aussi son abstraction, ne portant que sur des images mobiles ou des données abstraites, ne pouvait pas avoir la fécondité et la puissance de celle qui décompose les êtres réels [1]. »

Cette vue est à la fois juste et profonde; elle contient le secret des phases multiformes et tourmentées par lesquelles a passé la philosophie moderne. Si l'abstrait n'est pas dans les choses et que l'esprit manque par ailleurs du pouvoir de l'en tirer, il faut bien qu'il devienne une forme de la pensée; et

1. T. I, p. 173-174, Paris, 1880.

l'abstrait une fois absorbé, il faut bien aussi que la pensée absorbe le concret à son tour ; car entre ces deux aspects de toute représentation il existe un rapport essentiel. L'innéisme, le kantisme qui n'est qu'un innéisme mutilé et bâtard, l'idéalisme et le monisme qui n'est que le corollaire métaphysique de ce dernier système, sont en germe dans toute philosophie d'où l'on bannit la faculté d'abstraction. Le jour où Bacon est venu jeter le discrédit sur la théorie aristotélicienne et par là même sur l'intellect actif qui en est la base principale, la philosophie s'est engagée dans une impasse dont elle ne devait plus sortir.

Essayons donc en premier lieu de préciser la notion fondamentale de l'abstrait ; dégageons-la des phénomènes qui en approchent, mais qui pourtant ne sont pas elle ; rendons-lui son véritable sens, celui que lui ont donné les philosophes de l'École.

On peut dire d'une certaine manière que les images ont quelque chose d'abstrait. L'ouïe, par exemple, ne perçoit que des sons dans un corps qui est d'ailleurs étendu, qui présente une forme déterminée, d'où peuvent sortir des ondulations lumineuses, des odeurs et des saveurs. Chacun de nos sens ne saisit dans le faisceau de la réalité que ce qui lui revient ; chacun de nos sens isole son objet du tout physique auquel il est inhérent pour le voir à part : chacun de nos sens est « une machine à abstractions ». Mais pour peu qu'on y regarde de près, on observe assez vite que l'abstrait de la sensibilité n'est pas celui de l'entendement. Les sens partent du concret pour aboutir au concret. L'entendement part du concret et arrive à un résultat d'un ordre tout différent, où le fait de l'existence ne compte plus, qui ne renferme plus qu'un groupe de propriétés prises à l'état nu, où l'on ne trouve comme résidu que des éléments logiques, une pure essence. J'ai sur ma table un presse-papier ; cet objet, je le vois dans un moment et dans un lieu déterminés. Il a de plus des propriétés qui lui sont inhérentes, indissolublement liées, qui n'existent et ne peuvent exister qu'en lui. C'est une sorte de disque ; ce disque est une branche d'olivier, qui mesure près de six centimètres de rayon. Il porte les armes de Jérusalem à sa surface supérieure ; en dessous il a le brillant et le poli du cristal. Voilà bien des conditions du même phénomène. Or ces conditions, je les puis examiner l'une après l'autre sans tout supprimer par le fait. Je puis par une série d'opérations mentales séparer successivement du disque que je vois le temps et la portion de l'espace où je le vois, la couleur que j'y remarque, la matière dont il est formé, ce quelque chose de spécial et d'interne qui le fait être ce disque, non un autre; et ces soustractions achevées, tout n'a pas disparu par là même. Il reste un élément fondamental, essentiel, multiple aussi dans un certain sens. Je conçois encore ce qu'est le disque, dans le disque, ce qu'est le cylindre, dans le cylindre ce que sont le solide, le plan, la ligne, le point. Ces différentes notions, c'est ce qu'on appelle l'abstrait. L'abstrait n'est donc ni le concret ni une partie réelle du concret, ce n'est pas un objet dans sa totalité physique, mais la nature d'un objet considérée en tant qu'elle ne relève plus de tel ou tel individu, prise pour ainsi dire à l'état d'émancipation.

II

Essentiellement abstraite, l'idée est aussi et par là même essentiellement universelle.

Non seulement l'image est chose concrète, mais encore elle a un fond d'incommunicabilité : elle est elle-même et ne peut être une autre. Il en va tout autrement de l'idée. Par le fait qu'elle se dégage de sa gangue empirique, par le fait qu'elle passe à l'état abstrait, l'idée peut, sans cesser d'être une, se rapporter à plusieurs individus ; et ce rapport est ce qu'on entend par universalité. Mais ce mot lui-même a deux sens assez différents, qu'il faut déterminer.

Il y a d'abord ce qu'on appelle l'universalité scientifique. Si l'on compare entre eux les habitants de l'Afrique tropicale, on remarque, à travers leurs différences individuelles, un certain groupe de caractères communs : ils ont tous la peau noire, les cheveux crépus, le nez épaté, les dents implantées obliquement dans les mâchoires, les lèvres grosses et saillantes ; et ce groupe de caractères communs constitue ce qu'on appelle la race noire. On peut trouver par le même procédé deux autres groupes de caractères communs, dont l'un forme la race jaune, et l'autre la race blanche. Si, après avoir comparé les individus, on compare les races elles-mêmes, on découvre de nouvelles différences, mais aussi de nouvelles ressemblances : on obtient un autre reliquat de caractères communs plus pauvre, mais plus général, qui s'appelle l'espèce. La couleur de la peau, celle de la barbe et des yeux, la grandeur de la bouche, la grosseur des lèvres, l'implantation des dents varient d'une race à l'autre. Mais l'attitude verticale du corps, le mode de locomotion à l'aide des membres postérieurs seulement, la conformation différente du pied et de la main, l'absence de queue, la proéminence du nez, le nombre et la forme des dents, sont autant de traits de ressemblance qu'on trouve chez tous les habitants de la machine ronde. On peut comparer de la même manière les animaux entre eux, les plantes entre elles, les minéraux entre eux, et l'on trouvera dans chacun de ces règnes des caractères d'une extension de plus en plus grande, d'une compréhension de plus en plus pauvre, à mesure qu'on s'élèvera de la famille à la race, de la race à l'espèce. Que l'on compare enfin l'homme à l'animal, l'animal à la plante, la plante à la matière brute, et l'on verra se former une hiérarchie nouvelle de caractères communs dont la compréhension va aussi diminuant à mesure que leur extension s'accroît. Cette extension des mêmes caractères à un nombre plus ou moins considérable d'individus, leur présence en plusieurs points de l'espace et du temps : voilà l'universalité scientifique.

Il y a de plus dans chaque idée ce qu'on peut appeler l'universalité logique. Je vois de ma fenêtre un mur blanc au delà duquel de grands arbres se balancent tristement au souffle d'un vent d'hiver. La blancheur de ce mur n'appartient qu'à lui : c'est un de ses modes. Elle n'existe et ne peut exister qu'en lui. Mais que cette propriété devienne l'objet de mon intelligence, que je la considère à part et l'isole mentalement de son sujet, immédiatement et sans qu'on ait recours à aucune comparaison, elle revêt un aspect tout nouveau, d'un ordre absolument différent. Elle n'est plus la blancheur de ce mur, mais simplement la blancheur; par là même je la conçois comme réalisable en un nombre indéfini de murs et d'autres corps, en tous les temps et tous les lieux. De particulière qu'elle était d'abord, la blancheur du mur que je vois devient universelle, et cette universalité est sans bornes : elle égale l'infini, elle est absolue.

Mais, pour bien faire entendre la différence de l'universalité scientifique et de l'universalité logique, il faut entrer dans quelques nouveaux détails.

L'universalité scientifique s'obtient par voie de comparaison, et cette voie est difficile, comme celle du paradis ; on peut même dire qu'elle ne mène pas toujours au but, quelque soin qu'on mette à s'y bien conduire. Et de là vient qu'on n'aboutit qu'à des classifications provisoires. En 1776, Linné répartissait les animaux en six classes, qui étaient les suivantes :

1° les mammifères ;

2° les oiseaux ;

3° les amphibies ;

4° les poissons ;

5° les insectes ;

6° les vers [1].

1. *Systema naturæ*, 12e édition.

Cuvier est venu montrer plus tard que ces classes étaient artificielles, que les animaux appartenaient à des types différents d'organisation et que ces types se réduisaient à quatre : 1° les vertébrés ; 2° les mollusques ; 3° les articulés ; 4° les rayonnés ou zoophytes[1].

Aujourd'hui l'on trouve cette classification trop simple et l'on admet dans le règne animal non plus quatre, mais bien neuf divisions principales : les vertébrés, les tuniciers, les mollusques, les vers, les arthropodes, les échinodermes, les cœlentérés, les spongiaires et les protozoaires. Et rien ne nous prouve que, dans quelque temps d'ici, l'on ne passera pas à un autre système d'unification, qui probablement ne sera pas encore le dernier.

C'est que, pour faire une classification définitive, il faudrait connaître le lien physique qui rattache les uns aux autres les différents caractères de chaque type, par exemple ceux qui constituent telle race, telle espèce, tel genre. Or ce lien mystérieux, on l'ignore encore, et il y a des raisons de croire qu'on l'ignorera longtemps. La multiplicité infinie et l'incessante mobilité de la vie sont chose désolante pour la faiblesse de notre entendement.

Cuvier, il est vrai, a fait avancer la question,

[1]. *Le Règne animal distribué d'après son organisation.* 1re édition, 1813 ; 2e édition, 1819.

lorsqu'il a émis cette idée profonde qu'il y a dans chaque organisme des *caractères dominateurs*, et aussi lorsqu'il a découvert la *loi de la corrélation des formes*. Mais ces caractères dominateurs, dont l'existence est plus que probable, qui les pourra découvrir ? qui sera jamais doué d'une assez grande force de pénétration pour les démêler dans ce mystérieux enchevêtrement d'énergies que présente chaque corps vivant ? La loi de la corrélation des organes est d'une application plus facile, et c'est plus qu'une vue *a priori*; la découverte du Palæotherium dans les carrières de Montmartre est venue montrer que Cuvier avait raison de croire à ses conjectures. Mais cette loi n'a pas toute la rigueur qu'elle devrait avoir pour servir de fondement à une classification définitive. Elle souffre des exceptions dont il est difficile de savoir le nombre et la raison. « On a trouvé dans les schistes de Solenhofen le squelette garni de plumes d'un animal, dont le corps se prolongeait en une longue queue formée de vingt-deux vertèbres ; ses membres antérieurs, quoique couverts de plumes, étaient terminés par trois doigts libres, munis d'ongles bien développés ; ses mâchoires portaient des dents et il n'existait peut-être pas de bec ; le squelette était bien plus celui d'un lézard que celui d'un oiseau ; si l'on avait rencontré séparément le squelette et les plumes, on n'aurait pu soupçonner un seul instant que ces débris appartinssent au même animal. On a découvert dans les craies d'Amérique plusieurs oiseaux à mâchoires pourvues de dents. Une infinité d'autres animaux, même parmi les mammifères contemporains du Palæotherium, mettrait pareillement en défaut le principe de la corrélation des formes [1]. » En somme, on ne sait pas encore bien sur quoi se fonde l'intime connexion des propriétés organiques. Il semble même qu'on l'ignore de plus en plus à mesure qu'on le cherche davantage. M. Brown-Séquard n'a-t-il pas dit qu'on fait d'autant moins de classifications qu'on connaît plus d'individus? L'immense nature est comme un phénomène unique où tout se tient, et par là même les démarcations qu'on essaie d'y tracer sont toujours un peu conventionnelles.

Telles sont les difficultés à travers lesquelles l'esprit s'élève à l'universalité scientifique. Le chemin qui mène à l'universalité logique est plus droit et plus court: elle se dégage d'une seule et même expérience, et du premier coup la dépasse de l'infini. Soit un cercle d'une grandeur donnée, tracé, par exemple, sur un tableau noir avec de la craie blanche, ayant un décimètre de rayon. Aussitôt que

---

[1]. *Anatomie et physiologie animales*, par Edmond Perrier, pages 23-24; Paris, 1885.

ce cercle particulier, existant à cette heure et dans ce lieu, a subi l'action de mon intelligence, dès que j'en ai compris la définition, que je m'en suis fait une idée, cette idée se soustrait à toutes les conditions de l'espace et du temps, s'étend à tous les cercles, de quelque dimension et de quelque couleur qu'ils soient. Et ce passage du particulier à l'universel, ce saut brusque du réel dans le possible n'est pas propre aux concepts géométriques; il a lieu dans toutes nos représentations, de quelque nature qu'elles soient, de quelque sens qu'elles relèvent. Considérons, par exemple, la couleur d'une boule d'ivoire. Par elle-même, cette couleur est la qualité de cette boule, un mode indissolublement lié à cette boule. Mais qu'une fois cette couleur soit le terme de mon intelligence, que je n'en aie plus seulement la sensation, mais l'idée: aussitôt et par le fait même, avant de savoir si cette qualité se rencontre ailleurs dans la nature, je la vois applicable à une infinité d'autres boules d'ivoire et peut-être aussi à une infinité d'autres corps. Il en est de même de toute substance, de tout mode, de tout rapport, de tout ce que nous connaissons. Un objet quelconque qui pénètre dans notre conscience empirique acquiert, sous le regard de notre conscience rationnelle et du premier coup, une extension sans bornes.

Toutefois, ce n'est pas seulement par là que diffèrent la méthode qui mène à l'universalité scientifique et celle qui donne l'universalité logique. Lorsqu'il s'agit de l'universalité scientifique, on procède par voie de soustraction, on élimine un nombre de plus en plus grand de différences, on arrive par là même à un reliquat de plus en plus écourté, à mesure qu'on s'élève de l'individu à l'espèce, de l'espèce au genre. L'universalité logique est le résultat d'une analyse qui consiste à remarquer que ce qui s'est produit une fois, peut se produire à l'indéfini, la raison étant toujours la même.

Il y a donc deux différences essentielles entre les deux manières dont une même idée peut être universelle. Par ailleurs l'universalité scientifique et l'universalité logique se ressemblent. D'abord elles se rattachent l'une et l'autre à une idée, non à une image; elles relèvent l'une et l'autre du monde des abstractions. De plus, bien que l'universalité scientifique soit en un sens limitée à une catégorie déterminée d'individus, on peut dire en un autre sens qu'elle est absolue aussi bien que l'universalité logique; car la prétention du savant n'est pas seulement de trouver des caractères communs qui s'appliquent aux individus observés, il aspire à dépasser le domaine étroit de l'expérience;

il applique instinctivement les traits de chaque catégorie à tous les individus présents, à tous les individus passés, à tous ceux qui pourront jamais parvenir à l'existence, à tous les individus possibles. Toute catégorie est ouverte et faite pour toujours: la science construit pour l'éternité.

III

L'idée est abstraite et universelle; elle implique aussi la nécessité, et cette nécessité est double. Il y a d'abord en chaque idée une sorte de nécessité intrinsèque. Soit le triangle, par exemple: il a toujours été supposable, il le sera toujours. Si tout ce qui existe venait à rentrer dans le néant, le triangle serait encore supposable: il ne peut un instant cesser de l'être. Et cette nécessité absolue, en un sens, ne se rencontre pas seulement dans nos concepts qui enveloppent l'étendue. Une pensée, une volition, un son, si léger soit-il, un parfum, si éphémère qu'on le conçoive, sont nécessaires au même titre que la ligne ou le plan. Du moment que ces phénomènes se sont une fois réalisés, ils sont éternellement réalisables; ils ne peuvent pas ne pas l'être. Il se trouve dans chacune de nos idées un élément primordial, une sorte de résidu logique, que le creuset de la plus puissante analyse ne peut par aucun moyen réduire à la contingence. De même qu'il y a pour la cause première impossibilité de ne pas être, il y a pour nos idées impossibilité de ne pouvoir plus être. La nécessité est au fond de notre esprit comme au fond des choses.

Outre la nécessité intrinsèque, nos idées ont une nécessité de rapport. Je ne puis comprendre ce qui commence sans supposer une énergie qui le fasse commencer. Un phénomène quelconque de la conscience ou du monde extérieur n'est expliqué pour moi, ne devient intelligible qu'autant que je lui trouve une cause; et si je n'en puis trouver, je ne laisse pas de conclure d'avance qu'il doit en avoir une. Le concept de la pyramide enveloppe des plans, des angles, des lignes, des points, et tout un groupe de propriétés, où je remarque une éternelle et immuable connexion. Quand une fois j'ai compris ce qu'est le cercle, je ne conçois plus que la série des corollaires qui découlent de sa notion puisse jamais varier. Je vois entre nombre de mes idées une liaison qui n'a pas commencé et ne finira pas. Dans le rapport de mes représentations, aussi bien que dans mes représentations elles-mêmes, je découvre au fond de ce qui est ce qui ne peut pas ne pas être.

CHAPITRE II

Origine des caractères généraux de l'idée.

L'idée dépasse le phénomène sensible où nous la voyons : elle ne se rapporte plus à tel individu, et par là même elle acquiert l'aptitude de se rapporter à un nombre d'individus aussi grand qu'on le veut, elle échappe aux lois de l'espace et du temps; de plus, elle contient un certain fond qui est nécessaire et des rapports qui le sont aussi. D'où proviennent ces caractères qui font à eux seuls tout le mystère de l'entendement humain?

L'expérience, répond Kant, n'enveloppe rien que d'individuel et de contingent. Il faut donc que l'universalité et la nécessité relèvent de la raison elle-même, soient des modes essentiels de la conscience. Elles ne sont pas données avec et dans le phénomène empirique ; on ne peut non plus les en tirer : c'est donc l'esprit qui les y met. Et s'il les y met, c'est qu'il les contient d'avance, antérieurement à toute pensée : la loi de notre intelligence est de tout percevoir sous la double forme de l'universalité et de la nécessité, comme c'est la loi de notre œil de tout voir sous la forme de la couleur, bien que dans les choses il n'y ait peut-être que du mouvement. L'universalité et la nécessité sont des concepts innés de l'entendement, qui de leur nature sont vides de réalité, mais qui, lorsque nous connaissons, s'appliquent à la réalité. Le phénomène empirique fourni, ces deux concepts s'y ajoutent en vertu de la spontanéité de la pensée, se répandent en quelque sorte sur sa surface et dans toutes ses parties, et y pénètrent aussi loin que la conscience elle-même dont ils sont une manière d'être essentielle. Ainsi se produit entre les données du dedans et celles du dehors une sorte d'identification qui nous jette dans l'erreur et nous fait attribuer aux objets ce qui ne vient que de nous.

Cette hypothèse, si originale qu'elle soit, rend-elle compte du fait qu'il s'agit d'interpréter? Explique-t-elle les caractères généraux de l'idée? Voilà ce qu'il faut chercher avec soin, et non plus à l'aide de principes métaphysiques, mais par l'observation intérieure: car le problème de la connaissance rationnelle est psychologique avant tout.

I

Une première critique qu'on peut opposer à l'hypothèse de Kant et qui suffit à l'ébranler tout entière, c'est qu'elle s'édifie sur un principe gratuit. « L'expérience, nous dit le penseur de Kœnigsberg, nous enseigne bien qu'une chose est ceci ou cela, mais non pas qu'elle ne puisse être autrement. Si donc, en premier lieu, il se trouve une proposition qu'on ne puisse concevoir que comme nécessaire, c'est un jugement *a priori* ; si de plus elle ne dérive elle-même d'aucune autre proposition, qui ait à son tour la valeur d'un jugement nécessaire, elle est absolument *a priori*. En second lieu, l'expérience ne donne jamais à ses jugements une universalité véritable ou rigoureuse, mais seulement supposée et comparative, fondée sur l'induction ; si bien que tout revient à dire que nous n'avons point trouvé jusqu'ici dans nos observations d'exception à telle ou telle règle. Si donc on conçoit un jugement comme rigoureusement universel, c'est-à-dire comme excluant toute exception, c'est que sa valeur est absolument *a priori*[1] ». En d'autres termes, l'expérience, aux yeux de Kant, ne renferme que

---

1. Introd. à la *Critique de la Raison pure*, II, trad. Barni.

de l'individuel et du contingent; et c'est là son point de départ, son *aliquid inconcussum*, le principe sur lequel il a fondé sa théorie de la connaissance tout entière. Mais où a-t-il vu qu'il en est bien ainsi, lui qui n'a jamais observé qu'à travers le voile épais et multiple des catégories? Où a-t-il pris que ce système de représentations qui constitue notre monde, ne contient au fond rien d'universel et de nécessaire? Pourquoi nos idées ne seraient-elles pas une copie fidèle de la réalité? Pourquoi ne seraient-elles pas la réalité elle-même, comme l'ont soutenu de grands philosophes? Sans doute, au regard de nos sens extérieurs, au regard aussi de notre sens intime, il n'y a que des faits et des agglutinations de faits. Sans doute, notre sensibilité tout entière ne découvre dans les choses que du particulier et du changeant. Mais qui nous dit que notre sensibilité est adéquate aux choses? Qui nous dit qu'elle épuise son objet? Quelle raison de croire qu'il n'y a pas, derrière ce qu'elle voit et même dans ce qu'elle voit, un fond d'être à la fois un et immuable? Pourquoi ne resterait-il pas, après le passage de la sensibilité, comme un fruit d'éternelle vérité que l'intelligence seule peut cueillir?

Évidemment, comme le fait se produit assez souvent même pour les plus grands génies, Kant en ce point décisif a été victime d'un préjugé traditionnel. Depuis Descartes on croyait partout en Allemagne que l'expérience ne fournit que des groupes mobiles; et cette croyance s'était confirmée sous l'influence sans cesse croissante de l'empirisme anglais. On inférait de là que, pour trouver des principes et des lois et donner à la science son vrai point d'appui, il fallait accorder à la raison l'innéité d'un certain nombre de notions fondamentales. Kant est parti de ce postulat : il a adopté sans contrôle l'hypothèse des vieux innéistes, ne s'apercevant pas, malgré sa puissance de critique, qu'il bâtissait sur un sol mouvant ou du moins qui pouvait l'être.

Fondée sur un principe gratuit, la doctrine de Kant a de plus le tort de ne pas faire avancer la question. L'expérience, nous dit-on, n'enveloppe rien que de concret et de particulier; c'est l'éternel adage. Il faut donc que l'universel et le nécessaire aient leur origine dans l'entendement, soient partie constitutive de la conscience. Mais quel motif de penser qu'il est plus facile de situer l'universel et le nécessaire dans la conscience que dans les choses?

Quoi qu'en aient dit les Averroïstes et après eux les penseurs de l'Allemagne, ma conscience rationnelle est aussi véritablement concrète, aussi complètement individuelle, aussi radicalement contingente que les données mêmes de l'expérience. L'impersonnalité de la raison est une hypothèse dépourvue de fondement, qu'une métaphysique insouciante des faits a pu seule accréditer, qui s'évanouit comme un rêve sous le regard de la réflexion, avec laquelle il faut par conséquent rompre une bonne fois et pour toujours. De la moins noble de mes impressions je dis : je sens. Au même titre et pour le même motif, en vertu d'une intuition d'égale valeur, du raisonnement le plus subtil et le plus élevé, je dis : je pense. Sous l'idée la plus générale aussi bien que sous la sensation la plus grossière il y a un même moi. Je me sens vivre en contemplant les principes, aussi bien qu'en observant les faits. Sans nul doute, je me fais une idée de ma conscience rationnelle, et cette idée est marquée, comme toutes les autres, au coin de l'universalité et de la nécessité. Mais elle ne l'est ni davantage ni autrement. Cette idée n'est que le substitut logique, le symbole mental de mon être, une sorte de mirage de ma pensée projeté au ciel de mon entendement, où je ne trouve de moi-même que ce qui n'est plus vivant. L'idée et le sentiment que j'ai de ma conscience rationnelle sont choses essentiellement distinctes ; l'une, il est vrai, me la révèle comme impersonnelle ; mais pour l'autre, elle est particulière comme tout ce qui vit, changeante comme tout ce qui naît. Or, si ma conscience rationnelle est, au sens précis du terme, une partie de moi-même et la partie la plus intime aussi bien que la plus noble, si ma conscience rationnelle n'enveloppe rien que d'individuel et de changeant, comment sera-t-elle, de préférence aux images, un sujet d'inhérence pour l'universel et le nécessaire? N'y a-t-il pas la même difficulté de les placer au dedans qu'au dehors? Qu'on suppose d'ailleurs, si l'on veut, que les entendements ne diffèrent qu'en apparence, qu'au fond tous les êtres pensants ont une seule et même raison, éternelle de sa nature, on n'aura pas encore de motif d'enlever l'universalité et la nécessité aux choses elles-mêmes pour en enrichir la pensée. Il faudra dire, dans ce cas, que les choses sont universelles et nécessaires au même titre et de la même manière que la raison qui les voit, qu'elles le sont par essence comme la pensée qui les saisit. En effet, si la conscience rationnelle a quelque chose d'universel et de nécessaire, c'est que son essence, antérieurement à tout travail de la pensée, se distingue réellement de son existence en telle ou telle partie du temps. Mais il y a là une théorie de l'être qu'on ne peut limiter à la pensée; il faut l'étendre aux objets : elle est vraie de tout ce qui existe. Et dès lors l'universalité et la nécessité se trouvent dans les choses aussi bien que dans notre conscience rationnelle ; et l'on n'en peut faire le monopole de notre entendement. Kant, en inventant ses catégories, a donc continué, comme ses devanciers, à faire de la philosophie paresseuse : « il a fourré sa théorie dans la conscience[1] », et a cru avoir fourni une explication.

II

Mais ce sont là des critiques générales. Entrons maintenant dans les détails de la question.

L'idée, avons-nous dit, est chose essentiellement abstraite, et c'est un fait qu'il est difficile de révoquer en doute ; car on le rencontre partout, il emplit le champ de la conscience et s'impose toujours avec la même clarté. Nous ne connaissons rien, ni substance, ni phénomène, où ne se dégage du particulier quelque chose qui n'a plus rien de particulier, qui ne tient plus à l'individu, quelque chose d'abstrait. Or ce fait dominant, ce fait primitif de la connaissance rationnelle et sans lequel par là même tout le reste demeure incompréhensible, Kant ne l'a pas compris : tantôt il le méconnaît, tantôt il s'avoue impuissant à l'expliquer.

1. *Almanach des Muses*, 1797.

Observons d'abord qu'antérieurement à tout travail intellectuel, il n'y a pas d'abstrait dans les formes *a priori* de la sensibilité. Soit une portion déterminée de l'espace, par exemple, la surface d'une pièce de cinq francs. D'elle-même, avant que mon intelligence soit intervenue pour en dégager la notion, elle n'enferme rien d'universel et de nécessaire. Sa forme ronde, sa couleur d'argent, son poids et sa force de résistance existent et ne peuvent exister qu'en elle ; elle a de plus quelque chose d'intime et de spécial qui fait qu'elle est cette pièce et l'empêche essentiellement d'en être une autre : elle est incommunicable de tous points. Si, au lieu de la considérer dans sa réalité objective, je viens à me la figurer en moi-même, si je m'en fais une représentation vide de matière, une intuition pure, elle ne perd pas pour cela son caractère individuel et concret. Elle reste en mon imagination ce qu'elle était dans la nature ; elle ne devient abstraite que sous le regard dissolvant de ma pensée rationnelle. Mais si l'une des portions de l'espace est intégralement concrète, toutes le sont au même titre, et l'espace *a priori* n'a rien d'abstrait. On peut raisonner de même à l'égard du temps. Taillons, si l'on veut, dans l'étoffe immense où la nature brode son œuvre ; prenons la durée d'une heure s'écoulant sur le cadran d'une pendule. L'idée d'heure qui s'en dégage sous l'action de ma pensée, m'apparaît bien comme abstraite. Mais le phénomène physique qui sert de *substratum* à cette idée, l'heure même que marque le tic-tac du balancier et que mesure sous mes yeux le mouvement de l'aiguille, ne peut se reproduire ni dans une autre pendule, ni dans un autre temps, ni dans un autre lieu. Il le peut d'autant moins qu'il est, pour ainsi dire, encadré entre un terme initial et un terme final, donnés l'un après l'autre, et sans lesquels il ne se comprend plus. Chaque portion du temps est entièrement concrète, comme chaque portion de l'espace. Et partant, le temps lui-même, qu'on le suppose fini ou infini, l'est aussi. Le tout est de même nature que ses parties.

Si Kant a cru voir de l'abstrait dans ce qu'il appelle les formes *a priori* de la sensibilité, c'est en vertu d'une équivoque : il a pris pour la réalité brute ce qui n'était que le produit de sa pensée; il a confondu le logique et le réel, suivant d'ailleurs en ce point, comme plus haut, une tradition séculaire de la philosophie allemande.

Absent de la double forme de l'espace et du temps, banni de la sensibilité, l'abstrait n'apparaît pas non plus dans l'entendement tel que Kant l'a compris. Et par là même les concepts innés et vides de la conscience rationnelle, ou, si l'on préfère, les catégories, ne peuvent être que des mots figés dans l'imagination d'un métaphysicien.

Non seulement j'aperçois l'abstrait dans le concret, mais encore je distingue le rapport intime qu'ils soutiennent entre eux. Et ce que je remarque, en étudiant ce rapport, c'est que l'idée, si élevée qu'elle soit, ne se peut séparer de son *substratum* sensible, comme on sépare dans le sang les globules et le plasma, c'est que l'idée et son *substratum* sensible ne sont pas même distincts l'un de l'autre à la manière de deux concepts qui s'enveloppent mutuellement, comme la cause et l'effet : ces deux choses ont entre elles une relation à part, qu'on ne rencontre ailleurs ni dans la nature ni dans la conscience. Quand je considère un objet donné, une orange, par exemple, impossible d'y découvrir les propriétés d'une part et de l'autre le fait d'existence, impossible d'isoler réellement ces deux faces de la réalité. Après comme avant mon acte intellectuel, elles ne font qu'une seule et même chose : tout y est propriété, tout y existe. C'est dans mon esprit seulement que les propriétés du concret s'isolent et se livrent ; c'est dans mon esprit seulement que se fait la multiplicité, qu'il y a de *l'abstrait*. L'abstrait n'est donc qu'un aspect de la réalité concrète découvert et délimité par la pensée rationnelle, qui apparaît et disparaît avec elle. Partant, supposer qu'il y a des concepts *a priori*, prêter des catégories à l'entendement, c'est mettre l'une avant l'autre deux choses essentiellement contemporaines, c'est placer le mode avant le sujet qui supporte.

Mais si l'abstrait ne se trouve *a priori* ni dans la conscience empirique, ni dans la conscience rationnelle, ne peut-on pas lui ménager une place entre ces deux pôles extrêmes de la pensée? Kant l'a cru. L'idée n'est pas, dans son système, une combinaison de l'universalité et de la nécessité avec la donnée empirique. D'après lui, les catégories de l'entendement n'entrent pas dans la conscience en commerce immédiat avec le concret et l'individuel. Elles ne s'unissent pas à l'expérience brute, mais à un objet d'un ordre plus élevé, à un objet qui, tout en se rapprochant de l'expérience, s'en distingue et la déborde. Entre l'entendement d'une part, et de l'autre l'intuition sensible, se place un élément spécial, une sorte d'esquisse qui n'est plus tel ou tel individu, ce qu'il appelle du nom de schème : et cela, c'est véritablement de l'abstrait. Mais d'où vient cette donnée d'un ordre supérieur à l'expérience? Comment se fait-il que, lorsque je m'observe en allant du dedans au dehors, je rencontre un élément de la connaissance qui ne trouve son explication totale ni dans la réalité, ni dans la constitution de la conscience? A cette question, Kant n'a pas de réponse. « Ce schématisme de l'entendement qui est relatif aux phénomènes, est, dit-il, un art caché dans les profondeurs de l'âme humaine, et dont il sera bien difficile d'arracher à la nature et de révéler le secret [1]. »

Kant n'explique pas plus le caractère abstrait des schèmes que celui de l'espace et du temps, que celui des catégories elles-mêmes. En outre, admettre ces représentations hybrides qui tiennent à la fois de l'entendement et de l'intuition sensible, c'est passer de l'innéisme des formes à celui des idées, c'est revenir à Descartes. Car, en définitive, pourquoi Kant admet-il que l'universalité et la nécessité sont des formes de la conscience rationnelle? Parce que l'expérience ne contient pas ces caractères de nos idées. Mais l'expérience ne contient pas plus l'abstrait que l'universel et le nécessaire ; il n'y a pas de schèmes dans l'expérience. Les schèmes sont donc tout faits dans la pensée avant la pensée : ils sont *a priori* comme tout le reste, ils sont innés. A la suite de l'universalité et de la nécessité, à la suite du cortège desséché que

1. R. P. l. II. ch. i.

forment la quantité, la qualité, la relation et la modalité, il faut faire entrer les notions de point, de ligne, de plan, d'angle, de triangle, de cercle, de pyramide, en un mot, toutes les idées mathématiques ; les notions de substance, de cause et d'effet, les notions de telle espèce de substance, de telle espèce de cause et d'effet, les notions de mode et de tel mode, c'est-à-dire toutes les idées d'ordre physique et métaphysique. A la suite des formes *a priori*, il faut ranger toutes les représentations abstraites, de quelque nature qu'elles soient, c'est-à-dire tout le savoir humain. Car Kant ne peut prétendre que ces notions se trouvent dans l'expérience, où il ne voit rien que d'individuel, rien que de concret. Il faut donc qu'elles se trouvent dans l'esprit, et puisque l'esprit ne possède pas, à son dire, le pouvoir de les élaborer, il faut qu'elles y soient toutes formées d'avance, toutes prêtes pour la bataille de la vie. Ce sont des légions endormies, que l'expérience ne fait qu'évoquer de leur sommeil. Il n'y a donc pas de milieu pour Kant : nécessité s'impose à lui ou de renoncer à ses schèmes, cette dernière retraite de l'abstrait, ou d'abdiquer sa propre pensée pour retourner au vieil innéisme du xviie siècle.

III

L'hypothèse de Kant ne rend pas compte de l'abstrait. Elle n'explique pas davantage l'universalité. Et ce qui nous frappe dès l'abord, c'est qu'elle dénature le rapport que ce caractère général de nos idées soutient avec la conscience rationnelle. L'hypothèse de Kant fait de l'universalité une forme de l'entendement, et de vrai elle en est un objet, au même titre que l'idée. Mais la question est abstraite, si jamais il en fut. Prenons un exemple pour fixer et soulager l'attention.

M. de la Sizeranne a fait dans la *Revue des Deux Mondes* une attachante description de l'*Ombre de la mort*. « Sans doute, nous dit le solide et brillant écrivain, on avait, avant Holmann Hunt, représenté Jésus enfant chez son père le charpentier, mais non pas travaillant, ou, s'il travaillait, plutôt en manière de jeu, comme un enfant riche, qui fait des constructions avec des pièces en carton-pâte, ou un Louis XVI qui se délasse du pouvoir en menuisant que comme un apprenti, attentif à la besogne. Parfois ce jeu amenait de terribles rencontres : l'enfant se blessait les mains, comme chez M. Millais, ou bien en s'amusant, il fabriquait avec deux morceaux de bois l'instrument de son futur supplice.

Mais jamais ou presque jamais, le Christ n'avait été représenté en ouvrier, à trente ans, maniant la scie et la tarière pour gagner sa vie, dans la poussière et la chaleur étouffante d'une échoppe. Voilà ce que Holmann Hunt a peint. Son Christ presque nu, les reins ceints d'une ceinture orientale, sur laquelle retombe sa tunique rabattue, a été longtemps courbé sur sa scie. Il se redresse de toute sa hauteur en aspirant à pleins poumons l'air du soir et en étirant les bras pour se délasser. La lumière qui le frappe en pleine poitrine renvoie son ombre se profiler derrière sur le mur blanc, où, à la hauteur de sa tête, sont suspendus des outils, en ligne, sur une planchette horizontale. En sorte que cette ombre d'un corps nu, les bras dressés, allant s'appliquer justement à une barre transversale, qui fait, elle aussi, tache sur le mur, donne exactement l'idée d'un homme pendu à une croix. Si l'on regarde de plus près, l'allusion se précise, car des vis et des limes sont placées à l'endroit du mur où se reflètent les poings. Une scie s'élève en trophée au-dessus de la tête. Un bout d'outil courbe enlace le crâne, comme une couronne. Des éraflures du mur coulent le long de l'ombre comme des gouttes de sang. Entre le Christ et son ombre, la Vierge, vêtue à l'orientale, un genou en terre, nous tournant le dos, ouvre un coffre précieux où jadis elle a serré les présents des mages : la couronne de Gaspar, l'encensoir de Melchior et la myrrhe de Balthasar. Mais voici que, sur la paroi, elle a vu l'ombre prophétique, et tout son corps renversé, tassé, atterré, crie son émoi... Ce n'est rien, dans un instant les bras du Galiléen vont retomber et reprendre leur besogne, le coffre se refermer sur le passé ; le soleil déclinant aura déplacé toutes les ombres ; et, dans la tranquille échoppe de Nazareth, on n'entendra plus que le grincement de la scie finissant de diviser cette planche menuisée par un Dieu. Mais peut-être dans les yeux de la mère y aura-t-il une larme et cette apparition furtive sera-t-elle une de ces choses dont l'Évangile nous dit : « qu'elle les gardait toutes en son cœur. »

« Ceci est un tableau nettement réaliste. Certes il y a là une rencontre d'ombre portée qui s'adapte merveilleusement à la pensée intime, mais qui est ou qui peut être rigoureusement exacte. Sur ce point on chercherait vainement à prendre le peintre en défaut. L'effet est franc, concordant, homogène et d'une sûreté de détails qui fait souvent penser à une photographie. De plus, il n'y a pas un élément idéal de glorification, pas un fil d'or, pas une nuée, pas un nimbe. Seulement l'artiste a forcé la nature à concourir, sans déroger à ses lois, au sens mystique de l'œuvre. Ainsi, derrière le Christ est une double fenêtre à plein cintre. Par l'une des ouvertures on voit un bout d'olivier, puis les collines de Nazareth, et la plaine de Jezréel. Dans le cintre de l'autre s'inscrit la tête du Christ, en sorte que le ciel, au loin lumineux, aperçu dans ce demi-cercle de pierre, lui fait une auréole naturelle. Nous voyons déjà la lumière du Dieu là où la mère n'a vu que l'ombre du supplicié [1]. »

En fait, l'*Ombre de la Mort* évoque en mon âme tout un cortège de représentations universelles. La faiblesse et la puissance, la misère et la richesse infinie, l'humiliation et la gloire, la souffrance librement acceptée et son triomphe final y sont réunis dans la personne du Sauveur « avec cette sage économie » dont parle Bossuet et qui fait « que la divinité paraît tout entière et l'infirmité tout entière [2] ». Or l'universalité qui caractérise chacune de ces idées à la fois fortes et purifiantes, ne m'apparaît point comme un mode de ma pensée ; je n'y découvre rien qui tienne soit à l'acte même par lequel je les saisis, soit aux émotions qui accompagnent et qualifient cet acte. L'universalité qui se déploie au cours de mes idées, se situe comme elles au pôle opposé de ma conscience, dans la partie représentative de mon âme. C'est d'ailleurs un fait

1. 1er novembre 1894.
2. Noël 1656 à Metz, Ed. Lebarq, Desclée 1891.

dont je puis me rendre compte par une sorte d'expérimentation intérieure. Il ne tient qu'à moi de laisser là l'universalité, de fermer sur ce point les yeux de mon esprit pour ne plus considérer que les propriétés que renferme telle idée ou tel groupe d'idées. L'idée et son caractère général ne sont point deux choses que je perçois l'une sous l'autre ; ce sont deux choses que je saisis sur le même plan et l'une à côté de l'autre. L'universalité ne joue donc pas pour l'entendement un rôle analogue à celui d'un verre coloré. Ce n'est pas une forme inhérente à la conscience et par laquelle je suis contraint de regarder, comme un homme qui a la jaunisse est condamné par sa maladie à voir tout en jaune. L'universalité est un objet, ou, si l'on veut, un aspect de l'objet. C'est ce qu'Alberto Lepidi a bien vu et il étend très justement sa pénétrante observation à toutes les autres catégories de l'entendement. « Cette réalité idéale, dit-il, qui est donnée comme une chose en soi, distincte et indépendante de la pensée, et qui détermine objectivement l'intelligence, a bien véritablement la nature d'un objet[1]. »

Ce n'est pas la seule méprise de Kant que d'avoir dénaturé le rapport que l'universalité soutient avec

---

1. *La Critica della ragione pura*, p. 13. Roma, tipografia, A. Befani, 1894.

la conscience; il a également et par là même faussé le rapport que l'universalité soutient avec l'idée.

On peut remarquer d'abord que l'universalité ne se combine pas dans la conscience avec l'image ou phénomène empirique. Elle ne s'unit pas à l'expérience brute. Entre la conscience rationnelle d'une part et de l'autre le concret donné, il y a la notion générale du concret, l'idée, l'abstrait. C'est dans ce dernier élément que je vois l'universalité, c'est à ce dernier élément qu'elle se rattache. Soit une figure géométrique, par exemple, un carré d'un mètre de côté; si j'observe ce qui se passe en moi-même au moment où je le considère, j'y remarque d'abord un acte de ma conscience par lequel je perçois le carré donné, puis la représentation même de ce carré, mais de plus et entre ces deux termes, l'idée, la notion abstraite de ce carré. C'est de ce point que jaillit l'universalité, c'est de là qu'elle dérive; elle est donc une propriété et comme une face de l'abstrait, elle se situe dans l'idée non dans la conscience. Et dès lors nous devons en dire ce que nous avons déjà dit de l'abstrait lui-même. L'universalité ne se trouve pas toute faite dans la pensée : elle ne précède pas l'expérience; elle n'est pas et ne peut être innée. Il faut, pour en expliquer l'apparition, une réalité donnée et la conscience, mais aussi quelque chose de plus, un principe d'un ordre spécial, l'activité de l'esprit.

Non seulement je vois que l'universalité se rapporte à l'idée, mais encore je saisis la nature intime de ce rapport; or il est essentiel et ne s'explique pas par une forme qui vient de je ne sais quelle région s'ajuster à la donnée empirique. Mais ce point est d'une importance capitale. Il touche, si nous ne nous abusons, au nœud du problème. Essayons de le mettre en lumière.

Il n'en est pas des idées comme de ces images sensibles qui se déroulent sous le regard de ma conscience dans un ordre dont je ne puis savoir le pourquoi. Si mes idées ne sont pas toujours présentes à mon esprit, du moins, quand elles m'apparaissent, j'en perçois la liaison. Non seulement je les vois en elles-mêmes, mais encore je connais ce qui les rattache l'une à l'autre et dans chacune d'elles ce qui fait de ses propriétés un indestructible faisceau. Je saisis en particulier qu'entre une idée donnée et l'universalité il existe un rapport qui a toujours été et qui sera toujours, qui ne peut pas ne pas être, un rapport d'une absolue nécessité. Je puis ne pas concevoir la circonférence; mais, si je viens à la concevoir, je ne puis pas plus en exclure l'universalité que l'égalité de tous ses rayons; et il en est ainsi de toutes mes idées, depuis celle du phénomène le plus fugitif jusqu'à celle de la substance éternelle qui produit l'univers. Imaginez un éclair à peine sensible dans une nuit profonde. Il faudra que cet éclair implique une essence qui le fait être ce qu'il est, que cette essence enveloppe à son tour une certaine aptitude à se réaliser derechef, qu'elle soit possible. Et si une fois on la suppose possible, il faudra qu'elle le demeure éternellement, qu'elle ne puisse cesser de l'être. L'universalité tient à l'essence de l'idée. Ou l'on y voit ce caractère ou ce n'est pas elle. Que l'on croie tant qu'on voudra aux apparences, c'est là un fait dont on ne peut affaiblir la lumière; je le perçois et de ce site de la conscience d'où je vois sans rien mettre de moi-même dans ce que je vois, à cette étape de la pensée où la forme elle-même s'est convertie en objet. J'en ai l'intuition rationnelle, je ne le puis pas plus nier qu'on ne nie la lumière quand on regarde le soleil en plein midi. Partant, il est bien tel que je le saisis. Il est véritable en soi, pour toutes les intelligences, dans tous les temps et tous les lieux, que l'idée est universelle, qu'elle ne peut pas ne pas l'être. Si la philosophie a parfois soulevé des doutes sur ce point fondamental, c'est que la méthode a fait défaut, c'est qu'on a rêvé au lieu d'observer, qu'on a voulu plier aux exigences d'un système les données les plus claires de l'expérience.

Mais qu'arrive-t-il, si l'on admet que l'universalité est une forme innée de la conscience? Le rapport que soutient l'idée avec ce caractère, change de nature; il perd son absolue nécessité : il devient un rapport de fait. Et c'est là un vice fondamental qu'il est assez facile de mettre en lumière.

On peut d'abord établir un fait, c'est que, si l'universalité est une forme *a priori*, elle ne constituera jamais, en s'unissant à l'idée, qu'une soudure empirique, une sorte de liaison fortuite. Je me promène dans une longue et fraîche allée, et je remarque à mes côtés un majestueux platane au tronc séculaire, aux branches noueuses et chargées d'un épais feuillage. Maintenant que je vois cet arbre et que j'en ai l'idée, je perçois dans cette idée quelque chose d'universel et de nécessaire. Puisque ce platane existe, il peut exister encore ; il est réalisable à l'infini, il ne peut pas ne pas l'être. Comment s'accomplit ce phénomène d'après l'innéisme kantien? Tout d'abord, l'universalité ne jaillit pas du sein même de la notion abstraite : c'est un concept d'une origine différente, qui vient s'y ajouter du dehors et ne peut par lui-même former avec elle qu'une liaison de fait. Il y a eu un temps où je ne voyais pas le platane en question, où n'existait pas, par conséquent, l'union que je constate entre sa notion abstraite et l'universalité. Il y a eu un temps où ces deux éléments d'origine distincte étaient séparés l'un de l'autre, étaient étrangers l'un à l'autre, bien que faits pour se fondre dans un même acte de conscience. L'un résidait dans l'esprit et probablement à l'état de simple puissance; l'autre, la notion abstraite, ne portait pas même encore le nom de phénomène. Et cette union toute d'aventure ne doit pas durer toujours. Bientôt je vais regagner ma maison; je ne penserai plus à mon platane, et dès lors la notion que j'en ai et l'universalité se sépareront de nouveau : l'une disparaîtra dans le fond de l'esprit, l'autre dans l'ample sein de l'insondable nature. Évidemment, il n'y a rien dans un tel rapport que d'accidentel et de momentané : c'est la rencontre au soleil de la conscience de deux éléments venus de points divers.

Faudra-t-il donc faire appel au concept de la nécessité, et supposer que c'est en vertu de ce concept que se forme dans la conscience l'union de l'idée à l'universalité? Mais cette solution n'est pas plus heureuse que la précédente, et pour le même motif. Dans cette hypothèse, en effet, la nécessité aussi bien que l'universalité vient d'une autre source que l'idée à laquelle elle se rattache. Avant mon acte intellectuel, elle en était séparée; après mon acte intellectuel, elle le sera derechef. Elle ne soutient pas plus de rapport absolu avec la notion du platane dont j'ai l'intuition sensible, que l'idée de la circonférence et celle du carré n'en soutiennent dans ma conscience, par le fait même que je pense ces deux choses en même temps et l'une à côté de l'autre. Ainsi, le concept inné de la nécessité n'est d'aucun secours pour expliquer la liaison absolue que la conscience perçoit entre l'idée et l'universalité : si cette liaison n'est qu'accidentelle et momentanée avant l'intervention de la nécessité, il faut qu'elle le soit encore après. Sur ce point on ne peut élever aucun doute.

Un autre point non moins incontestable, c'est que, si l'application de l'universalité à l'idée n'aboutit qu'à une liaison de fait, il est impossible que la conscience y saisisse un rapport nécessaire, un enveloppement logique. Une illusion aussi fondamentale, qui résiderait à la base même de l'édifice de la connaissance, révolte le bon sens ; on prévoit avant tout examen qu'elle ne doit être qu'un triste rêve. Si elle existe, c'est le mauvais génie qui triomphe. Tout est mensonge dans la conscience. Nous sommes faits pour la vérité et condamnés pour toujours et nécessairement à l'erreur. L'anomalie la plus profonde, l'antinomie la plus radicale subsiste dans la partie la plus noble de l'homme, qu'on appelle à juste titre le roi de la nature, tandis que partout autour de nous, jusque chez le ver qui rampe dans la fange, la science va toujours constatant l'adaptation au moins relative de l'instinct à son but, de l'organe à sa fonction : et c'est là une conséquence monstrueuse, qui ne peut nullement trouver place dans les lois de l'esprit. Si l'harmonie existe quelque part, c'est dans l'intelligence qui fait partout l'harmonie.

De plus, si l'on envisage la question en elle-même, il suffit de la bien poser pour la résoudre. Il ne s'agit pas ici de savoir si l'idée est un symbole de la réalité. Nous examinons seulement ce qu'implique l'idée comme représentation mentale, comme donnée logique, en tant que résultat perçu. Et dans l'idée ainsi considérée, nous ne nous occupons pas des propriétés spéciales qu'elle peut avoir en tant qu'elle représente telle chose, un triangle ou un cercle, par exemple, mais seulement de son rapport avec l'universalité. Nous parlons de ce qu'il y a de plus général, et partant de plus simple dans nos concepts ; de ce qui reste toujours présent à la conscience dans tout ce que nous connaissons. Enfin, puisque nous supposons que les formes *a priori* sont en fonction, déjà fondues avec la donnée empirique, nous regardons de ce site de la pensée, où l'esprit ne mêle plus rien de lui-même à ce qu'il connaît, où son rôle se borne à saisir l'objet donné. Or que, dans de telles conditions, je puisse voir perpétuellement un rapport absolu où il n'y a de fait qu'une liaison empirique, un enveloppement essentiel où il n'y a de fait que la contiguïté de deux représentations, la nécessité où il n'y a de fait que la contingence ; que je puisse dans toutes mes opérations intellectuelles confondre deux choses si clairement et si essentiellement distinctes, c'est une supposition qui ne présente aucun sens, qui ne se conçoit pas. Affirmer que nous sommes victimes d'une semblable illusion, c'est dire que la nature nous a faits de manière à voir blanc ce qui est noir et rond ce qui est carré ; c'est soutenir, pour sauver un système, que la contradiction est le fond de l'entendement humain.

Ainsi, de quelque manière qu'on prenne la question, l'innéité d'une forme toute faite d'avance, ou du moins, passant avec la conscience de la puissance à l'acte, n'explique pas l'universel. L'universel se situe en face de la conscience sur la même ligne que l'idée : il en est un objet. En second lieu, si l'on fait de l'universel une forme innée, il n'a plus avec l'idée qu'un rapport empirique. L'innéisme n'explique ni la place de l'universel dans la conscience, ni sa liaison essentielle et nécessaire avec l'idée.

C'est qu'en effet ce système n'est qu'une sorte de mécanisme mental ; et il faut, pour passer du concret à l'abstrait, du particulier au général, faire intervenir un autre genre de spontanéité que celle dont le rôle se borne à l'application de formes inertes. Il faut qu'il y ait quelque part dans la conscience une activité plus véritable et d'un autre ordre, capable d'élaborer la donnée empirique, de mettre à nu la nature qu'elle contient et les rapports nécessaires qu'enveloppe cette nature : il faut, pour expliquer l'universel, en faire un résultat de l'activité intellectuelle.

On dira peut-être que, si l'universalité vient d'une autre source que les données de l'intuition sensible, elle a la même origine que ces notions abstraites que Kant appelle des schèmes. Les schèmes ne dérivent pas de l'expérience, ils sont innés à leur façon, ce sont des procédés de la pensée. Ils résident donc aux profondeurs de l'esprit avec les catégories elles-mêmes; et tout cela ne se distingue que logiquement, tout cela ne fait qu'un. Il est vrai que l'universel peut se séparer de la représentation empirique, mais il est inséparable du schème.

L'explication est ingénieuse et on l'a fournie. Mais le malheur veut qu'elle ne s'accorde pas avec le sentiment de Kant lui-même. Qu'on veuille bien revenir aux textes, qu'on lise attentivement le chapitre intitulé : *Du schématisme des concepts purs de l'entendement*, et l'on verra qu'entre l'universalité et la généralité du schème, Kant ne reconnaît qu'une certaine homogénéité. Ces deux choses ne lui ont jamais apparu comme identiques. L'une mène à l'autre, d'après sa pensée; mais l'une n'est pas l'autre. C'est en vertu d'une simple application de l'universalité au schème, que le schème devient universel, au sens absolu du mot. Et, dès lors, la difficulté revient tout entière. Ces deux termes de la conscience n'ont et ne peuvent avoir qu'un rapport de fait : ils s'agglutinent, mais ne dérivent pas l'un de l'autre. On ne s'aperçoit pas, d'ailleurs, qu'admettre l'innéité rationnelle des schèmes pour expliquer l'absolue universalité de nos idées, c'est détruire l'originale physionomie du Kantisme. Si telle a été la pensée de Kant, en effet, s'il n'a voulu dire que cela, il n'a rien dit de nouveau, et la gloire immense qu'on lui a faite, n'est qu'une fiction. Bien plus, il retarde dans ce cas sur Descartes, Leibnitz et Malebranche; car il n'a réussi qu'à entortiller de phrases ambiguës ce que ces grands penseurs du XVIIe siècle ont écrit avec une merveilleuse clarté. Ceux-là, au moins, possédaient leur propre pensée; ils ne l'ont pas léguée comme une énigme indéchiffrable aux générations qui devaient venir.

IV

Nos idées ne sont pas seulement universelles; elles sont aussi nécessaires, et doublement, comme on l'a dit plus haut.

Qu'est-ce que cette nécessité qui fait le fond de chacune de nos idées? Qu'est-ce que cette autre nécessité qui lie nos idées entre elles? Faut-il y voir une catégorie de l'entendement, vide par elle-même de toute réalité, mais qui, se mêlant à la réalité, la change de ce qui est en ce qui doit être? Est-ce dans la conscience ou dans l'idée elle-même que se situe la nécessité logique?

Parlons d'abord de ce que nous appelons nécessité intrinsèque. Un peu plus haut, nous avons établi les trois points suivants : 1° entre l'idée et l'universalité nous percevons un rapport absolu; 2° si nous percevons ce rapport, c'est qu'il existe. Il ne se peut pas, lorsqu'il s'agit de simples représentations et qu'il n'y a plus dans la conscience que l'acte qui perçoit d'une part, et de l'autre l'objet perçu, il ne se peut pas qu'à ce moment de la pensée où l'esprit ne mêle plus rien de lui-même à ce qu'il connaît, nous voyions perpétuellement, et dans toutes nos opérations intellectuelles, une connexion nécessaire où il n'y a de fait que contiguïté, une identité où il n'y a de fait que mélange ; 3° ce rapport absolu que nous remarquons entre l'idée et l'universalité ne subsiste plus, si l'universalité ne jaillit pas de l'essence même de l'idée, si elle ne fait que s'y ajouter en vertu d'un lien imposé par la conscience; car alors tout se ramène à une simple fusion d'éléments hétérogènes, à une sorte de soudure empirique. Mais formuler un tel raisonnement, c'est démontrer que le kantisme n'explique pas la nécessité intrinsèque de l'idée. A quoi se réduit-elle, en effet ? A ce que toute idée soit essentiellement supposable, c'est-à-dire essentiellement réalisable, essentiellement universelle, à ce qu'il y ait entre l'idée et l'universalité non plus un rapport de fait, mais un rapport absolu.

De la nécessité intrinsèque passons à la nécessité de rapport. Nous remarquons entre certaines idées une liaison qui ne peut pas ne pas être. Comment se forme cette liaison? Est-elle dans l'essence même des choses? Ou bien la nécessité est-elle, comme l'a dit Kant, un concept *a priori* qui vient du fond de la conscience s'ajuster aux données empiriques, et faire ainsi de ce qui n'est qu'un rapport empirique un rapport absolu? Y a-t-il dans l'intelligence, au-dessous de la faculté de *voir*, un pouvoir de *lier?* La question est de la plus haute importance. Si l'homme ne vit pas enfermé dans le présent, comme le reste des animaux, si du regard de sa pensée il embrasse à la fois le passé et l'avenir, et conquiert par là même sur la nature une sorte d'empire toujours croissant, si son esprit peut, d'une certaine manière, percer le voile des phénomènes et deviner dans l'au-delà celui qui meut tout avec ordre et harmonie, c'est qu'il est à même de découvrir dans les faits les lois des faits, c'est qu'il est capable de formuler des jugements marqués au double coin de l'universalité et de la nécessité. Or ces jugements eux-mêmes se fondent uniquement sur le rapport qui en unit les termes abstraits, sur la *liaison des idées*. Là est la base de tout savoir. Sur ce rapport logique se fondent en définitive science expérimentale, mathématiques, métaphysique, morale, religion. Rien qui dépasse le champ toujours si limité de l'expérience, rien d'absolu dans la pensée, si ce pont par lequel on va d'une idée à une autre idée, vient de quelque manière à s'ébranler : nous n'avons plus que « des lois municipales », des lois qui sont vérité pour nous et peuvent être erreur pour d'autres ; et les populations qui habitent aux profondeurs du ciel sur d'autres nefs que la nôtre, ont peut-être trouvé le moyen de concevoir clairement des commencements qui n'ont pas de cause. Donnons donc au sujet la plus grande attention.

Il est facile d'observer des cas où la liaison des idées tient à la nature même des choses, se ramène à l'évidence, présente en d'autres termes un caractère analytique. Quand j'affirme de l'homme que c'est un être raisonnable, je vois clairement pourquoi j'énonce un tel jugement. Je ne fais que tirer d'un concept ce que j'y ai mis par définition, ce qui s'y trouve par hypothèse. Si l'on lie vingt globules dans un sac, il faut bien que, lorsqu'on rouvre le sac pour la première fois, on y trouve encore vingt globules.

Mais il n'y a là qu'une pure tautologie. De tels jugements n'apprennent rien. Il en est d'autres, et ce sont les seuls importants, où l'on va d'une idée donnée à une autre idée d'abord inaperçue, qui partant sont de véritables conquêtes sur l'inconnu, qui élargissent le champ de la connaissance humaine. Comment s'effectue ce passage de ce qu'on sait déjà à ce qu'on ne sait pas encore? En quoi consiste ce lien logique en vertu duquel deux idées se tiennent sans se confondre, qui nous conduit nécessairement de l'une à l'autre, mais sans nous révéler la seconde par le fait même que nous connaissons la première? Si A enveloppe B, ne faut-il pas que j'embrasse ces deux termes dans une même intuition, que je les connaisse du même coup? Et si A n'enveloppe pas B, comment vais-je de l'un à l'autre? Ne faut-il pas que le lien qui les rattache entre eux leur soit extérieur? Mais si le lien qui groupe nos idées est extérieur à nos idées, d'où viendra-t-il sinon de la conscience qui les connaît?

Toutefois, cette théorie explique-t-elle la nécessité que nous avons posée en fait? A-t-on démontré qu'une forme *a priori* puisse établir un rapport nécessaire entre deux phénomènes qui n'ont par eux-mêmes qu'un rapport empirique? Bien plus, est-ce là chose démontrable?

Nos concepts mathématiques, a-t-on dit, n'ont pas par eux-mêmes de liaison nécessaire; cette liaison leur vient uniquement de l'espace où nous les construisons. La solution paraît simple, mais l'a-t-on prouvée?

Tout d'abord, de quel espace veut-on parler? On a toujours distingué le concept de l'espace et l'espace lui-même, l'espace possible et l'espace réel. Mais évidemment, ce n'est pas de l'espace possible que nous parlent les innéistes. Ils ont en vue cette étoffe immense qui explique les situations des corps; ils ont en vue l'espace réel. C'est donc cet espace qui doit être nécessaire. L'est-il de fait?

Je n'éprouve pour ma part aucune difficulté sérieuse à supposer, au moins par un effort de mon entendement, qu'il n'y a plus d'espace, que tous les corps ont disparu et que le vide absolu leur a succédé. Il se peut que l'espace ne soit qu'un ensemble d'actions *ad extra*, et dans ce cas il s'anéantit avec les corps qui en sont le principe. Mais supposons que l'espace réel soit distinct des corps qui s'y situent, rien ne me dit qu'il soit nécessaire; je ne vois toujours de nécessaire dans l'espace que sa possibilité. En définitive, si l'on a parlé si longtemps de la nécessité de l'espace, c'est qu'on a confondu l'idéal et le réel. Je puis toujours concevoir une étendue au delà d'une étendue donnée. L'espace est réalisable à l'indéfini ; il l'est nécessairement, voilà ce qui paraît incontestable; mais il en est ainsi du phénomène le plus fugitif. Une pensée qui nous traverse l'esprit, un désir que nous rejetons dès qu'il nous est venu, sont toujours et nécessairement réalisables, par le fait même qu'ils se sont une fois produits, et l'on n'en conclut pas qu'ils existent nécessairement. On ne peut inférer plus justement de la nécessité de l'espace possible la nécessité de l'espace réel.

Ajoutons que, lorsque nous pensons à l'espace, nous sommes assez naturellement victimes d'une autre illusion. Au delà des mondes existants nous concevons la possibilité de placer d'autres mondes, et cette possibilité est indéfinie : elle ne peut disparaître un seul instant; elle est nécessaire, et semble exiger l'existence d'un espace également nécessaire, où se situent les mondes que nous imaginons. Mais qu'on y regarde de près, la possibilité de créer des corps à l'indéfini n'est autre chose que la possibilité pour ces mêmes corps de prendre des positions respectives, c'est-à-dire l'absence de tout obstacle, le vide absolu. Si nous y voyons quelque chose de plus, c'est que, ne pouvant concevoir le néant, nous y projetons notre être et l'emplissons, pour ainsi dire, de l'étoffe de notre propre imagination.

Mais qu'on admette, si l'on veut, que l'espace réel soit nécessaire. Aura-t-on par là même expliqué nos concepts mathématiques? Nullement. La nécessité de l'espace est tout à la fois distincte et différente de la nécessité des concepts mathématiques. La première est inhérente à l'existence d'une réalité, la seconde aux modes de cette même réalité. La première est un fait absolu; la seconde consiste dans un rapport. L'une est d'ordre concret, l'autre d'ordre logique et abstrait. Entre la nécessité de l'espace réel et celle des concepts mathématiques il n'y a de commun que le nom.

En serait-il de la nécessité de l'espace comme de la nécessité de Dieu lui-même, qui se répand dans tout son être et pénètre jusqu'à ses idées et ses actes? La nécessité de l'espace se communiquerait-elle aux intuitions sensibles qui n'en sont que des modes, pour donner à leurs parties et aux rapports de leurs parties une sorte d'immutabilité? Mais, s'il en est ainsi, tous les couples de représentations mathématiques sont nécessaires au même titre ; or l'expérience contredit manifestement cette hypothèse. Il suffit de se regarder vivre un instant pour remarquer que nos représentations, telles qu'elles sont reçues par la sensibilité et telles qu'elles s'y coordonnent, ne contiennent rien d'absolument fixe. Nos représentations sensibles, telles que le regard de la réflexion les surprend en nous, n'ont rien que de changeant et de passager soit dans leurs éléments, soit dans les relations réciproques de ces mêmes éléments. Impossible, à moins d'avoir pris parti pour une hypothèse, d'y découvrir quelque apparence d'immutabilité. Non seulement nos intuitions sensibles sont variables par nature, mais encore je les puis faire varier moi-même. L'espace est une étoffe maniable au gré de ma volonté. J'y trace d'abord un cercle, par exemple. Puis il ne tient qu'à moi de transformer cette figure en triangle, en carré ou en telle autre figure. Je change à ma guise les parties et les relations réciproques des parties de l'espace.

D'ailleurs, imaginons pour un instant que cette immutabilité des constructions mathématiques soit un fait; elle n'expliquerait pas la nécessité des concepts du même ordre. Par elle-même, en effet, antérieurement à toute élaboration de l'intelligence, cette immutabilité est d'ordre concret ; or la nécessité d'un concept quelconque présente un autre caractère : elle ne peut être qu'une face de l'universalité, quelque chose d'abstrait. De plus, que serait cette immutabilité dont nous parlons ? Une sorte de juxtaposition nécessaire de deux éléments. Il y a quelque chose de différent dans le rapport de deux concepts mathématiques. Ils ne sont pas présents l'un à l'autre en vertu d'un troisième principe, mais directement liés, et cette liaison elle-même consiste dans une sorte de dérivation. C'est de la notion même du cercle, non d'ailleurs, que je vois émaner d'abord l'universalité et la nécessité, puis toute cette série de corollaires qui s'y rattachent. Je n'ai qu'à observer un instant pour me rendre compte de ce fait.

On n'a pas établi qu'une forme *a priori* puisse expliquer la connexion nécessaire des concepts mathématiques. A-t-on mieux réussi par le même expédient à interpréter le rapport de l'effet à sa cause, le principe de causalité ? Nous ne le croyons pas.

Qu'est-ce en effet que cette forme innée, qu'on fait intervenir pour expliquer la connexion nécessaire de deux phénomènes qui n'auraient par eux-mêmes qu'un rapport de succession ? S'agit-il d'une contrainte toute subjective, d'une nécessité qui a sa racine, non dans un concept, mais dans la constitution native de la conscience rationnelle? Veut-on dire que la nécessité causale n'est pas l'effet d'une intuition, mais qu'elle naît en nous à l'occasion de certains couples de représentations sensibles? Veut-on dire qu'à la seule vue d'un antécédent A et d'un conséquent B qui ne soutiennent entre eux qu'un rapport empirique, je suis forcé par ma nature à affirmer que ces deux termes ont entre eux un rapport nécessaire? Mais une telle interprétation ne tient pas un instant devant l'expérience intérieure. Ce n'est pas entre l'une de mes tendances et les deux termes de la causation que se situe la nécessité, mais bien entre ces deux termes eux-mêmes : je la perçois dans l'objet, non dans le sujet. Quand un antécédent et un conséquent sont donnés, c'est de leur essence que je vois naître le rapport qu'ils soutiennent; il en jaillit comme une étincelle électrique de deux pointes de métal rapprochées. Inventer une disposition subjective pour rendre compte de la nécessité causale, c'est se mettre en contradiction flagrante avec les faits; c'est nier ce qu'il s'agit d'expliquer. En outre, la causalité enveloppe un rapport qui ne peut pas ne pas être, un rapport de droit : elle a quelque chose d'absolu. Or une impulsion subjective, si forte qu'elle soit, ne présentera jamais ce caractère; et si, de fait, elle ne le présente jamais, elle ne pourra non plus en donner l'illusion à la conscience. Car il s'agit ici de ce dernier site de la pensée où ce que l'on voit est nécessairement tel qu'on le voit. Enfin, il faut regarder aux conséquences; si le principe de causalité ne se justifie pas par l'essence des choses, s'il n'a pas sa raison explicative dans la région des idées, s'il se fonde exclusivement sur un instinct et que par là même il n'enveloppe plus rien de nécessaire, on ne peut plus dire que c'est un principe et la science humaine se trouve ruinée par sa base. Or il n'y a rien d'irrationnel comme ce suicide de la raison : si nous sommes faits pour la vérité, c'est que nous avons quelque moyen de l'atteindre.

D'ailleurs, il faut le reconnaître, Kant, lui-même, a compris la fausseté de cette explication. « Si quelqu'un, dit-il, s'avise de proposer une route intermédiaire entre les deux que je viens d'indiquer, disant que les catégories ne sont ni des principes *a priori* de notre connaissance spontanément conçus, ni des principes tirés de l'expérience, mais des dispositions subjectives à penser qui sont nées en nous en même temps que l'existence, et que l'auteur de notre être a réglées de telle sorte que leur usage s'accordât exactement avec les lois de la nature auxquelles conduit l'expérience (ce qui est une sorte de *système de préformation* de la raison), il est facile de réfuter ce prétendu système intermédiaire. (Outre que dans une telle hypothèse on n'a pas de terme à la supposition de dispositions prédéterminées pour des jugements intérieurs), il y a contre ce système un argument décisif : c'est qu'en pareil cas les catégories n'auraient plus cette nécessité qui est essentiellement inhérente à leur concept. En effet, le concept de la cause, par exemple, qui exprime la nécessité d'une conséquence, sous une condition donnée, serait faux s'il ne reposait que sur une nécessité subjective qui nous forcerait arbitrairement d'unir certaines représentations empiriques suivant un rapport de ce genre. Je ne pourrais pas dire : l'effet est lié à la cause dans l'objet, c'est-à-dire nécessairement, mais seulement : je suis fait de telle sorte que je ne puis concevoir cette représentation autrement que comme liée à une autre. Or, c'est cela même que demande le sceptique. Alors, en effet, toute notre connaissance, fondée sur la prétendue valeur objective de nos jugements, ne serait plus qu'une pure apparence, et il ne manquerait pas de gens qui n'avoueraient même pas cette nécessité subjective, laquelle doit être sentie; du moins, ne pourrait-on discuter avec personne d'une chose qui dépendrait uniquement de l'organisation du sujet[1]. »

La catégorie de la causalité n'est pas une disposition purement subjective; elle ne peut donc être qu'un concept. Mais quel concept? Veut-on parler de la nécessité elle-même? Conçoit-on la causalité comme une sorte de lien logique qui vient du fond de la conscience souder l'un à l'autre l'antécédent et le conséquent? Mais alors Kant a une catégorie de trop; car, dans ce cas, causalité et nécessité ne font plus qu'un. Son tableau des formes de l'entendement est à remanier. De plus, cette catégorie, antérieurement à toute élaboration intellectuelle, ne peut être que concrète. Or, la nécessité dont il s'agit, est essentiellement abstraite : elle est d'ordre logique : entre la catégorie de la nécessité et la nécessité elle-même, telle que la conscience nous la révèle, il y a l'abîme qui sépare l'idéal et le réel. Mais le vif de la question n'est pas là : le point capital est de savoir comment un concept inné de l'entendement peut établir entre deux données venues de l'expérience un rapport d'une absolue nécessité, ou bien, en d'autres termes, comment il peut lui-même acquérir avec chacune de ces deux données une liaison nécessaire. Or, ce

---

[1]. *Critique de la Raison pure*, édit. Barni, vol. I. p. 191-192.

comment est d'une impossibilité manifeste; il implique contradiction. On ne fera jamais que deux éléments d'origine diverse, qui se rencontrent un instant sous le regard de la conscience, fondent un rapport qui ne peut pas ne pas être ou même produisent quelque apparence d'un tel rapport.

La catégorie de la causalité est donc quelque chose de moins pauvre que la nécessité logique ; elle enveloppe deux termes : le concept de commencement et celui de cause, plus la relation nécessaire que la conscience nous révèle entre ces deux concepts. Car, après ce que l'on a dit, il ne reste de place que pour cette interprétation. Or, il se trouve qu'elle n'est pas plus heureuse que les précédentes. En premier lieu, ce n'est pas expliquer le principe de causalité que de le transporter de l'objet au sujet. Ce principe est inné, dites-vous, mais qu'est-il ? Une fois située dans la conscience, la question se pose derechef, et avec la même acuité. Il s'agit toujours de savoir quelle est la nature du rapport que soutiennent en notre pensée, ou plutôt sous le regard de notre pensée, le concept de commencement et celui de cause ? Car ce rapport ne tient pas à la conscience qui le perçoit; il est inhérent à la chose perçue, et le tout est de définir comment il en dépend. En second lieu, il est facile d'observer qu'on se heurte toujours à la même difficulté foncière, qui est d'expliquer la nécessité que revêt l'expérience au regard de l'entendement par un intermédiaire qui ne jaillit pas de l'expérience elle-même. Supposons, en effet, que la causalité ne soit plus une simple forme, mais bien un vrai principe, composé d'un sujet et d'un prédicat logique, on n'aura pas expliqué par là même la nécessité qu'enveloppe toute causation. Si intimement que le concept de cause s'unisse à un antécédent donné et le concept de commencement à son conséquent respectif, les deux termes qui constituent chacun de ces deux couples disparates, ne seront identifiés qu'aux yeux de l'imagination; au regard de la raison, ils resteront distincts. Et par le même, le rapport qu'enveloppe le principe et celui que soutiennent entre elles les intuitions correspondantes, resteront aussi distincts et au même titre. La causation ne deviendra donc pas plus nécessaire, pour être revêtue du principe de causalité, que le blanc ne devient le noir pour entrer avec lui dans le champ d'une même perception. C'est là, d'ailleurs, ce que Kant a lui-même senti. Aussi sa pensée est-elle qu'il n'y a de causalité que dans les cas qui présentent une succession constante. Mais cette succession n'est qu'un vain palliatif. Qu'est-ce, en effet, que cette invariabilité dont on parle? Ou bien elle implique par elle-même la nécessité, et alors tout *a priori* devient inutile; ou bien elle n'est qu'une succession d'un caractère particulier, et alors tout *a priori* est inefficace.

Enfin, si telle est l'explication que Kant a voulu donner du principe de causalité, en quoi diffère-t-elle au fond de celle de Descartes lui-même ? Où est le trait qui constitue son originalité ? Descartes n'a-t-il pas enseigné, lui aussi, et dans une meilleure langue, que le principe de causalité est inné de toutes pièces et que les associations empiriques n'ont de nécessité que celles qu'il leur communique? Sur cette question capitale, comme précédemment, le kantisme se ramène donc à l'ancien innéisme.

Mais, en fait, y a-t-il une manière d'interpréter, à l'aide de catégories innées, la connexion nécessaire qui fonde nos jugements universels? Non; sur ce point encore, sur cette question de droit, la solution ne peut être que négative. De toutes les formes de l'innéisme, celle qui consiste à supposer l'existence de concepts *a priori* vides par eux-mêmes de toute réalité, nous paraît être la plus vague, la moins compréhensible, la moins conforme aux données de l'observation. C'est un rêve de métaphysicien qui ne trouve et ne peut trouver de place nulle part dans le champ de la conscience humaine. Ce que je remarque, en premier lieu, c'est que je n'entends pas ce que l'on veut dire, lorsqu'on me parle de la liaison de deux concepts dont je ne saisis pas le rapport essentiel. La nécessité d'affirmer n'est pour mon esprit qu'un fait dérivé. Il faut que je voie tout d'abord : c'est ma loi. Si je suis contraint d'affirmer, ce n'est qu'en raison de la perception intime que j'ai de la vérité : j'affirme ce que je vois, le fait où je vois le fait, la possibilité où je vois la possibilité, la nécessité où je vois la nécessité. Par conséquent, si j'affirme, en particulier, la nécessité d'un rapport, c'est que j'en ai l'intuition, et, si j'en ai l'intuition, c'est qu'elle existe : je ne puis voir le néant. Mais dire qu'un rapport est nécessaire ou dire que son premier terme ne peut pas ne pas entraîner le second, ou dire que son premier terme n'a son essence complète que si l'on y comprend le second, qu'il enveloppe le second dans son concept, ce sont différentes manières d'exprimer une seule et même chose. Ainsi, quoi qu'on fasse, il faut bien que tout se ramène à l'analyse, que tout revienne par quelque voie à l'évidence. Le jugement synthétique est un acte contre nature ; il consiste à voir ce qu'on ne voit pas.

V

Dire comment l'esprit s'élève du réel au logique, du particulier à l'universel, du contingent au nécessaire et par là même du relatif à l'absolu, c'est expliquer la raison tout entière. Or, cette explication-là, Kant ne réussit pas à la fournir. Après son effort gigantesque, le mystère reste tout entier, le sphinx garde son secret. Bien plus, tout se mêle, tout se dissout au contact du génie du philosophe allemand, et l'entendement humain, sous son action funeste, cesse de se rattacher à ces sommets éternels dont a parlé Platon : ses vues n'ont plus que la relativité et la mobilité des représentations sensibles. Mais ce n'est pas là l'unique défaut de la théorie kantienne, bien qu'il soit essentiel. Impuissante à rendre compte des caractères originaux de nos idées, incapable de toucher à son but principal, qui est l'explication de la connaissance rationnelle, elle contient de plus des vices secrets qu'il faut mettre en lumière : la racine en est branlante autant que desséchée, et il le faut dire.

Le tableau des catégories est doublement artificiel : il l'est à la fois par l'ordonnance et le nombre des éléments qui le composent. Quantité, qualité, relation, modalité : telles sont, au dire de Kant, les quatre cimes du monde de la pensée. Mais que peut être la quantité sinon une relation que soutiennent entre eux des objets donnés ? De même, qu'est-ce que la qualité sinon un accident plus ou moins durable, et par conséquent une forme de la modalité? La quantité se ramène donc à la relation et la qualité à la modalité, comme l'espèce à son genre. En outre, la relation, d'après Kant, contient la substance, et cette classification est plus qu'étrange : il faut être à bout d'expédients pour y songer. Qu'on fasse de la substance une forme de l'esprit ou le fond de la nature, elle reste par essence quelque chose d'absolu; et par là même, ce n'est point une relation, on n'y peut voir qu'un terme de relation. D'ailleurs la substance n'est point, comme le veut Kant, une catégorie secondaire; au point de vue de la généralité, elle se place sur le même plan que la relation et la modalité. Locke était mieux inspiré que le penseur systématique et sombre de Kœnigsberg, il faisait une découverte à la fois plus rationnelle et plus profonde, lorsqu'il réduisait à trois les formes primordiales de l'être, à savoir : le mode, la substance et la relation. Tout est là, ou du moins, tout en dérive de quelque manière.

Il en est des catégories comme de ces barres de fer qu'on remarque à travers les fenêtres béantes des édifices incendiés et que l'activité des flammes a déplacées et tordues en tout sens : elles sont l'œuvre de la violence. De plus, c'est en vain que Kant essaie d'en limiter le cortège, d'ériger une barrière définitive entre la partie innée et la partie acquise de nos connaissances : il échoue en cette entreprise difficile, comme y ont échoué tous ses devanciers. « Telle est, dit-il après avoir exposé le tableau des catégories, la liste de tous les concepts originairement purs de la synthèse, qui sont contenus *a priori* dans l'entendement et qui lui valent le nom d'entendement pur... Cette division est systématiquement dérivée d'un principe commun, à savoir de la faculté de juger (qui est la même chose que la faculté de penser) ; ce n'est point une rapsodie résultant d'une recherche des concepts purs faite à tout hasard, mais dont la conception ne saurait jamais être certaine, parce qu'on la conclut par induction sans jamais songer à se demander pourquoi ce sont précisément ces concepts et point d'autres qui sont inhérents à l'entendement[1]. » Ces paroles, où l'on sent l'enthousiasme de l'inventeur, ne sont vraies qu'à demi et les scories de l'erreur s'y mêlent comme à tout le reste de la théorie. Sans doute, le point de vue auquel Kant s'est placé a

---

1. *Critique de la Raison pure*, t. I, p. 138, Barni.

quelque chose de nouveau : ce n'est plus celui de l'être, comme dans Aristote, Descartes et Leibnitz; c'est celui de la pensée. Sans doute aussi Kant a su, dans une certaine mesure (car ici l'on pourrait faire des réserves), rattacher à un même principe les diverses catégories de l'entendement. Mais ces catégories ne s'arrêtent pas à la frontière fragile qu'il leur a marquée ; elles la dépassent au nom de la logique et plongent leurs racines jusqu'au sein de l'empirique réalité. D'abord, Kant le reconnaît lui-même, aux catégories se rattache tout un ensemble de concepts dérivés qu'il appelle les *prédicables* de l'entendement. A la catégorie de la causalité s'ajoutent « les prédicables de la force, de l'action, de la passion ; à la catégorie de la communauté, ceux de la présence, de la résistance ; aux prédicaments de la modalité, les prédicables de la naissance, de la fin, du changement... etc.[1]. » Et voilà le nombre des concepts innés déjà considérablement accru. Mais l'on ne peut s'arrêter tout d'un coup en si belle voie et la raison nous contraint de descendre plus bas encore le long des pentes de l'humaine pensée. Si la causalité suppose la force, et la force l'action et la réaction, l'action et la réaction ne sont elles-mêmes que l'aspect idéal d'un agent donné, d'un

---

1. *Critique de la Raison pure, ibid.*

principe d'énergie tout individuel. Si la communauté enveloppe les notions de présence et de résistance, ces notions à leur tour supposent un objet qui est présent et peut-être par sa résistance elle-même. Si la modalité se ramifie en trois prédicaments qui se ramifient derechef en un certain nombre d'idées, telles que le changement, la naissance, etc., ces idées elles-mêmes en appellent d'autres : toute naissance est le mode d'un être qui naît, tout changement l'état d'une chose qui change. Impossible de fixer la barrière de l'innéité à travers le domaine de l'abstrait ; car tout s'y tient de la pensée la plus haute à la pensée la plus infime, tout y est également marqué au coin de l'universel et du nécessaire : la pyramide des idées est faite d'un seul bloc. Impossible aussi d'ériger la barrière de l'innéité entre l'abstrait et le concret, le logique et le réel ; car entre ces deux choses l'observation intérieure, à laquelle il faut d'abord avoir recours en pareille matière, nous révèle avec une indéniable clarté un rapport essentiel : au regard de la conscience, l'abstrait n'est qu'un point de vue du concret délimité par l'esprit. Par conséquent, tout est inné ou rien ne l'est : il faut choisir entre l'idéalisme et l'empirisme ; toute autre solution n'est qu'un expédient.

On peut pousser plus loin la critique du chef-d'œuvre de la critique moderne. Non seulement le tableau des catégories est factice, mais encore les éléments logiques qui le constituent sont inintelligibles. On me parle d'une quantité *a priori*, qui se trouve enfouie en ma pensée antérieurement à toute donnée empirique. Mais la quantité n'est qu'un rapport entre deux ou plusieurs objets ; et par conséquent elle ne se conçoit pas en dehors de ces objets. On me parle d'un concept de qualité qui fait partie constitutive de mon entendement. Mais la qualité n'est qu'un mode de l'être ; elle suppose un sujet qui la supporte et n'a de sens que par lui. On veut qu'il y ait dans l'esprit un concept de relation antérieur à tous termes donnés ; mais toute relation est nécessairement postérieure à la réalité qui la fonde et ne se conçoit qu'en elle. On me dit que la modalité, non point la modalité de telle essence ou de tel individu, mais la modalité considérée en soi, isolée de tout sujet et de toute faculté, est une forme innée de mon entendement, une sorte de « case » vide que l'expérience viendra remplir plus tard. A pareil concept je ne trouve pas plus de sens qu'à une équation algébrique qui n'aurait qu'un membre. Quantité, qualité, relation, modalité, n'en déplaise aux admirateurs de Kant, ne sont en dehors de toute autre donnée que des souffles d'air. Kant, pris au pied de la lettre, a fait la plus singulière des inventions : il a trouvé l'innéisme des mots; c'est un nominaliste d'un nouveau genre. Ce qu'il y a de piquant, c'est que Kant lui-même a senti ce vice radical de sa théorie. « Quoique tous ces principes et la représentation de l'objet dont s'occupe cette science (les mathématiques) soient produits dans l'esprit tout à fait *a priori*, ils ne signifieraient pourtant rien, si nous ne pouvions montrer leur signification dans des phénomènes (des objets empiriques). Aussi est-il nécessaire de rendre sensible un concept abstrait, c'est-à-dire de montrer un objet qui lui corresponde dans l'intuition, parce que sans cela le concept n'aurait, comme on dit, aucun sens, c'est-à-dire resterait sans signification. Les mathématiques remplissent cette condition par la construction de la figure qui est un phénomène présent aux sens (bien que produit *a priori*). Le concept de la quantité, dans cette même science, cherche son soutien et son sens dans le nombre, celui-ci à son tour dans les doigts ou dans les grains des tablettes à calculer, ou dans les traits ou les points placés sous les yeux [1]. » S'exprimer de la sorte, n'est-ce pas avouer que les catégories ne sont chose intelligible qu'autant qu'on les situe dans la réalité? N'est-ce pas avouer par là

---

[1]. *Critique de la Raison pure*, p. 307-308, édit. Barni.

même qu'elles sont chose essentiellement inintelligible, vu qu'elles ont par définition une date antérieure à la réalité ?

On pourra dire, pour défendre le kantisme en ses derniers retranchements, que l'entendement ne conçoit réellement les catégories qu'au contact de l'expérience, qu'avant toute donnée empirique elles ne sont qu'une sorte de préformation native de la pensée. Mais cette réponse ne lève pas la difficulté pour la rejeter dans l'inconscient. Que les catégories kantiennes, antérieurement à tout fait intellectuel, soient acte ou puissance, peu importe. Ce qui constitue leur inintelligibilité, c'est qu'existant avant les choses, elles ne peuvent avoir avec elles qu'un rapport fortuit, une union de circonstance. Or, cette condition demeure, de quelque manière qu'on entende l'état des catégories qui précède la connaissance.

VI

C'est la contradiction qui fait le fond de la *Raison pure*, et les conséquences valent ce que vaut le principe. Si le kantisme est vrai, fermons nos livres, ne cherchons plus à pénétrer le mystère de la nature ; nous sommes condamnés par l'auteur de notre être à ne jamais sortir de notre pensée, à rouler éternellement dans le même cercle d'idées : la raison est une captive; et de sa prison, où s'agitent des ombres qui ne sont encore qu'elle-même, elle ne prendra jamais son essor.

En premier lieu, si Kant a trouvé la solution définitive du problème de la connaissance, la métaphysique n'est plus qu'une terre promise qui ne sera jamais accordée. La métaphysique, en effet, n'est ni la science des faits ni celle des lois auxquelles obéissent les faits ; la métaphysique a pour objet une réalité à la fois plus permanente, plus féconde et plus profonde : c'est la science de la substance. Or, d'après la théorie de Kant, la substance reste pour toujours inaccessible aux prises de notre pensée. Nous n'en avons pas l'intuition, nous ne la percevons pas directement et en elle-même : elle n'est pas donnée dans les représentations empiriques ; ni le non-*moi*, ni le *moi*, tels qu'ils apparaissent à notre conscience, ne la contiennent dans leur réalité. L'expérience ne nous la révèle pas même de profil et comme au passage, à la façon dont Moïse put un jour voir Jéhovah. Et l'entendement n'en atteint pas davantage la réelle et vivante existence. Il n'en porte en lui-même qu'un symbole vide qui ne nous dit rien ni du fait ni de la nature de son original. D'autre part, nous n'avons pas de raison de conclure à ce que nous ne voyons d'aucune manière, d'inférer ce que n'enveloppent ni les données des sens ni celles de l'intelligence. La seule planche sur laquelle nous pourrions nous risquer vers l'absolu, c'est le principe de causalité. Mais ce principe qui est une loi de notre pensée, n'est peut-être pas une loi des choses. Il ne vaut peut-être que pour nous; c'est peut-être une vérité exclusivement humaine. Toute voie vers la substance est donc barrée pour toujours. Le noumène que nous soupçonnons ne se laissera jamais saisir aux filets de notre pensée; et l'intuition et le raisonnement sont également impuissants à le découvrir : il déborde de toute manière l'étroite sphère de notre conscience.

Sans doute, et Kant se plaît à le répéter, les questions métaphysiques restent ouvertes et sollicitent sans cesse notre raison avide d'infini. Mais à quoi bon cette perpétuelle sollicitation, si elle ne doit jamais aboutir qu'à tourmenter notre âme? A quoi bon l'effort vers l'absolu, si cet effort est condamné à un éternel et radical insuccès? Un temple ouvert, mais où l'on ne peut même pas plonger le regard pour en admirer les merveilles, vaut un temple fermé. Ne nous occupons plus, si Kant a raison, ni de l'origine ni de la nature de la matière, ni de l'essence de notre âme, ni de la cause première du monde. Ce sont là autant de problèmes qui n'ont plus d'intérêt pour nous, parce qu'ils ne versent plus d'espérance au cœur. On ne s'acharne pas à polir un diamant avec un gâteau de cire. C'est d'ailleurs la conséquence que se sont empressés de tirer les chercheurs de notre siècle ; et de là l'immense fortune de Kant. Son système est venu à temps pour une génération que domine l'esprit scientifique et qui a renoncé à toute enquête sur l'absolu, parce qu'il ne se laisse ni toucher au scalpel ni découvrir à la loupe.

Les esprits froids, il est vrai, ceux chez lesquels il ne fait que clair, qui remuent les questions vitales de la famille humaine avec le flegme que met un praticien à disséquer un céphalopode, se sont rangés du côté d'Auguste Comte, principalement soucieux de savoir, oublieux de la sainteté de l'action. Mais les autres, préoccupés du problème moral autant que de l'avenir de la science elle-même, se sont épris d'admiration pour l'originale et puissante construction de Kant ; ils y ont vu une conciliation définitive de la science et de la morale, parce que cette conciliation se fait ou du moins commence sur le domaine de l'expérience, et ils ont dit dans leur enthousiasme précipité : voilà celui qui nous révèle le pourquoi de nos pensées. Et le XIX° siècle s'est fait kantien.

Mais cet enthousiasme, avons-nous dit, est un peu précipité. On s'est jeté sur la théorie de Kant comme sur une barque de sauvetage, et cette barque est fragile. Loin de concilier la science et la morale, comme on pourrait le croire, la théorie de Kant ne sauve ni la première ni la seconde. De l'une et de l'autre elle ébranle du même coup les fondements éternels.

L'ambition du savant qui étudie la nature est de dépasser le domaine toujours étroit de l'expérience, de s'élever à des formules qui valent pour l'avenir comme pour le présent et le passé, qui embrassent tous les temps et tous les lieux. L'objet de la science expérimentale aussi bien que celui de la métaphysique, c'est l'absolu. Et Kant lui-même l'a reconnu; c'est par là principalement qu'il diffère de D. Hume. Il n'est peut-être pas de philosophe qui ait marqué si fortement le caractère inconditionnel des lois scientifiques. Or tout cela disparaît, tout cela se dissipe comme la brume du matin sous les rayons du soleil, si l'on en croit la solution qu'il donne lui-même au problème de la connaissance rationnelle. Son explication ne réussit qu'à dénaturer la chose qu'il s'agit d'expliquer. Tout est mobile, à son dire, tout est flottant dans le domaine de l'expérience; rien qui s'y soude d'une façon nécessaire. L'expérience ne contient que des agglutinations de faits et partant ne suffit à fonder que des vérités de fait. La question est donc de savoir si l'entendement, lorsqu'il intervient, évoqué en quelque sorte par la voix de l'expérience, communique à ces vérités la nécessité qu'elles n'ont pas par elles-mêmes. Or il n'en est rien. Une telle transformation ne peut avoir de réalité qu'au regard de l'imagination. La nécessité de l'entendement, de quelque manière qu'on la conçoive, est d'une autre origine que les données empiriques : elle tient à son essence et non au fond de la mystérieuse nature. Par conséquent, elle ne fait que s'ajouter d'une façon plus ou moins intime à ces données. Elle ne forme elle-même avec les termes de ces données qu'une soudure de fait et dont la durée est celle de l'acte de la connaissance. En outre, cette soudure reste distincte de celle qui rattache l'un à l'autre les éléments de l'expérience et n'en modifie nullement la nature.

Kant, pour expliquer la nécessité des lois scientifiques, n'a donc fait qu'en doubler la contingence. Et la raison de son insuccès, c'est que la nécessité des formes *a priori* est un monopole intellectuel qui ne s'aliène pas. Il n'a pas dompté la nature ; ce n'est qu'en apparence qu'il l'a emprisonnée dans ses catégories. Après, comme avant sa géniale tentative, elle continue à se dérouler suivant ses caprices, libre, chaotique, houleuse, insaisissable. Stuart Mill a osé dire que, dans les portions lointaines des régions stellaires, où les phénomènes peuvent être tout à fait différents de ceux que nous connaissons, ce serait folie d'affirmer le règne d'aucune loi générale ou spéciale, et que, si un homme habitué à l'abstraction et à l'analyse exerçait loyalement ses facultés à cet effet, « il n'aurait pas de difficulté, quand son imagination aurait pris le pli, à concevoir qu'à certains endroits, par exemple, dans un des firmaments dont l'astronomie stellaire compose à présent l'univers, les événements puissent se succéder au hasard, sans aucune loi fixe, aucune portion de notre expérience ou de notre constitution mentale ne nous fournissant une raison quelconque pour croire que cela n'a lieu nulle part ». Cette conclusion est aussi celle qui découle de la théorie kantienne. Impossible, d'après cette théorie, de dépasser par l'induction la frontière de l'observation. Si la cause et l'effet ne soutiennent entre eux qu'un rapport de fait, pourquoi les roues d'une locomotive ne se mettraient-elles pas en mouvement avant le piston qui les commande? Pourquoi les astres ne commenceraient-ils pas tout d'un coup, et sans que rien autre soit changé, à tourner en sens inverse?

Non seulement Kant enlève à la science expérimentale son caractère essentiel d'absolue universalité, mais encore il en rend l'objet à jamais et de tous points inaccessible.

L'objet primordial et foncier de la science expérimentale, ce sont les faits de la nature extérieure, de cette nature dont le principe d'action est à la fois indépendant et de notre pensée et de notre vouloir, qu'on la conçoive d'ailleurs comme métaphysiquement identique à notre être ou douée d'une existence radicalement distincte. Car le but de la science expérimentale, son unique force, c'est de prévoir les événements que cette même nature doit produire dans son développement ultérieur. Or cette prévision reste impossible aussi longtemps qu'on n'a pas trouvé quelque moyen d'en atteindre les antécédents réels. Ce moyen, d'après la doctrine de Kant, ne sera jamais trouvé ; cette voie de la pensée vers la réalité modale des choses demeure fermée pour toujours. Si Kant a dit vrai, le propre de la connaissance n'est pas de nous rapprocher des faits, mais de jeter entre eux et nous-mêmes un masque impénétrable. Le cortège déjà nombreux des catégories, la légion plus nombreuse des schèmes, la double loi de l'espace et du temps, voilà autant d'obstacles qui se dressent entre la pensée et la réalité qu'il s'agit de percevoir ; et ces obstacles, nous devons renoncer à tout espoir de les jamais aplanir, car ils tiennent à la constitution native de la conscience: l'effort que nous faisons pour les écarter n'aboutit qu'à les évoquer derechef et tous à la fois. Elle est donc étrange, l'attitude de Kant à l'égard de cette vérité scientifique, qu'il a pourtant cherchée avec une si constante et si généreuse ardeur. Il suit à son égard l'attitude d'un général qui, pressé par un ennemi puissant, s'enfuirait à grandes journées, laissant derrière lui murailles, bastions et fossés, pour aller s'enfermer dans sa capitale.

C'est déjà trop de ce triple masque que Kant met à la réalité expérimentale; mais de plus, ce masque ne lui va pas : ni les catégories ne s'accordent avec les schèmes, ni les schèmes avec les données de l'intuition sensible.

En premier lieu, tel schème évoqué par l'expérience ne peut à son tour évoquer telle catégorie que s'il existe entre l'un et l'autre un *rapport exclusif*. Or ce rapport n'est pas toujours donné. La réalité, par exemple, n'est pas seulement homogène à la qualité, mais encore à la quantité, à la substance, à la modalité; car tout est réel. De même, la permanence n'est pas un trait distinctif de la substance. Toute substance contient, il est vrai, un principe permanent; mais tout ce qui est permanent n'est pas une substance. L'étendue, la conscience que chacun de nous a de soi-même, ont un certain degré de permanence : elles persistent toutes deux, l'une à travers le rythme du mouvement, l'autre sous le flux des états psychologiques; et l'on ne peut y voir des êtres substantiels.

La succession, n'étant qu'un rapport de temps, ne mène pas nécessairement à la causalité; qui enveloppe de plus un rapport d'énergie. Quelle ressemblance entre la simultanéité et la réciprocité d'action, entre la nécessité et l'existence d'un même objet dans tous les temps? Entre ces deux choses n'y a-t-il pas la différence du droit au fait, qui pour Kant est irréductible?

De plus, supposons qu'entre chaque schème et la catégorie correspondante il y ait véritablement un rapport exclusif et comme une voie unique : il faut encore rendre compte de la manière dont ces deux conditions de la pensée s'appellent l'une l'autre pour concourir à la formation d'un seul et même objet. Et ce mode d'évocation, Kant ne peut que très difficilement le déterminer. Il rejette à la fois l'occasionnalisme et l'harmonie préétablie ; par conséquent il ne peut que se rabattre sur l'association par ressemblance. C'est à D. Hume qu'il emprunte son procédé d'explication. Mais alors on arrive à une conclusion bien inattendue. Une association par ressemblance ne se fait pas toute seule. Elle suppose des traits communs entre les termes qui se ressemblent ; et ces traits communs, la réalité prise à l'état brut ne les contient pas. Imaginons deux boules d'ivoire, qui mesurent exactement l'une et l'autre quatre centimètres de diamètre. Par elles-mêmes, ces deux dimensions sont étrangères de tous points : chaque boule a la sienne en propre, qui n'est rien à la seconde. Le trait commun n'apparaît que lorsque l'intelligence se met de la partie. C'est l'activité de l'esprit qui le dégage des deux individualités qui l'enveloppent; c'est l'activité de l'esprit qui de deux qualités distinctes fait une seule et même notion. Mais, si telle est la nature de l'association par ressemblance, l'homogénéité du schème et de la catégorie corrélative ne conduit à rien par elle-même. Ce sont là deux concepts qui demeurent étrangers l'un à l'autre aussi longtemps que la force abstractive de l'intelligence ne les a pas fondus en un seul. Et pour Kant cette force ne compte pas. Tout son système croulerait comme un château de cartes, si l'on venait à y introduire ce facteur nouveau. On verrait alors, en effet, que la catégorie sort du schème qui lui correspond et tout l'échafaudage des formes *a priori* de l'entendement n'apparaîtrait que comme une gênante superfétation.

S'il est difficile à Kant de nous dire comment les catégories s'appliquent aux schèmes, il n'a pas moins de peine à nous faire voir l'accord des schèmes eux-mêmes avec l'expérience. Quel est le rapport du nombre à tel nombre, de la réalité à elle réalité, de la permanence à telle sensation qui présente ce caractère, de la succession constante à tel cas de causation ? Chacun de ces schèmes est inné d'une certaine manière, façonné par l'esprit en dehors de toute donnée empirique ; d'autre part, c'est de l'expérience même que procède la réalité sensible, individuelle et contingente qui lui correspond. Ici encore, nous le demandons, où est le principe d'harmonie entre les lois de la pensée et celles des choses ? La seule réponse au problème est celle que nous avons donnée plus haut pour expliquer le rapport des catégories aux schèmes. Mais cette réponse, on l'a vu, ne suffit que si l'on accorde à la pensée une puissance d'élaboration que le système kantien ne comporte pas.

Kant a posé la question de l'accord de la pensée avec les choses de manière à doubler la difficulté qu'elle enveloppe. Pour les vieux innéistes, il ne s'agissait que de savoir comment les idées se rapportent aux représentations sensibles. Kant a dû chercher en plus comment les catégories se rapportent aux schèmes, qui ne sont autre chose que des idées. De là deux embarras pour un, deux filets serrés dont il n'est pas sorti.

Mais si la théorie de Kant ne nous permet pas d'atteindre directement les faits, nous fournit-elle du moins des symboles psychologiques où nous puissions en reconnaître dans une certaine mesure et la nature et l'ordre réel ? Pas davantage. Et les formes de la sensibilité et les catégories de l'entendement pur sont autant de milieux réfringents où les rayons partis de l'empirique réalité dévient à chaque instant. Qu'est-ce à l'origine que le fait extérieur qui donne lieu au travail de la pensée ? Problème insoluble, énigme indéchiffrable. Au moins la théorie cinétique de l'univers a-t-elle l'avantage de conserver en dehors de la conscience une réalité qui présente une forme déterminée, et de maintenir entre les états du dedans et ceux du dehors une certaine correspondance. Rien de pareil dans Kant : ce minimum d'objectivité disparaît avec tout le reste. Les faits de la nature extérieure sont une x comme la cause dont ils procèdent. On ne connaît rien, on ne peut rien connaître ni de leurs caractères ni de leur évolution. Et cela, n'est-ce pas la négation radicale du savoir expérimental ? N'est-ce pas le formel aveu que le savant lui-même, pourtant si fier dans ses positions, n'est pas plus fortuné que le métaphysicien, qu'il est condamné, lui aussi, à ne jamais lutter qu'avec des ombres ? Ainsi, le masque que Kant met à la vérité expérimentale n'a pas seulement l'inconvénient de nous en dérober la face lumineuse, mais encore il n'en suit pas les mobiles contours, il en dénature tous les traits.

Pas de science expérimentale, si Kant a vu juste. Mais, de plus (et c'est une conséquence qui n'en est pas moins vraie pour être un peu surprenante), pas de morale au sens strict du mot, pas de morale absolue chez ce philosophe, qui a été le plus noble et le plus ardent défenseur de la morale.

Kant nous parle avec un enthousiasme contenu et d'autant plus communicatif de l'universalité, de la nécessité de la loi morale et des postulats qu'elle entraîne. A ses yeux, la loi morale est indépendante de l'espace et du temps, suprasensible, inconditionnelle, absolue en un mot. Elle suppose, en outre, la liberté, Dieu, la vie future : la métaphysique y reparaît portée en quelque sorte sur les ailes du devoir. Et l'on sent que, lorsque Kant nous tient ce hardi et noble langage, il nous livre le fond même de son âme. Or, le malheur veut que sa théorie de la *Raison pure* ébranle et renverse tout ce bel édifice. C'est un jugement synthétique que celui par lequel on passe du fait rationnel de la loi morale à la liberté. C'est un autre jugement synthétique que celui par lequel on s'élève de l'idée du souverain bien, soit à l'existence de Dieu, soit à l'immortalité de l'âme ; et ce jugement est loin d'être simple, il est gros de propositions accessoires de même nature que lui. C'est à l'aide d'une série de jugements synthétiques que Kant déduit du devoir le code de nos devoirs, et cette déduction est pénible : l'on y sue et l'on y souffle comme l'attelage du coche. Bien plus, cette formule primordiale et immédiatement donnée à l'entendement pratique : « Tu dois », n'est elle-même qu'un jugement synthétique des mieux caractérisés. Pourquoi dois-je? Les philosophes répondaient autrefois : « parce que Dieu le veut »; ou bien encore : « parce que tu connais la sainteté naturelle des choses et que tu es libre ». Kant renonce à ces solutions d'ordre métaphysique. Entre le devoir et le sujet du devoir, il ne cherche plus une dérivation essentielle. Il affirme l'absolue nécessité de la loi morale sans l'expliquer; et à ce signe, chacun reconnaît le jugement synthétique. La morale de Kant n'est donc d'un bout à l'autre qu'un tissu de jugements synthétiques. Mais tout jugement de cette nature est inhérent à l'entendement, tient à sa constitution native et n'a de valeur que par là : c'est une loi relative à notre pensée, c'est une vérité tout humaine. Il se peut que, dans d'autres planètes, d'autres esprits, doués d'une manière différente de voir, aient une morale qui soit le contre-pied de la nôtre. Et voilà l'*impératif catégorique* assez gravement compromis.

Rien ne sert d'ailleurs, pour échapper à cette conséquence, de recourir à la distinction de la raison pure et de la raison pratique. Car, quelle que soit celle des deux consciences rationnelles à laquelle se rattachent les propositions morales, elles n'en restent pas moins synthétiques, et c'est de là que vient leur relativité. En outre, il n'y a qu'une raison en chacun de nous, et Kant lui-même l'a dit de la manière la plus formelle. Les distinctions qu'on essaie d'établir au sein de notre entendement, ne répondent qu'aux aspects logiques d'une seule et même réalité.

Ce que nous venons de dire au sujet de la morale peut s'étendre aux mathématiques elles-mêmes; car c'est en vain qu'on essaie de leur attribuer une valeur à part. Elles se trouvent atteintes, comme les autres branches du savoir, par le relativisme intellectuel de Kant. Les vérités mathématiques sont des jugements synthétiques, d'après sa théorie. Elles n'ont donc de nécessité que pour nous, et l'on peut concevoir un autre monde où $5 + 7$ ne fassent plus 12, où l'espace ait plus ou moins de trois dimensions, où deux perpendiculaires élevées sur une même droite ne soient point rigoureusement parallèles. En fait, cette idée a été comprise par les penseurs qui ont cultivé la philosophie de Kant. Récemment encore s'élevait entre M. Lechalas et l'abbé de Broglie une ingénieuse et piquante discussion sur la possibilité de constituer une géométrie essentiellement différente de celle à laquelle tout le monde croit.

Tout s'ébranle donc au contact de la théorie kantienne. Quelques années avant la *Critique de la raison pure*, Jean-Jacques Rousseau avait frappé un grand coup entre la religion positive et la religion naturelle, s'acharnant à démolir la première, défendant la seconde avec une ardente éloquence et une géniale vigueur. Et la religion naturelle a disparu, comme une fleur déracinée, avec sa compagne séculaire. Kant, à son tour, est venu mettre la hache entre la métaphysique et les autres ramifications du savoir humain, « n'en voulant qu'à cette antique matrone abandonnée et repoussée de tous ». Mais son effort de géant a porté plus loin : avec la métaphysique ont vacillé sur leurs bases, et la science expérimentale et la morale elle-même, pourtant si respectée, et les mathématiques. Tout est devenu relatif au même titre dans sa vaste théorie, parce que tout y dépend de la nature de notre pensée. Il n'y reste de certain que nos phénomènes, plus cette proposition A = A. Le dernier mot du Kantisme, c'est le Pyrrhonisme.

VII

Tirons maintenant de cet examen critique les conclusions que nous en voulons dégager :

1° L'abstrait est le résultat de l'activité mentale.

2° L'universalité ne se situe pas dans la pensée, mais dans l'idée : elle s'y rattache d'une façon nécessaire, elle découle de son essence. Par exemple, il est de l'essence du cercle d'être universel.

3° La nécessité interne n'est qu'un corollaire de l'universalité. Dire qu'une idée est réalisable à l'infini dans tous les temps et tous les lieux, c'est affirmer du même coup qu'elle ne peut pas ne plus l'être.

4° La nécessité de rapport se situe également dans la région des idées, non dans celle de la conscience qui les saisit : elle se fonde sur une exigence essentielle par laquelle le sujet se rattache à son prédicat. Les choses sont liées et comme emboîtées : elles forment une sorte de hiérarchie logique et si serrée que les unes ne peuvent être que d'autres ne soient en même temps. Voilà les faits; et quand on essaie de les nier, quand on entreprend de rapporter à la pensée qui connaît ce qui dérive de l'essence même des objets connus, on introduit dans l'esprit humain un principe qui mine jusqu'à sa base tout l'ordre admirable de la connaissance; on y glisse le venin d'un doute radical et par là même irrémédiable.

LIVRE III

IDÉE ET PHÉNOMÈNE EMPIRIQUE

CHAPITRE PREMIER.

L'idée vient du phénomène empirique.

Les caractères généraux de l'idée se situent dans l'idée elle-même, et l'idée à son tour se situe dans l'expérience : ou bien elle est enveloppée dans le phénomène empirique ou bien elle en dérive de quelque manière.

Quand on fait le tour de son esprit, on y trouve successivement trois points de vue assez divers :

1° On peut considérer le rapport des idées avec l'intelligence qui les saisit, et l'on découvre alors au premier plan les notions des phénomènes empiriques, au second les notions de cause et de substance;

2° On peut envisager le rapport des idées avec la

volonté qu'elles sollicitent, et l'on y aperçoit une excellence interne, une valeur morale qu'on appelle bien;

3° L'on peut s'établir sur une cime plus haute, d'où l'on domine, en quelque sorte, les plaines de la pensée et qu'illumine l'idée d'être parfait.

Idées des phénomènes empiriques, idées de cause, de substance, de bien, d'être parfait, voilà les notions fondamentales auxquelles se rattache toute la partie rationnelle de notre savoir. Or tout cela, c'est l'expérience elle-même ou ce que l'expérience exige.

I

On a souvent remarqué que l'idée que nous nous faisons d'un phénomène empirique quelconque, est toujours accompagné de ce phénomène lui-même, que, par exemple, on ne conçoit pas le triangle si l'on ne s'en figure un. Mais il nous semble qu'on n'a jamais étudié d'assez près, et à l'aide de l'observation, la nature intime du rapport que soutiennent entre eux ces deux états de conscience. Commençons par faire la lumière sur ce point.

Ce que j'observe dès l'abord, c'est que le rapport du phénomène empirique à son idée respective présente un caractère absolument original, qui ne ressemble en rien à ce que je constate entre mes autres états de conscience. C'est une loi de mon esprit qu'une représentation une fois perçue produise en moi des émotions, ces émotions des désirs, ces désirs des mouvements. Mais, bien que déterminés l'un par l'autre, ces actes ont une existence à part; mes représentations sont réellement distinctes de mes émotions, mes émotions de mes désirs, et mes désirs de mes mouvements. Il en va tout autrement de l'idée et du phénomène empirique qui lui sert de substratum. Ce n'est pas seulement à l'occasion ou bien en vertu du phénomène empirique, que l'idée de ce phénomène s'éveille en moi. Elle s'y trouve tout entière mêlée et comme répandue. Elle s'arrête où il s'arrête et s'étend aussi loin que lui. Je l'y vois comme on voit la lumière dans un prisme. Quelque effort que je fasse, je ne puis la saisir qu'avec et dans l'impression ou l'image qui l'évoque. Il y a donc, entre l'idée et le phénomène empirique, une relation d'un ordre à part, plus intime que la succession, plus étroite que la causation elle-même. Quelle est, au juste, la nature de ce rapport? En quoi consiste cette compénétration singulière de l'idée et du phénomène empirique?

Quand je considère la surface de ma table, j'ai conscience de produire à la fois deux actes distincts : l'un que j'appelle *sensation*, l'autre que j'appelle *intellection*. Mais aussi j'ai conscience que ces deux actes portent sur un seul et même objet. Il ne s'éveille pas en moi deux phénomènes d'origine diverse : l'un qui me vient du dehors, l'autre qui sort de je ne sais quelle région cachée de ma conscience pour s'ajuster au premier comme il peut. Non, il n'y a bien en face de moi qu'un seul et même phénomène, la surface de ma table. C'est vers cet objet une fois donné que convergent toutes mes puissances *cognitives;* c'est cet objet que je saisis par la vue et par le toucher, si je le veux. C'est aussi cet objet que je saisis par mon intelligence. Je sens et je comprends une seule et même chose, la surface de ma table. Ce fait m'apparaît avec netteté. En m'observant moi-même, je le saisis sur le vif. J'ai beau chercher dans mon esprit, j'ai beau recourir à tous les artifices de dissociation dont ma raison dispose, je vois toujours que mon idée de surface ou d'étendue n'est rien en dehors de ma table, ou que, si elle est encore quelque chose, c'est parce que je la perçois dans une autre réalité dont elle est le contenu.

Mais ce fait est d'une importance capitale. Il faut le creuser encore et, par une analyse complète, le mettre, s'il se peut, dans tout son jour. Il existe en moi deux consciences : l'une par laquelle j'appréhende le concret, l'autre par laquelle j'appréhende l'abstrait. Mais, comme Kant l'a bien fait voir, ces deux consciences vont, je ne sais comment, se réunir dans un même principe. Au sommet de mon esprit il y a comme un œil dominateur, qui embrasse à la fois dans son champ mes impressions, mes images, mes idées, les actes par lesquels je les saisis ou les forme, et les rapports variés à l'infini de toutes ces choses. Or si, me regardant par cet œil intérieur et unique de mon esprit, je cherche à pénétrer ce qui se passe en moi, pendant que je considère la surface de ma table, qu'est-ce que je découvre? D'une part une représentation concrète, de l'autre une représentation abstraite, une idée, mais aussi le rapport de ces deux choses. Et, si j'étudie ce rapport, je ne saisis point l'étendue abstraite comme séparée de l'étendue physique de ma table, mais bien comme un élément, ou plutôt comme un point de vue de cette étendue. Quand je concentre mon attention sur une partie réelle de ma table, cette partie devient le fait dominant de ma conscience; mais je ne cesse pas de voir le tout auquel elle appartient et le lien physique qui l'y rattache. Il en est de même de la surface de ma table, vue toute seule, isolée des conditions de l'existence effective. Au moment même où je la prends comme détachée de son tout réel, je vois encore qu'elle s'y rattache. Je constate d'une part la présence d'une propriété concrète, existant dans un sujet concret et ne pouvant exister qu'en lui. De l'autre, je m'appréhende moi-même, appliquant mon énergie intellectuelle à cette propriété et la saisissant, non plus en tant qu'elle est inhérente à tel individu, mais en tant qu'elle est telle chose plutôt que telle autre, étendue plutôt que couleur ou son. C'est ce qu'Aristote exprime avec une admirable précision au quatrième livre du *Traité de l'âme* : « L'intelligence, dit-il, perçoit les idées dans les images. »

Mais on peut généraliser cette remarque. Notre intelligence n'a qu'une manière d'agir. Quelque fait qu'elle appréhende, c'est toujours dans le domaine de l'expérience qu'elle le trouve. Je ne sais plus ce que c'est que penser, sentir et vouloir, quand je n'ai plus en moi-même ou que je n'imagine plus ni pensée, ni émotion, ni volition. Pour mes opérations intérieures, aussi bien que pour les impressions qui me viennent du dehors, il y a une conscience du concret, et c'est dans le concret une fois donné que je perçois la notion générale, que je saisis l'abstrait.

Cela est si vrai que, lorsque je viens à faire abstraction des données empiriques, pour ne considérer que les idées qui s'y rattachent, je ne saisis plus rien.

Il ne reste, sous le regard de ma conscience, qu'un mélange chaotique de mots, images vides et flottantes, qui ne cachent plus aucun sens, où je ne trouve qu'un vain assemblage de lettres. Je ne comprends plus ce que c'est que cause et effet, quand je n'ai plus sous les yeux ou dans ma mémoire aucun exemple de causalité. De même, je ne sais plus ce que c'est que phénomène, être, raison d'être, identité, loi, quand je cesse de me figurer quelque objet réel, un fait ou un ensemble de faits. L'idée disparaît avec le phénomène empirique et si radicalement que mon esprit ne peut, par aucun effort, la faire revivre. Le nom d'une personne connue suffit à m'en rappeler l'image ; de même l'image de la même personne, une fois revenue devant ma conscience, m'en suggère le nom. Mais quand une représentation sensible n'est plus, impossible de se rappeler l'idée qu'elle contenait. En disparaissant de l'esprit, elle a emporté cette idée tout entière, et la conscience est restée à blanc, ou, ce qui revient au même, en face d'un mot.

Cette interprétation de l'acte intellectuel fait naître, il est vrai, une objection qu'il faut résoudre.

Elle suppose que l'idée du phénomène empirique ne se sépare jamais de ce phénomène, que nous la percevons nécessairement dans une image ou dans une impression. Or, il semble qu'il en soit autrement, au moins pour les mathématiques. On raisonne en mathématiques avec de simples formules, sans recourir à des exemples tirés de l'expérience ; tout s'y passe dans l'abstrait, et cependant on réussit par cette méthode à découvrir des faits, à pénétrer les secrets de la nature. a et b peuvent représenter des lignes ou d'autres grandeurs déterminées ; mais quand je combine ces lettres dans une équation, ces grandeurs déterminées ne sont pas présentes à mon esprit : il n'y a dans mon imagination que a et b. Et, si tel est le fait, il faut bien que certaines idées subsistent en dehors de tout phénomène empirique ; autrement, on raisonnerait avec des mots.

Pour répondre à cette difficulté, recourons encore à l'analyse. Remarquons d'abord qu'il y a dans les procédés du mathématicien quelque chose de mécanique, qui lui permet jusqu'à un certain point de raisonner sans penser les choses dont il raisonne. Le mathématicien s'empare d'une formule, fait un certain nombre de changements de signes, de déplacements ou de réductions de termes ; et, ces transformations toutes matérielles une fois achevées, la réponse demandée en sort comme des rouages d'une machine. Si le mathématicien peut, dans un certain sens, raisonner avec des formules, ce n'est pas que ces formules suffisent d'elles-mêmes à soutenir les idées; c'est qu'elles le conduisent à une solution sans idées. Toutefois, hâtons-nous de le dire, la science du mathématicien ne se réduit pas à un ensemble de procédés mécaniques mécaniquement appliqués. Non, toutes ses démonstrations se fondent sur des idées. Pour trouver ses problèmes, pour poser ses équations et même pour les traiter, il faut qu'il connaisse les nombres, leurs propriétés, leurs rapports, qu'il sache ce que signifient unité, quantité, grandeur, égalité, proportion et beaucoup d'autres termes du même ordre. Sans cela, il ne posera pas de formules, ou s'il en pose, elles resteront stériles. Mais ces idées fondamentales et directrices de sa science, où les trouve-t-il? Ont-elles, dans les lettres qui les expriment, leur support suffisant, ou bien résident-elles dans quelque donnée empirique plus ou moins clairement présente à la conscience? Là est le nœud de la question, et il faut y répondre, comme nous l'avons déjà fait. L'idée est un aspect du phénomène empirique, le contenu logique du concret vu dans le concret. Que le mathématicien veuille bien analyser lui-même ses opérations mentales, qu'il se fasse psychologue pour la circonstance, et il verra que les mots se lient dans un ordre parallèle à l'ordre des idées, et que très souvent il ne fait que suivre anneau par anneau cette chaîne de signes matériels que le temps et la patience ont formée dans sa mémoire. Que le mathématicien s'observe, et il verra qu'à mesure qu'il abandonne les mots pour les idées, il rentre aussi par là dans le domaine de l'expérience, qu'en définitive il ne sait bien ce que signifient unité, multiplicité, équation, qu'en se figurant quelque objet un, quelque tout multiple, des choses égales. Pour le mathématicien, comme pour le philosophe, il n'y a qu'une loi : L'idée du phénomène empirique est dans ce phénomène; on ne la pense qu'à condition de l'y voir.

Il n'en va pas tout à fait de même pour les notions de cause et de substance; mais si l'expérience ne les contient pas, elle y mène : il suffit, pour s'en rendre compte, de saisir sur le vif le procédé que nous suivons instinctivement, toutes les fois que nous examinons l'origine de ces deux idées fondamentales : nous ne les acceptons pas comme *primitives; c'est dans l'expérience que nous cherchons spontanément la raison qui nous les fait admettre.*

Tout se meut ici-bas; il y a sans cesse du nouveau dans ce monde cependant si vieux. Depuis les astres qui se balancent sur nos têtes jusqu'aux êtres vivants et conscients, en nous et autour de nous, tout s'emploie sans relâche à naître, à mourir et à renaître : la nature est un perpétuel recommencement. En face de ce fait qui remplit l'espace et le

IDÉE ET PHÉNOMÈNE EMPIRIQUE

temps, notre raison s'interroge et se dit à elle-même : Ce n'est là qu'un premier plan de l'univers ; il faut qu'il y ait une réalité plus profonde. Des modes qui commencent, notre raison s'élève au concept de commencement, et y découvre une éternelle impuissance à s'expliquer tout seul. De ce qu'elle voit, elle conclut quelque autre chose qu'elle ne voit pas ; et ce quelque autre chose, voilà la cause. Ce premier degré une fois atteint, notre raison a de l'énergie pour s'élever plus haut. Le monde ne peut être une série de réalités dont la première soit inhérente à la seconde, la seconde à la troisième et ainsi à l'indéfini ; le monde ne peut être une simple série de modes : ἀνάγκη στῆναι. Il faut qu'il y ait quelque part, puisqu'il y a quelque chose, un être qui ne soit plus un mode, un être en *soi*, et voilà la substance. L'expérience a un rôle intellectuel plus grand qu'on ne l'a cru : elle ne se borne pas à provoquer l'entendement, elle le force par elle-même à marcher dans une voie déterminée. Les données empiriques ont un contenu logique ; ce contenu enveloppe des exigences essentielles, et c'est de là que tout dérive. L'échelle de la logique n'est pas suspendue à la pensée, mais aux choses.

D'ailleurs, que telle soit la marche de notre esprit dans la conquête du noumène, on le peut conclure de la connaissance imparfaite que nous avons de la cause et surtout de la substance. L'existence de la cause une fois déduite des faits, nous nous la représentons comme une énergie qui se déploie, parce que l'observation intérieure nous la révèle sous ce jour. Nous mettons dans le concept de cause auquel l'expérience nous a poussés, ce que l'expérience nous manifeste; et cela fait, tous nos efforts restent impuissants; impossible de préciser davantage. Quant à la substance, ni l'observation extérieure, ni l'observation intérieure ne nous en offrent directement le type véritable; notre intuition ne va pas jusqu'à ces profondeurs; il n'est pas d'être réel dont notre pensée enveloppe tous les contours. Aussi, n'avons-nous de la substance qu'une idée très vague. Nous en avons dit tout ce que nous pouvons en dire, quand nous avons reconnu que c'est une réalité qui n'existe pas dans une autre, à la façon de ces modes changeants dont se revêt la nature, que c'est un être en soi. La raison demeure ici dans l'indéterminé, parce que l'expérience n'y détermine plus rien.

L'analyse logique des phénomènes conduit jusqu'au noumène; elle conduit aussi jusqu'à cette pierre angulaire de toute vraie morale qui est l'idée du bien.

Qu'est-ce, en effet, que le bien? Un ordre de perfections naturelles. Les êtres ont un certain degré de bonté, et ce degré de bonté n'est pas le même pour tous. Au point de vue moral, aussi bien qu'au point de vue dynamique, ils s'étagent en quelque sorte les uns par rapport aux autres : la vie est supérieure à la matière brute, et la vie sensible à la simple vie; au-dessus de la vie sensible s'élève le règne de la pensée; au-dessus du règne de la pensée, celui de la volonté. Le monde nous apparaît comme une hiérarchie de valeurs morales, et cette hiérarchie, c'est le bien. Or, d'où vient cette notion sur laquelle repose toute la science des mœurs? De l'expérience. Nous jugeons de la bonté de l'être par ses effets; nous la connaissons aux fruits qu'il porte, et rien que par là. Le désir du bonheur est l'aspiration la plus profonde de notre nature, et nous constatons que la sensibilité nous en offre comme une aurore. Nous concluons de là que la sensibilité n'est pas radicalement mauvaise, qu'elle enferme quelque degré de bonté. Mais, d'autre part, nous apprenons bien vite que cette faculté, ne portant pas sa règle en elle-même, s'entend assez mal à remplir sa tâche; nous apprenons bien vite que, livrée à son élan naturel, elle a des émotions d'une excessive intensité qui produisent la douleur, empêchent toute prévision et tendent plus ou moins lentement à la désorganisation de l'être. Nous en inférons qu'elle n'a qu'une bonté très restreinte, et que, pour la contraindre à son rôle subalterne, il lui faut mettre la chaîne. Nous observons, au contraire, que la raison a des joies à la fois pures et fortifiantes, qui, au lieu d'amoindrir leur sujet, le développent et dans l'harmonie; nous observons que la raison a le don mystérieux de prévoir, d'étendre de plus en plus ses conquêtes sur l'inconnu, et par là même la puissance de diminuer sans fin le domaine de la souffrance ici-bas; nous remarquons que la raison, s'appréciant elle-même avec tout le reste, se rend compte du concours que chaque forme de l'être peut apporter à l'œuvre de l'universel bonheur, et devient ainsi capable de constituer le véritable idéal de la vie. Et ces diverses fonctions de la pensée rationnelle nous amènent naturellement à dire qu'elle est en elle-même d'un prix inestimable. L'idéal de la vie une fois découvert ne reste pas passif : c'est plus qu'un beau spectacle. Il se révèle à nous comme l'ordre essentiel des choses, il s'impose à notre activité libre, il nous commande et d'une manière absolue : dès qu'il apparaît, nous nous sentons obligés; et de là l'idée de devoir, l'idée de la dignité souveraine de la volonté, dont le rôle est de réaliser le bien en elle et en dehors d'elle; de là l'inviolabilité de la personne humaine; de là le principe du droit. La chaîne des idées morales est suspendue tout entière au concept du bien, et ce concept dérive lui-même de l'expérience. On mesure la bonté de l'être à la bonté de ses opérations, comme on mesure l'intensité d'une force à la quantité de son travail.

Il faut bien, d'ailleurs, qu'il en soit ainsi. Si nous ne connaissons que les archétypes éternels des individus ou la forme *a priori* du devoir, si nous ignorons la valeur interne des êtres, nous n'avons plus aucune raison de leur accorder tel degré d'estime et de respect. Le bien, faute de connaissances empiriques, devient impossible en fait. Toute morale formelle est la suppression de la morale.

Si de la science des mœurs on passe au concept d'être parfait, qui lui touche de si près, on voit que l'esprit s'y élève par une voie analogue. Otons de ce concept ce qu'il tient de l'expérience, ce qui lui vient de nous-mêmes et des choses, il n'y reste plus qu'un vain assemblage de lettres. Que trouvons-nous, en effet, dans cette idée? 1° Le concept de perfection ; 2° un contenu logique, formé d'un certain nombre d'attributs dont nous avons quelque intelligence, comme l'unité, l'omniscience, la toute-puissance, la sainteté, et d'autres attributs dont nous n'avons aucune notion précise ; 3° la réunion de tous ces attributs dans un seul et même sujet. Or, chacun de ces éléments qui constituent l'idée d'être parfait, vient plus ou moins directement de l'expérience, est tiré de quelque réalité concrète. Et d'abord, si je cherche dans la région de l'abstrait le sens du mot perfection, je m'aperçois bien vite que je travaille dans le vide. Pour savoir ce que je dis en prononçant ce terme, il faut que je m'appuie sur un exemple, que je prenne pied quelque part dans le domaine du concret. La perfection m'apparaît dans un mouvement qui va droit à son but, dans une boule dont tous les points sont, au moins pour mes sens, à la même distance d'un autre point que j'appelle centre ; la perfection, c'est l'état d'une volonté dont la disposition et la conduite sont toujours conformes à l'ordre moral, c'est l'acte d'une intelligence qui arrive à la pleine intuition d'une vérité. Elle consiste ou dans l'adaptation de moyens à un but, ou dans un arrangement harmonieux de propriétés, dont je trouve des exemples dans la vie. On ne peut y voir qu'une sorte d'équation dont l'expérience nous fournit le type.

Si l'on hésite à reconnaître la justesse de cette définition, c'est qu'on a l'habitude de confondre le parfait avec l'infini. Mais au fond ce sont là deux idées tout à fait différentes. Le parfait trouve toujours une borne et par là même une manière d'être spéciale dans la proportion des différents éléments qui le constituent. Ces éléments se limitent et se déterminent en s'harmonisant, à peu près à la façon des corps qui entrent dans une combinaison chimique. Ils ont toujours une intensité fixe s'il s'agit d'énergie, une mesure donnée s'il s'agit de quantité. C'est, au contraire, le propre de l'infini de n'avoir aucune limite, et par là même aucune manière d'être qui soit celle-ci plutôt que celle-là. L'infini est essentiellement indéterminé. La conséquence, c'est que si le parfait n'existe pas, il peut exister, tandis que, loin d'être tout, comme on l'a dit, l'infini est frappé d'une impuissance radicale à être jamais quelque chose. Car l'indéterminé naît et disparaît avec la pensée qui le produit. Il n'est rien en dehors de la pensée. C'est ce que les Grecs paraissent avoir bien compris. Aussi n'avaient-ils qu'un terme pour désigner la cause première, en tant qu'elle réunit toutes les perfections dans son essence : ils l'appelaient l'être *achevé* (τὸ τέλειον). Entre l'infini (τὸ ἄπειρον) et le parfait, ils ne connaissaient pas d'idée intermédiaire, et de fait il n'y en a que pour l'imagination.

Le concept de perfection vient de l'expérience. Mais il n'y a là qu'un cadre vide. Ce cadre, nous essayons de le remplir; nous y mettons de l'être. Mais quel être? Nous disons que celui-là est parfait, qui est personnel, qui sait tout, qui peut tout ce qu'il sait, qui possède dans sa science adéquate de toutes choses l'idéal éternel de l'ordre moral et le suit infailliblement dans tous ses actes. Nous disons que l'être parfait est quelque chose de plus, s'il se trouve ou s'il se peut trouver dans la nature quelque chose de meilleur. Le parfait, tel que nous le concevons, réunit d'une certaine manière toutes les perfections existantes et possibles. D'où vient ce contenu que nous formons nous-mêmes sur l'idée de perfection prise comme modèle? De l'expérience. Nous mettons en Dieu la personnalité, parce que nous la trouvons en nous-mêmes et que nous n'imaginons rien de plus noble. Nous y mettons l'omniscience, la toute-puissance, la souveraine sainteté, parce que chacun de ces attributs n'est autre chose qu'une qualité, dont la notion générale nous est fournie par le spectacle de notre activité ou de l'activité des autres hommes, et que notre concept de perfection nous a permis d'élever à son plus haut degré. Il en est ainsi de tous les attributs divins dont nous avons quelque idée claire. Si l'on en fait l'analyse, on trouve toujours qu'ils sont le résultat d'un travail de l'esprit sur les données de l'expérience. Quant aux autres, le concept que nous en avons est négatif. Nous ne connaissons pas ce qu'ils sont, mais seulement ce qu'ils ne sont pas. Tout ce que nous en pouvons dire, c'est qu'ils diffèrent de ce que nous avons observé, soit en nous, soit en dehors de nous, de telle sorte que le peu que nous en savons vient encore de la réalité concrète.

Enfin, c'est aussi le travail de l'esprit sur les données empiriques qui réalise la troisième condition dont nous avons parlé, à savoir la réunion de la totalité des perfections dans un seul et même sujet. D'une part, en effet, nous venons de voir que nous avons de cette totalité des perfections une connaissance en partie positive, en partie négative, qui dérive tout entière de l'expérience. D'autre part, il suffit de s'observer un instant pour voir que c'est de la même source que nous tenons le concept de sujet. Chacun de nous se sent un et identique sous la trame complexe et changeante des phénomènes qu'il produit ou supporte. Chacun s'appréhende comme sujet dans sa propre activité. Or le concept de sujet et l'idée de la totalité des perfections une fois donnés, il est naturel qu'un jour ou l'autre nous arrivions à les réunir. Le simple hasard suffirait peut-être à cette découverte. Toujours est-il que la réflexion dont nous sommes doués et qui s'exerce en nous sans relâche, doit nous y conduire assez vite, d'autant plus vite qu'en toutes choses nous cherchons l'unité et que dans nos pensées aussi bien que dans nos actes nous aspirons sans cesse au meilleur. Ainsi l'idée de l'être parfait nous vient de l'expérience au même titre que les autres, bien qu'en vertu d'un travail plus long et plus compliqué de l'esprit. Tout ce que nous y voyons de réel, est pris de quelque être individuel et concret. Pour atteindre cet idéal suprême, l'intelligence ne fait que combiner d'une certaine manière les notions que lui a fournies l'observation de la nature. Elle y découvre d'abord le concept de perfection ; ce concept une fois acquis la met tout entière en branle ; c'est comme un levier secret et toujours agissant, au moyen duquel elle s'élève jusqu'à l'absolu.

On n'a pas même besoin d'un si grand effort de logique pour expliquer l'idée d'être parfait. Notre intelligence passe naturellement du contraire au contraire ; c'est là une de ses lois. L'idée d'acte suffit à susciter celle de possibilité, l'idée de contingence celle de nécessité, l'idée du fini celle de l'infini. Et dès lors, quel mystère à ce que l'idée d'imperfection que nous fournit la hiérarchie naturelle des choses, nous élève comme par ricochet jusqu'au concept d'être parfait ?

Ce n'est pas toutefois que ce concept soit dépourvu de valeur objective pour avoir une origine empirique. Notre pensée s'y élève par un élan qui lui est naturel ; et quand elle l'a conquis, elle en est tourmentée sans trêve ni repos. Nous avons soif de la réalité transcendante qu'il nous représente comme de notre bonheur, et la vie n'a plus de sens pour nous qu'autant que nous la pouvons atteindre. Notre âme est faite pour en jouir, comme notre œil pour voir la lumière. Il est donc quelque part, il existe en dehors de notre pensée, cet être Parfait dont nous formons en nous l'imparfaite image. L'universelle finalité, que l'on constate dans la nature, nous en est une garantie ; et c'est de cette façon que la preuve ontologique reprend quelque chose de sa force.

II

On peut donc l'affirmer en toute prudence : l'idée jaillit du phénomène empirique sous le choc mystérieux de la pensée, elle est contenue de quelque manière ou du moins exigée par les données immédiates de l'expérience. C'est là une loi fondamentale de la connaissance, que l'analyse impartiale des faits suffit à mettre en lumière. Et cette loi, loin de s'ébranler, acquiert une force nouvelle, lorsqu'on examine de près l'hypothèse contraire ; elle s'éclaire d'un jour plus vif, lorsqu'on vient à peser au juste ce que vaut cette forme de l'innéisme qui a son point de départ dans la pensée de Descartes et fait le fond de toute la philosophie du XVIIe siècle.

D'après Descartes et ses principaux disciples, les idées sont irréductibles aux phénomènes empiriques. Car elles sont marquées au double coin de l'universalité et de la nécessité ; or l'expérience n'enveloppe rien que de particulier et de contingent. Il faut donc que les notions que nous avons des choses relèvent d'un autre monde que le nôtre. C'est en Dieu qu'elles se situent. Dieu, comme le disait déjà Philon, « est la région immatérielle des idées ». « L'idée du cercle en général, ou l'essence du cercle, écrit Malebranche, convient à des cercles infinis. Cette idée renferme celle de l'infini [1]. » Et, à son sens, il en va de même pour toutes nos notions abstraites. L'infini est le fond et comme le dernier plan de l'esprit humain, plan lumineux qui enveloppe la pensée et le monde de son éternelle irradiation.

Bossuet exprime la même pensée dans son *Traité de la connaissance de Dieu et de soi même*. « Toutes ces vérités, dit-il, et toutes celles que j'en déduis par un raisonnement certain, subsistent indépendamment de tous les temps; en quelque temps que je mette un entendement humain, il les connaîtra; mais en les connaissant il les trouvera vérités; il ne les fera pas telles, car ce ne sont pas nos connaissances qui font leurs objets, elles les supposent. Ainsi ces vérités subsistent devant tous les siècles, et devant qu'il y ait eu un entendement humain; et quand tout ce qui se fait par les règles

---

1. *Entretiens sur la Métaphysique*, p. 29, édit. Charpentier, 1871, Paris.

des proportions, c'est-à-dire tout ce que je vois dans la nature, serait détruit excepté moi, ces règles se conserveraient dans ma pensée ; et je vois clairement qu'elles seraient toujours bonnes et véritables, quand moi-même je serais détruit et quand il n'y aurait personne qui fût capable de les comprendre.

Si je cherche maintenant où et en quel sujet elles subsistent éternelles, immuables comme elles sont, je suis obligé d'avouer un être où la vérité est éternellement subsistante, et où elle est toujours entendue, et cet être doit être la vérité même et doit être toute la vérité, et c'est de lui que la vérité dérive dans tout ce qui est et ce qui s'entend hors de lui.

C'est donc en lui, d'une manière qui m'est incompréhensible, c'est en lui, dis-je, que je vois ces vérités éternelles ; et les voir, c'est me tourner à celui qui est immuablement toute vérité et recevoir ses lumières.

Cet objet éternel, c'est Dieu éternellement subsistant, éternellement véritable, éternellement la vérité même [1]. »

Leibnitz aboutit à la même conclusion et par la même voie. Il y a, d'après ce philosophe, quelque chose d'éternellement supposable au fond de chacune de nos idées ; la nécessité des jugements n'est

1. P. 213, édit. Charpentier, 1871, Paris.

que conditionnelle, il est vrai ; mais celle des notions logiques qui les constituent est absolue, et partant exige un sujet du même ordre qui ne peut être que Dieu [1]. Ainsi la connaissance se dédouble en deux chaînes de représentations dont l'une se rattache à l'infini, l'autre à la nature elle-même. Les idées descendent de Dieu en nous par une voie incompréhensible et les faits ont leur source dans le monde mobile de l'expérience. Et entre ces deux séries d'objets, il n'y a d'autre rapport qu'une sorte de parallélisme de développement.

Voilà le fond de l'innéisme classique. Or il se trouve que cette interprétation de la pensée, malgré la beauté qui l'a toujours fait goûter des grandes âmes, ne tient pas devant la critique et n'a qu'une vérité d'apparence.

En premier lieu, il est facile d'observer que le principe qui lui sert de point de départ est pleinement gratuit. L'expérience, dit-on depuis deux siècles sans y regarder de plus près, l'expérience n'a rien que d'individuel et de contingent. Les impressions qui la constituent ne contiennent rien que de particulier, si on les prend en elles-mêmes ; et quand on vient à considérer leurs rapports, on voit qu'elles s'associent de mille manières diverses, que sur ce domaine mouvant la nécessité ne peut

[1]. *Nouveaux Essais*, l. IV, c. xi. Éd. P. Janet.

prendre pied nulle part. Il faut donc que l'idée ait son origine en dehors de l'expérience, qu'elle découle d'un principe plus stable et plus réel, qu'elle se fonde sur la raison elle-même ou bien qu'elle soit une échappée de la lumière divine à travers notre fragile existence. Mais on n'a pas remarqué que si nos représentations empiriques n'ont par elles-mêmes rien que de particulier et de changeant, ce n'est qu'aux yeux de la sensibilité. On n'a pas remarqué que cette faculté principalement passive n'épuise pas son objet, que, lorsqu'elle y a pris sa part, il y reste peut-être encore un fond d'éternelle vérité que l'intelligence seule peut y discerner. On n'a pas vu, du moins assez nettement et à la lumière de l'observation, que de même que notre œil ignore le son et notre ouïe la couleur, de même notre intelligence, dans sa partie la plus haute et la plus noble, peut à travers ce qui passe atteindre ce qui ne passe pas.

Au lieu de se jeter dès l'abord dans l'abîme de l'infini, au lieu d'expliquer un mystère par un autre mystère plus profond, les innéistes à la Descartes eussent mieux fait peut-être de rompre moins brusquement avec une longue tradition de réflexion philosophique, sous prétexte que cette tradition s'était éteinte en d'obscures et subtiles discussions. Ils eussent été mieux inspirés en se rappelant Aristote, qui avait, depuis longtemps déjà, victorieusement démontré que le propre de l'entendement est de découvrir l'être dans le phénomène, l'absolu dans le relatif, l'idée dans l'image. S'ils n'étaient point partis de grands principes *a priori* sur l'esprit, la matière, la nature de Dieu, s'ils avaient eu la patience d'étudier en premier lieu l'activité de l'esprit dans une question où tout dépend du caractère original de cette activité, on les aurait vus plus sobres en assertions métaphysiques, et l'ontologisme ne fût point né. Du moins était-ce là le point dont il fallait partir. On n'avait pas le droit de passer outre à une pensée géniale, avant d'y avoir mûrement regardé.

Fondé sur une hypothèse qui manque de preuves solides, l'innéisme a de plus le tort assez grave de ne rien expliquer. Les caractères généraux de l'idée ne restent pas moins mystérieux, parce qu'on les situe dans la Cause première; bien plus, ils y perdent un peu de leur demi-clarté. Car la psychologie divine nous est encore moins connue que la nôtre. Et c'est une singulière méthode que celle qui consiste à rendre compte des faits en les rejetant dans celui qui est par nature « l'être insondable ».

L'abstrait, comme on l'a vu, est le caractère fondamental de toute idée. Or ce caractère ne devient pas compréhensible pour être plongé dans l'infini comme une étoile dans la lumière du soleil. Quand on a fait de Dieu le fondement des idées, la question reste tout entière. Il s'agit encore de savoir comment notre esprit s'élève du concret à l'abstrait, ou, si l'on veut, du réel au logique.

Nous voyons Dieu. La cause première de tout ce qu'il y a d'énergie en nous, est aussi l'objet immédiat et perpétuel de notre pensée. Mais qu'est-ce que Dieu? Il faut bien ou qu'il soit un simple idéal de l'esprit humain, une pure abstraction, comme l'a dit M. Vacherot, ou qu'il soit une réalité vivante et concrète. Si l'on opine pour la première hypothèse, si l'on fait de Dieu une abstraction, où est la réalité qui le fonde? Où est le substratum concret en dehors duquel il n'a plus de sens? Si Dieu au contraire est réalité, substance, individu, l'abstrait ne s'y trouve pas plus que dans le papier que je crayonne, et la table qui supporte mes livres; ou, s'il s'y trouve, ce n'est qu'à l'état de puissance, à peu près comme l'étincelle dans les veines du silex. Pour l'en faire jaillir, il faut une élaboration d'un ordre spécial, dont une simple réceptivité ne peut nullement rendre compte, que le système de la vision de Dieu ne comprend pas dans ses données.

On répliquerait vainement à cette considération que Dieu porte en lui les archétypes de tous les êtres vivants et possibles, que ces archétypes ne dépendant d'aucun individu sont abstraits; car une pareille instance enveloppe des difficultés insolubles. Que sont en effet ces idées divines, d'après lesquelles tout se fait dans la nature? Des actes immanents de Dieu lui-même, des actes qui trouvent dans sa substance infinie leur terme aussi bien que leur principe, et qui partant restent inaccessibles à toute conscience distincte de Dieu. Pour voir ces idées en elles-mêmes, ce ne serait pas assez d'assister au travail de la pensée divine, il faudrait penser par l'intelligence de Dieu, et nous saurions ainsi tout ce qu'il sait lui-même. Mais les bornes auxquelles se heurtent sans cesse et partout nos propres connaissances, nous avertissent trop que c'est là une chimère, la plus vaine des chimères. Encore faut-il remarquer que, cette hypothèse extrême une fois admise, la question resterait tout entière à résoudre. Il s'agirait toujours, en effet, de savoir comment notre intelligence, ainsi confondue et identifiée avec l'entendement divin, passe du concret à l'abstrait. Car c'est par une certaine opération de sa conscience que Dieu dégage l'abstrait de son individualité. Il ne l'y trouve pas tout fait, il l'y découvre comme un aspect de la réalité. Avant toute opération de l'entendement, en Dieu comme en nous, il ne peut y avoir que du vivant et par là même de l'individuel.

C'est en vain qu'on se rabat sur l'intuition de Dieu lui-même pour expliquer la présence de l'abstrait. Si haut qu'on place l'idée, on finit toujours par se heurter à la même difficulté. L'abstrait ne peut être une chose donnée antérieurement à tout concret, à tout travail de la conscience sur le concret : il éclôt en nous avec et dans l'image. Il ne se comprend que si l'on suppose d'une part que chaque être contient, en dehors du fait de son existence, une essence déterminée, et de l'autre que l'esprit a la force de percevoir cette essence à l'état isolé, sans y comprendre les caractères individuels qui l'enveloppent, à peu près comme l'œil voit la couleur et la lumière et rien que cela dans des corps qui ont d'ailleurs longueur, largeur, sonorité. L'abstrait ne peut être que la raison ou nature d'un être concret, trouvée dans le concret lui-même par l'entendement. Il n'est pas encore avant l'acte qui le saisit, il n'est plus après cet acte. Car alors il n'existe pas dans le concret dont il n'est qu'une face délimitée et vue par l'esprit. Il ne survit pas davantage dans la conscience où tout est réel, parce que tout y est actif et vivant. Grand nombre de théologiens pensent que, pour anéantir la créature, Dieu n'a qu'à supprimer le concours de sa toute-puissance. Tel est à peu près le rapport de l'abstrait avec l'intelligence ; il n'existe que sous l'influence illuminatrice de son regard.

L'universel n'est pas moins réfractaire que l'abstrait à l'interprétation des vieux innéistes. L'universel est en Dieu; mais de quelle manière? Est-ce en tant que nous avons l'intuition des idées divines elles-mêmes? Mais les idées divines sont de l'abstrait; or, nous croyons l'avoir établi, en Dieu, comme chez les autres êtres, l'abstrait n'est quelque chose que pour celui qui l'y pense. Il n'existe que si on le dégage de sa réalité concrète. Pour le voir, il faut l'y faire; et celui-là seul le voit qui l'y fait. Dieu lui-même ne peut le connaître dans sa propre substance qu'à cette condition.

Dira-t-on que Dieu, étant cause unique de toutes choses, est par là même universel, que demeurant toujours essentiellement uni à ce qu'il crée et se trouvant plus présent en nous que nous-mêmes, il mêle nécessairement quelque chose de son être à chacune de nos représentations et leur communique ainsi l'universalité qu'elles n'ont pas d'elles-mêmes? Fera-t-on de Dieu la forme de la pensée humaine?

Un soir de printemps où je me trouvais à Venise, j'assistai du haut d'une tour à un coucher de soleil. Derrière moi s'étendait l'Adriatique, tranquille et pure comme une nappe de cristal. A mes pieds la paisible cité s'enveloppait peu à peu d'ombre et de silence, doucement bercée par les flots de son golfe. Vers le couchant se déployait la chaîne des Alpes, dont l'astre du jour couronnait de ses derniers rayons les cimes neigeuses et escarpées. Des flots abondants de lumière s'échappaient par les échancrures des monts, et ruisselaient le long des pentes jusqu'au fond des vallées. La montagne tout entière, aux flancs ténébreux, semblait surnager dans un océan de feu. En est-il ainsi de notre pensée à l'égard de Dieu? L'infini lui-même l'enveloppe-t-il de sa lumière incréée comme d'une éternelle auréole? La vérité vivante et substantielle est-elle le soleil de notre intelligence? L'hypothèse est ravissante; elle fait du savoir humain une sorte de communion de notre esprit avec la source infinie de la science et de l'amour. Mais le malheur veut qu'elle entraîne les mêmes difficultés que l'innéisme kantien. Dans cette théorie, en effet, comme dans celle de Kant, l'universel est un mode essentiel de la conscience : il vient d'une autre source que l'idée elle-même, il s'y ajoute au lieu d'en sortir; il n'est pour nos représentations qu'un élément d'emprunt. Toute la différence entre les deux théories, c'est que dans l'une on se contente d'affirmer qu'il y a des formes, tandis que dans l'autre on remonte de la conscience à ce qu'on croit être leur cause métaphysique. Dès lors on peut objecter à la vision en Dieu, comme à l'innéisme de Kant, qu'elle n'explique pas l'absolue nécessité du rapport que l'universel soutient avec l'idée, qu'elle suppose simple compénétration où il y a de fait dérivation logique, union où il y a de fait identité.

De plus, cette forme divine de la conscience, cet élément rapporté de nos représentations n'a pas d'analogie avec l'universalité de l'idée. L'universalité de l'idée consiste en ce que la nature d'un objet donné, considérée en soi, se puisse réaliser dans une série indéfinie d'individus; elle exclut donc le fait de l'existence. Si elle existait, elle ne serait plus apte à se réaliser, elle ne serait plus l'universalité. Il en va tout autrement de ce rayon divin qui se mêlerait à tous nos actes intellectuels, et ne serait autre chose que Dieu lui-même. Qu'est-ce en effet que Dieu pour les philosophes dont nous parlons? Il faut bien qu'il soit quelque chose de plus qu'un mode de la conscience : il existe, c'est un individu. Son universalité ne consiste pas, par conséquent, comme celle de l'idée, dans une éternelle aptitude à se réaliser autant de fois qu'on le voudra, mais dans une éternelle possession de l'être; c'est l'effusion toujours et partout réelle à travers la nature entière d'une seule et même énergie, essentiellement concrète, essentiellement agissante, essentiellement individuelle. Si de fait cette énergie est présente de quelque manière à notre entendement, on peut y voir l'universel aussi bien qu'ailleurs, mais à condition de l'y découvrir, de l'y produire en l'isolant. Quand on a mis l'universel en Dieu, il est encore à faire.

Enfin, l'innéisme cartésien n'explique pas non plus le troisième caractère général de nos idées, qui est la nécessité. Sur ce point capital, comme sur les deux précédents, l'hypothèse ontologiste est manifestement en défaut; elle ne contient en définitive qu'une apparence de solution.

Nombre de nos idées, avons-nous vu, soutiennent entre elles une relation qui ne peut pas ne pas être. Nombre de nos idées se meuvent, sous le regard de notre conscience, comme une sorte de chœur dont l'ordre est éternel. Et c'est là ce qui fonde toutes nos propositions universelles; c'est là ce qui fonde à la fois les sciences expérimentales, les mathématiques et la métaphysique. Il y a dans nos idées une nécessité de rapport; or cette nécessité si mystérieuse, on ne l'explique pas en la transportant des choses elles-mêmes au sein de l'absolu.

Dieu, nous dit-on, reste essentiellement présent à tout ce qu'il crée; la nécessité de son être conserve donc une intime et constante union avec notre activité, et par là même avec nos représentations : Dieu est la forme essentielle de nos idées, parce qu'il est la forme créatrice de notre âme. Mais que l'on veuille bien comparer un instant la nécessité de Dieu à celle que nous découvrons entre nos idées, et l'on verra que l'une n'est pas l'autre. La nécessité qui forme la trame de nos idées est d'ordre essentiellement abstrait. Par elle-même, antérieurement à toute élaboration mentale, la nécessité de l'être divin est quelque chose de réel et de concret. Pour la rendre logique ou abstraite, il faut faire appel à l'activité de la pensée, recourir à un principe que la vision en Dieu ne comprend pas. La nécessité de rapport est dans l'infini pour qui l'y perçoit : c'est un produit de l'entendement.

Mais voici, nous semble-t-il, une critique plus foncière encore. Il y a déjà une aurore de kantisme dans l'innéisme du xviie siècle. Si la nécessité logique vient de la substance divine, elle ne jaillit plus du fond même de nos idées, elle ne tient plus à l'essence des choses que nous pensons ; elle s'y applique du dehors : c'est un caractère d'emprunt. Et dès lors les vérités universelles sont autant de jugements synthétiques. Elles ont cet aspect dans la théorie de Malebranche et de Leibnitz, pour qui l'infini n'est que le sujet des idées. Elles l'ont plus encore dans l'hypothèse de Descartes, d'après lequel les essences sont, au même titre que les individus, l'œuvre de la liberté divine. Ainsi, du point de vue où nous nous plaçons ici, il ne reste plus qu'une différence entre kantistes et ontologistes : c'est que les uns font de la nécessité logique une catégorie de l'entendement humain, et les autres une catégorie de l'entendement divin.

Les deux écoles s'accordent à voir dans la nécessité des idées une chose extrinsèque aux idées. Or une pareille hypothèse trouve un démenti formel dans les données de la conscience, comme on a déjà pu le voir à propos de la critique que nous avons faite de la théorie kantienne. C'est de l'essence même du triangle que dérivent les corollaires qu'on y rattache ; c'est de l'essence de la matière que dépend de quelque manière la loi de l'universelle attraction ; c'est de l'essence de la cause que suit nécessairement l'effet. Entre nos idées il n'y a pas seulement une intime juxtaposition, fondée sur un principe extérieur ; il y a dérivation logique, il y a enveloppement. Ce fait est d'une clarté qui l'emporte sur les plus ingénieuses théories. Tout système qui aboutit soit à le nier, soit à en altérer le caractère, doit être erroné par quelque endroit.

En outre, la théorie de la vision en Dieu entraîne de singulières conséquences. Si nos idées ne trouvent pas en elles-mêmes la raison de leur enchaînement, si elles ne se tiennent qu'en vertu d'un terme commun, qui est la substance divine, elles ont toutes entre elles un seul et même rapport ; il n'en est aucune qui ne soit soudée nécessairement à toutes les autres, et l'on peut argumenter du cercle au carré, comme on argumente de la notion de la pyramide à ses diverses propriétés. De plus, nos idées, d'après cette hypothèse, doivent avoir un ordre immuable, comme la substance qui le fonde. Chacune a sa place marquée pour toujours dans le domaine de l'intelligible ; impossible, par exemple, de concevoir à l'état de dislocation les différents éléments d'une figure géométrique. Or c'est là une conclusion que l'expérience contredit : il y a des astres errants au ciel de la pensée pure.

Outre la nécessité de rapport il y a dans nos idées une sorte de nécessité interne qui est inhérente à chacune d'elles et forme comme l'arrière-plan de la pensée humaine. Or cet arrière-plan ne s'éclaire pas mieux que tout le reste à l'hypothèse cartésienne.

« Les scolastiques, dit Leibniz, ont fort discuté de *constantia subjecti*, comme ils l'appelaient, c'est-à-dire comment la proposition faite sur un sujet peut avoir une vérité réelle, si ce sujet n'existe point. C'est que la vérité n'est que conditionnelle et dit qu'en cas que le sujet existe jamais, on le trouvera tel. Mais on demandera encore : En quoi est fondée cette connexion, puisqu'il y a de la réalité là-dedans qui ne trompe pas? La réponse sera qu'elle est dans la liaison des idées. Mais on demande en répliquant : Où seraient ces idées si aucun esprit n'existait et que deviendrait alors le fondement réel de cette certitude des vérités éternelles? Cela nous mène enfin au dernier fondement des vérités, savoir, à cet esprit suprême et universel qui ne peut manquer d'exister, dont l'entendement, à dire vrai, est la région des vérités éternelles, comme saint Augustin l'a reconnu et l'exprime d'une manière assez vive. Et afin qu'on ne pense pas qu'il n'est pas nécessaire d'y recourir, il faut considérer que ces vérités nécessaires contiennent la raison déterminante et le principe régulatif des existences mêmes, et en un mot des lois de l'univers. Ainsi ces vérités nécessaires étant antérieures aux existences des êtres contingents, il faut bien qu'elles soient fondées dans l'existence d'une substance nécessaire. C'est là où je trouve l'original des idées et des vérités qui sont gravées dans nos âmes, non pas en forme de propositions, mais comme des sources dont l'application et les occasions feraient naître des énonciations actuelles [1]. » La pensée est profonde, mais elle ne conclut pas.

1. *Nouveaux Essais*, l. IV, c. xi. Édit. P. Janet.

D'où vient la nécessité de l'idée ? Est-ce de l'idée elle-même ou d'une autre source ? Voilà ce qu'il faut d'abord examiner. Or ce point ne paraît pas douteux. La nécessité, comme on l'a vu, est comprise dans l'idée ; elle n'est autre chose que la manière dont l'universalité se rapporte à l'idée. L'idée est universelle de sa nature, par le fait même qu'elle est pensée. Elle ne peut pas ne pas l'être ; ce caractère ne lui vient pas du dehors : elle ne l'a pas d'emprunt, elle l'enveloppe dans sa propre essence.

Dès lors, comment Dieu pourrait-il servir de fondement à l'idée ? Comment serait-il lui-même un caractère qu'elle porte en soi, qu'elle enferme dans son contenu ? Son existence est au delà de l'idée comme la nôtre est en deçà ; elle est, bien qu'immuable, aussi distincte de l'idée que notre individualité changeante. Elle ne lui communique pas plus sa nécessité que nous notre contingence. Tout cela nous semble d'autant plus vrai que la nécessité de l'existence de Dieu, étant d'ordre concret, ne présente aucune ressemblance avec la nécessité tout abstraite et toute logique de l'idée. Dieu est un acte éternel, l'idée n'est qu'une simple aptitude à *s'actualiser*. Chercher dans l'être infini le fondement immédiat de l'idée, c'est commettre l'erreur des Chinois, qui, ne s'expliquant pas comment la terre peut rester en équilibre dans l'espace, la supposaient appuyée sur le dos de quatre éléphants que portait à son tour une immense tortue.

Sur ce point important, Platon suivait plus rigoureusement les lois de la logique que la plupart des philosophes du xviie siècle : il reconnaissait aux idées un caractère absolu de nécessité et leur accordait en conséquence une existence séparée ; de fait, il faut aller jusque-là, si la nécessité des idées n'est pas hypothétique par quelque endroit ; dans ce cas elles se suffisent, et c'est le platonisme qui a raison.

Les innéistes n'ont donc tranché aucune des difficultés au nom desquelles ils ont refusé de croire à l'identité originelle de l'idée et du phénomène empirique. Leur système une fois admis, il reste encore à savoir comment l'esprit passe du concret au logique, du particulier à l'universel, du contingent au nécessaire, du relatif à l'absolu. Ils ont déplacé la question sans la résoudre. Chose plus grave encore, leur système rend toute science de la nature à jamais impossible.

C'est par nos idées que nous connaissons les lois de la réalité empirique. Mais comment rempliront-elles ce rôle, si elles ne viennent pas de cette réalité elle-même, si elles n'en sont pas l'essence ou contenu logique ? Admettons que les idées, entendues au sens ontologiste, soient universelles et nécessaires, il s'agit encore de savoir comment elles communiquent ce double caractère aux données expérimentales, par quel mystérieux commerce elles élèvent les sensations jusqu'à la dignité d'une vraie science? Or, c'est là un problème qui n'a pas de solution. Les idées et les images forment, dans l'innéisme, deux ordres de connaissances qui se développent à l'infini, sans jamais se rencontrer, deux mondes qui restent éternellement unis et éternellement distincts. Dès lors, l'expérience a beau évoquer de la région de l'intelligible les notions éternelles qui lui correspondent, elle n'y gagne rien en valeur scientifique; la lumière infinie dont elle s'illumine lui reste étrangère: elle demeure également individuelle, mobile et contingente, elle ne contient encore que des faits et des agglutinations de faits. Du moment qu'on sépare l'idée et le phénomène empirique, il ne reste plus de place que pour la logique formelle; la logique réelle a disparu.

L'observation n'est pas neuve d'ailleurs, et saint Thomas s'en servait déjà comme d'une arme contre la philosophie d'Averroës. « On ne peut soutenir avec plus de raison, dit le saint docteur en sa langue d'un autre âge, que le genre, l'espèce et la différence ont une existence séparée des individus. Car, s'il en était ainsi, le genre et l'espèce ne pourraient s'attribuer à tel individu. On ne peut dire, par exemple, que l'humanité soit séparée de Socrate. Le prédicat séparé ne concourt pas à la connaissance de tel objet donné [1]. »

Il semble donc que Descartes ait exagéré quelque peu son œuvre de réforme philosophique. Sans doute, il a mis dans une plus vive lumière le point dont il faudra désormais partir et qui est le sujet. Mais, en même temps, parce qu'il n'a pas voulu regarder en arrière et chercher si l'on avait trouvé quelque chose de bon avant lui, parce qu'il ne s'est confié qu'en son génie, il a omis, dans sa théorie de la raison, ce qui fait la raison elle-même, l'activité, et s'est vu contraint, par la logique, à rejeter en dehors de la nature tout ce qui porte l'empreinte de l'absolu, à fonder en Dieu l'édifice entier de la connaissance intellectuelle. Et cette manière de voir a eu des conséquences funestes ; elle a jeté les esprits dans une fausse voie. On s'est demandé depuis lors, et pendant deux siècles, comment les lois de la pensée s'accordent avec les lois des choses ; et le problème, ainsi posé, ne pouvait avoir de solution.

Formulons, maintenant, la conclusion principale qui se dégage de notre enquête. De même que les catégories se situent dans l'idée, de même l'idée, à

1. *De ente et essentia*, ch. IV.

son tour, se situe de quelque manière dans le phénomène empirique. On a trop distingué, trop séparé ces éléments différents de la connaissance; on en a fait des entités indépendantes; et le vrai, c'est que tout a une seule et même racine, qui est l'expérience. Là est l'unique et première source de la logique, aussi bien que de la vie. 1° Il y a des phénomènes, et ces phénomènes ne sont pas informes par eux-mêmes, à la façon de la matière de Kant; chacun d'eux contient un certain système de caractères : ces caractères isolés du fait de l'existence par la force de l'esprit, voilà les idées que nous nous formons des phénomènes. 2° Ces phénomènes ne s'expliquent pas par eux-mêmes. Ils sont marqués au coin d'une insuffisance essentielle; la raison, qui les pénètre de son regard, se dit en leur présence : Il faut qu'il y ait quelque autre chose; et de là nos idées métaphysiques, nos concepts de cause, de substance, de substance première ou d'être parfait. 3° Ces raisons explicatives qui jaillissent du sein de la réalité expérimentale, l'intelligence les compare à l'idée de bonheur; et alors, les considérant de ce point de vue nouveau, elle y découvre un certain degré de bonté, qui n'est pas le même pour toutes, elle y découvre une hiérarchie de perfections. De ce biais, la plante lui paraît supérieure au caillou, l'animal à la plante, l'être raisonnable à l'animal, Dieu infiniment meilleur que tout le reste, soit parce qu'il est en lui-même l'harmonie consciente et vivante de toutes les perfections, soit parce qu'étant l'indéfectible sainteté, il impose à toute créature le respect de l'ordre universel. Et de là les idées de bien, de loi, de droit, de devoir, qui sont comme les pierres angulaires de tout édifice moral.

Sans doute, cette interprétation des données logiques de la conscience ne lève pas toute obscurité. Il y reste des mystères, et ces mystères sont profonds. Mais la part de ténèbres que nous trouvons dans les faits n'est pas une raison de les révoquer en doute; autrement il faut tout nier, jusqu'à la lumière qui emplit nos yeux. Il est rationnel de l'affirmer, quelles que soient, d'ailleurs, les difficultés qui pourront surgir sur la route : tout est inné ou rien ne l'est. Si le logique est donné avec et dans la raison, il faut que le réel le soit aussi; et si le réel est chose qui s'acquiert, il faut aussi que le logique s'acquière, et parallèlement. Car le logique et le réel sont essentiellement solidaires; on ne les sépare pas plus qu'on ne sépare les angles de la notion du triangle : ce sont deux aspects d'une seule et même réalité. Encore une fois, l'idéalisme et l'empirisme : voilà désormais les deux termes de l'alternative. L'ontologisme est une théorie qui a vécu.

CHAPITRE II

L'idée diffère essentiellement du phénomène empirique.

L'idée se situe dans le phénomène empirique. Nous ne connaissons que les faits, leurs lois, et, dans une certaine mesure, les raisons explicatives d'ordre métaphysique auxquelles nous conduit leur insuffisance essentielle. Notre esprit dépasse la frontière de l'expérience; mais il ne la dépasse qu'à la lumière de l'expérience elle-même.

Est-ce à dire que l'idée se ramène de quelque manière au phénomène empirique? Faut-il soutenir qu'en définitive elle n'est qu'un mot, ou bien une image amortie, ou bien encore une pluralité d'images groupées sous un même signe? En d'autres termes, l'empirisme moderne, qui fait de la conscience humaine un simple registre de la nature, contient-il la réponse que les différentes formes de l'innéisme n'ont pu fournir? Donne-t-il des caractères généraux de l'idée une interprétation suffisante?

L'empirisme est en un sens supérieur à l'innéisme. Un fait incontestable, et dont il faut toujours partir dans une théorie de la connaissance humaine, c'est que l'intelligence et la sensibilité portent sur un seul et même objet, que l'idée, si générale qu'elle puisse être, n'est qu'un certain aspect de la réalité. Or, ce fait fondamental, les empiristes ont su le remarquer. Interrogeant la conscience, au lieu de tout déduire d'un principe *a priori*, ils ont senti que c'est une utopie de croire que la science humaine se divise en deux ordres d'objets d'origine absolument distincte, et n'ayant entre eux d'autre rapport qu'une sorte de parallélisme dans leur développement; ils ont vu que, malgré leur différence profonde, l'abstrait et le concret ont une seule et même source, l'expérience. Ainsi, leur système peut être incomplet; mais il a cet avantage sur l'innéisme que la base en est sûre. Et cet avantage, Kant lui-même l'a reconnu; c'est pour se rapprocher de l'empirisme qu'il a modifié si profondément la théorie de ses devanciers, qu'au lieu de faire de l'idée un objet inné de toute pièce, il n'en rapporte à l'esprit que les caractères généraux, rendant au phénomène empirique le groupe de propriétés qu'elle enveloppe.

Mais cette supériorité relative de l'empirisme sur l'innéisme fournit-elle une preuve décisive en sa faveur? Ne faut-il pas, pour compléter ce système, recourir à un principe qu'il ne contient pas? Là est le problème, et il est complexe. Il importe, pour le résoudre, de chercher successivement, comme on l'a fait pour l'innéisme : 1° si la théorie empiriste explique l'idée, en tant que chose abstraite; 2° si elle explique l'universalité; 3° si elle explique la nécessité logique.

I

L'idée n'est pas un mot. Le fait est trop évident pour qu'on s'arrête à l'établir. Nous ne pensons pas, nous ne raisonnons pas avec des souffles d'air. D'ailleurs, c'est un point que concèdent les empiristes les plus résolus de notre temps. « En réalité, dit M. Ribot, s'est-il rencontré des nominalistes qui aient prétendu que nous n'avons dans l'esprit que le mot, le seul mot, sans rien de plus? C'est un problème historique peu clair et qu'il est inutile pour nous d'examiner. Il est possible que quelques-uns aient poussé jusque-là leur réaction contre les extravagances du réalisme; mais c'est une thèse totalement insoutenable; car, à ce compte, il n'y aurait aucune différence entre un terme général et un mot d'une langue qu'on ne comprend pas.[1] » On pour-

---

1. *Rev. philos.* 1891, t. II, p. 385.

rait même dire qu'il n'y a pas de terme général dans une pareille hypothèse. Car un terme n'est général que par les faits auxquels il se rapporte : un terme n'est général que par ce qu'il signifie.

L'idée n'est pas non plus l'image à l'état brut, telle qu'elle est reçue par la sensibilité, dans la netteté première de ses contours. Toutes les écoles ont reconnu une certaine différence entre ces deux phénomènes, et cette différence est si manifeste qu'une simple réflexion suffit à la faire ressortir. Le propre de l'idée est de n'avoir par elle-même ni forme ni dimensions déterminées. Le triangle, pris en soi, n'est plus tel triangle ; ses côtés n'ont plus tel nombre de mètres ou de centimètres.

Qu'est-ce donc que l'idée ? Faut-il y voir une sorte de trace commune laissée dans la conscience par un certain nombre d'images dont les particularités ont disparu ? L'idée est-elle une représentation affaiblie et décolorée, où n'entrent plus comme composants que les caractères par lesquels se ressemblent une foule d'autres représentations ? Il y a quelques années déjà, j'eus l'occasion de visiter le glacier des Bossons, et je me rappelle encore ces blocs énormes de neige congelée, aux formes angulaires, aux veines bleuâtres, recouverts d'une blanche couche de légers cristaux, entrecoupés de crevasses béantes au fond desquelles grondait un torrent. Je retrouve encore dans mon souvenir la représentation sensible d'un glacier. Mais il y a une différence entre cette représentation et mes impressions passées. Tout était précis dans ce que j'ai vu ; presque tout est vague maintenant. Chacun des objets qui ont frappé mes yeux ont produit en moi une sensation distincte. Chaque bloc, chaque aiguille, chaque ondulation de ce fleuve de glace avait une forme, une couleur, des dimensions qui lui étaient propres. Mais ces détails ont disparu et je n'en puis ressusciter que la plus petite partie. Il n'en reste dans ma conscience qu'un écho affaibli, une image vague et décolorée, une sorte de résidu formé de caractères agglutinés par la ressemblance. Est-ce là ce qu'on appelle l'idée ? Non, et la chose paraît indiscutable. Car, si je ne me rappelle pas tous les détails du glacier que j'ai vu, il n'en est pas moins vrai que tout ce que j'en conserve dans ma mémoire est une esquisse, l'esquisse sensible d'un individu distinct. De plus, à mesure que je persiste à relever les ruines qu'a faites en moi la main de l'oubli, à reconquérir sur le passé les traits divers du tableau qui s'est autrefois déroulé sous mes yeux, je vois apparaître de nouvelles sensations d'un caractère également particulier: la forme d'un glaçon, la couleur d'une veine, la profondeur d'une fente. Tout ce qui sort de la partie inconsciente de mon être sous l'effort de la réflexion prend un aspect déterminé, présente des contours définis. Il y a des parties de mon souvenir que je ne puis nullement faire revivre, j'y vois des lacunes sans nombre que je ne puis combler. Mais ce sont des places vides, où toute forme précise fait défaut, parce que toute réalité en est absente. Ainsi, de quelque manière que j'envisage la représentation actuelle de mes sensations passées, je n'y trouve rien d'abstrait, rien d'indéterminé, rien qui ressemble à une idée. Ou je n'y vois rien ou ce que j'y vois représente un individu. Elle est moins savante, mais aussi particulière que l'œuvre de la nature dont elle provient.

Toutefois, afin de ne commettre aucune méprise, poussons notre analyse un peu plus loin. Est-il bien vrai qu'il n'y ait rien dans l'image qui convienne à plusieurs individus ? Un souvenir incomplet se divise en deux parties : l'une que nous possédons dès l'abord, l'autre que nous essayons de reconstruire à force de tâtonnement et de réflexion. Comment ce travail de recherche est-il possible? Ne suppose-t-il pas qu'antérieurement à l'apparition des caractères qu'il s'agit de retrouver, il existe déjà dans la conscience un aperçu vague et général qui ne fait que s'achever quand on les retrouve? Éclaircissons ce point à l'aide d'un exemple. Je me rappelle la physionomie d'une personne que j'ai connue ; mais je n'en sais plus le nom. Toutefois, ce nom que je ne sais plus, je ne le confonds pas avec un autre. Je fais, pour l'évoquer, mille combinaisons malheureuses, que je tiens pour telles et que je rejette successivement. Mais que je tombe par hasard sur le groupe de lettres que je cherche, c'est comme un éclair qui jaillit, je dis aussitôt : le voilà. Qu'un autre vienne à prononcer devant moi le nom que j'avais oublié, la même révélation se produit : je le reconnais immédiatement comme étant le vrai. Comment se fait cette constatation d'identité entre ce que j'apprends à l'heure même et ce que je ne savais plus ? Ne faut-il pas, pour l'expliquer, qu'il y ait quelque part dans ma conscience une ébauche de représentation, aux contours très indéterminés, applicable par là même à plusieurs individus, qui, se précisant de plus en plus sous l'effort de l'attention, aboutit à l'image ? Mais j'observe d'abord que la représentation crépusculaire dont on parle, par le fait même qu'elle convient à plusieurs phénomènes, ne me révèle plus tel phénomène. L'idée de triangle ne me conduit pas d'elle-même à l'idée de triangle isocèle et surtout à la représentation d'un triangle à dimensions données. De plus, j'ai beau fouiller dans ma conscience avant d'avoir trouvé le mot que je cherche, je n'y rencontre rien qui lui ressemble, ou, si j'y rencontre quelque chose, c'est un élément individuel, une lettre, un groupe de lettres qui doit servir à le former. Un souvenir ne s'achève pas en vertu d'une représentation indéterminée qui se développe en allant du général au particulier. Un souvenir se précise par l'addition successive ou simultanée de différentes pièces, dont chacune est individuelle au même titre que le tout qu'elle sert à constituer. Et chacune de ces pièces passe brusquement de l'inconscient à la conscience, sans qu'on puisse expliquer au juste comment elles en sortent et ce qui les a précédées. Tout ce que je sais, c'est qu'elles viennent à point combler des vides que je veux remplir ; et si je les tiens pour ce qu'elles ont été jadis, le fait s'explique par la connaissance que j'en prends au fur et à mesure qu'elles montent à la lumière de la conscience; je sens en les revoyant que je reproduis l'acte par lequel je les ai vues la première fois.

Il n'y a donc rien dans l'image qui soit indéterminé, et par là même abstrait. L'image est toute individuelle ou n'est pas du tout : « Je peux, dit Berkeley, imaginer un homme à deux têtes, ou la partie supérieure de son corps jointe au corps d'un cheval. Je peux considérer la main, l'œil, le nez, l'un après l'autre abstraits ou séparés du reste du corps. Mais, quelle que soit la main ou quel que soit l'œil que j'imagine, il faut qu'ils aient une forme, une couleur particulière. De même, mon idée d'homme doit être l'idée d'un homme blanc, ou noir ou basané, droit ou contrefait, grand ou petit ou de taille moyenne [1]. » Ce passage d'un argument dirigé contre les notions abstraites résume à souhait la pensée que nous développons ; tout ce qui se sent, tout ce qui s'imagine, revêt un caractère déterminé, concret, et partant n'est pas l'idée.

On peut établir par une autre méthode la distinction de l'idée et de l'image. L'idée ne perd rien de sa netteté, pour gagner en extension. Bien plus, elle est d'une clarté qui s'accroît au fur et à mesure qu'elle s'élève. L'idée de matière est moins obscure que celle de vie; l'idée d'étendue moins obscure que celle de matière; l'idée d'être en général moins ténébreuse que celle d'étendue. Il en va tout autrement de l'image. Plus elle devient générale, plus elle devient un je ne sais quoi qui n'a plus ni forme, ni contours, et ne se rapporte plus à rien. La netteté de l'idée et celle de l'image vont en raison indirecte l'une de l'autre : elles ne sont donc pas chose identique. Et c'est un point que Taine a brièvement et comme furtivement

---

1. *Introduction aux principes de la connaissance humaine.*

signalé dans son *Intelligence :* « Mon idée abstraite, dit-il, est parfaitement nette et déterminée. Maintenant que je l'ai, je ne manque jamais de reconnaître un Araucaria entre les diverses plantes qu'on me présente. Elle est donc autre chose que la représentation confuse et flottante que j'ai de tel Araucaria en particulier [1]. »

L'idée n'est pas une sensation décolorée par le temps. Mais ne pourrait-on pas y voir une masse d'images étiquetées d'un signe? En fait, c'est à cette forme de l'empirisme que se sont rattachés H. Taine, M. Paulhan et M. Ribot. « Qu'y a-t-il donc en moi, dit H. Taine, de si net et de si déterminé, qui correspond au caractère abstrait commun à tous les Araucarias et ne correspond qu'à lui? Un nom de classe, le nom d'Araucaria, prononcé ou entendu mentalement, un son significatif, lequel est compris et qui, à ce titre, est doué de deux propriétés. D'une part, sitôt qu'il est perçu ou imaginé, il éveille en moi la représentation sensible plus ou moins expresse d'un individu de la classe; cette attache est exclusive. Il n'éveille point en moi la représentation d'un individu d'une autre classe. D'autre part, sitôt que je perçois ou imagine un individu de la classe, j'imagine ce son lui-

1. T. II, p. 260-261.

même et suis tenté de le prononcer; cette attache aussi est exclusive; la présence réelle ou mentale d'un individu d'une autre classe ne l'évoque point dans mon esprit et ne l'appelle point sur mes lèvres. Par cette nouvelle attache, il fait corps avec toutes les perceptions et représentations sensibles que j'ai des individus de la classe, et ne fait corps qu'avec elles. Mais il n'est attaché d'une façon particulière à aucune d'elles; indifféremment, il les évoque toutes. Partant, si elles l'évoquent, c'est grâce à ce que toutes ont de commun, et non grâce à ce que chacune d'elles a de propre; par conséquent enfin, il est attaché à ce que toutes ont de commun et à cela seulement. Or, ce quelque chose est justement le caractère abstrait, le même pour tous les individus de la classe [1]. »

On ne saurait défendre un système avec plus d'esprit. Mais la solution est-elle aussi fondée qu'ingénieuse? Il nous sera permis d'en douter.

Que les animaux généralisent à la façon dont parle H. Taine, c'est chose possible. On peut lui accorder également que sa théorie répond assez bien à la manière dont les images s'agglutinent en notre propre conscience. Mais, comme l'a bien

---

[1]. *De l'intelligence*, l. IV, c. I. T. II.

remarqué Spinoza, au-dessus de l'ordre des images, il y a en nous l'ordre des idées ; et cette partie supérieure de la connaissance qui est tout l'homme, Taine ne l'explique qu'en la supprimant.

Un des caractères essentiels de l'idée, c'est d'être « une et plusieurs » tout à la fois, suivant l'expression chère au génie de Platon. L'idée se rattache par nature à un nombre indéfini d'individus ; mais cette multiplicité ne l'éparpille pas. Prise en elle-même, elle reste indivisible. Il n'y a qu'une notion de la blancheur pour toutes les choses blanches ; il n'y a qu'une notion de l'étendue pour tous les corps ; la définition du mouvement est la même pour tout ce qui se meut. Entre le signe abstrait et la multitude des images auquel il s'accole, se place l'unité de l'idée. Cette unité, qui est la fonction essentielle de toute pensée, dont nous avons sans cesse quelque intuition, qui remplit le champ de notre conscience rationnelle, Taine n'a qu'un moyen de l'interpréter, c'est de la sous-entendre. Elle n'existe pas à ses yeux. Entre le signe et les caractères individuels de chaque image, son système passe comme une machine pneumatique : il y fait le vide.

En outre, l'unité de l'idée ne ressemble pas à celle des individus eux-mêmes : elle est d'ordre purement logique. L'idée, considérée en soi, ne porte plus la cangue des données empiriques, elle n'est plus emprisonnée dans les limites de tel être. Elle se révèle à nous comme dépouillée du fait de l'existence : c'est une essence pure, un abstrait. Qui nie cette donnée fondamentale de notre conscience, nie la raison elle-même ; qui nie cette donnée a pu faire avec génie la psychologie de l'animal, mais il n'a pas encore commencé la psychologie de l'homme. Or c'est là, croyons-nous, le cas de H. Taine et de la plupart des empiristes modernes. Pour expliquer notre âme, ils l'ont tirée à la bête. Mais la nature est plus forte, elle résiste au nom de sa dignité native.

La négation de l'abstrait, voilà le vice originel de l'empirisme ; et ce vice originel entraîne une singulière conséquence, c'est que l'homme ne parle que par miracle. Toute parole qui dépasse le langage inarticulé des émotions suppose un jugement. Or, tout jugement enveloppe quelque chose d'abstrait. Quand j'affirme du triangle qu'il est l'intersection de trois lignes je condense des abstraits. J'enferme également de l'abstrait dans mes jugements les plus humbles, ceux qui ont pour sujet un être individuel. Lorsque je me dis à moi-même, comme Descartes : « Cogito », je fais en un clin d'œil deux opérations contraires : une analyse par laquelle j'isole de ma réalité vivante l'attribut général de pensée ; une synthèse par laquelle je rejoins au concret le logique un moment isolé. « Nous parlons métaphysiquement », comme disait Claude Bernard. Le propre du langage rationnel, c'est d'être, suivant la pensée de M. Müller, abstrait et général. Mais, dès lors, l'homme est naturellement muet comme la bête, si les empiristes ont raison ; et toutes les langues qui se parlent à la surface de notre planète sont autant d'inexplicables prodiges.

Jusqu'ici, nous avons combattu une à une les différentes formes de l'empirisme ; faisons maintenant une charge d'ensemble.

Une preuve frappante que l'idée ne se ramène ni à l'image ni à un groupement d'images, c'est que l'on conçoit encore où l'on n'imagine plus : la raison dépasse les sens, et de toute la grandeur de l'absolu. Soit un polygone auquel on suppose un nombre infini de côtés. C'est là une figure qui ne se rencontre nulle part dans la nature ; je ne comprends pas même qu'elle puisse exister ; je ne réussis pas non plus à me la représenter : je n'en ai absolument aucune expérience. Et cependant, cette figure, je la conçois : le concept que je m'en fais est un moyen de trouver la mesure de la circonférence. D'où vient donc cette idée ? De la possibilité d'augmenter à l'infini le nombre des côtés d'un polygone donné; mais alors d'où vient cette possibilité elle-même, si nous ne connaissons que des images ? Toute image est concrète, et il n'y a pas de possible dans le concret pris à l'état brut; ou, s'il y en a, ce possible ne dépasse pas le nombre des cas observés. Que j'aie vu quelque part ou bien imaginé un dodécagone, je puis l'imaginer de nouveau. Mais qui me dit que je puis encore augmenter le nombre des côtés de ce polygone, si, dans l'image que je m'en forme, je n'ai vu que des éléments concrets, des éléments qui n'ont entre eux d'autre rapport qu'un lien physique? Qui me dit que je puis porter à l'infini le nombre de ses côtés? Un fait, comme on l'a dit, ne garantit pas un autre fait; un certain nombre de multiplications déjà constatées ne garantissent pas la possibilité de multiplier à l'infini. Il en est de nombre d'autres idées comme du polygone inscrit à la circonférence. Je n'ai jamais vu Dieu par mes sens. Quelque système qu'on admette pour expliquer l'idée de Dieu, il ne vient à l'esprit de personne de croire que nous le percevons comme nous faisons d'un corps. Et cependant nous avons l'idée de Dieu, idée inadéquate, il est vrai, mais réelle. L'idée de Dieu n'est pas l'assemblage de ces quatre lettres : D, i, e, u. Sous ce signe matériel, je saisis quelque chose qui n'est ni une image ni la partie d'une image. Qui a jamais expérimenté l'éternité? Qui s'en est fait une représentation sensible? Et cependant j'ai de l'éternité, aussi bien que de Dieu, quelque notion véritable, incomplète à coup sûr, mais assez claire pour me permettre de distinguer l'éternité de ce qui n'est pas elle : quand je parle d'éternité, je sais ce que je dis. Il y a donc des idées qui dépassent visiblement les limites de l'expérience. Il existe au-dessus du monde réel et concret un domaine à part que la réalité concrète, si raffinée ou si éteinte qu'on la suppose, ne constitue point par elle-même. L'esprit reçoit les impressions du dehors; mais il a de l'énergie pour aller plus loin : il découvre les notions qui sont le contenu logique des images, et par delà ces notions tout un autre cortège d'idées plus profondes que la raison conquiert par voie de déduction.

Il faut donc revenir à la même conclusion. L'élément suprasensible de la connaissance reste à l'état de mystère, si l'on ne fait de l'intelligence humaine qu'une puissance de recevoir et de voir ce qui est donné, qu'une faculté de pâtir. Il faut, pour expliquer l'idée, supposer qu'il y a quelque part dans la conscience une force essentiellement active, qui pénètre ce qui est une fois entré dans nos sens, qui l'élabore, en fait tomber les scories empiriques et n'en retient que son bien. Aussi longtemps qu'on n'admet pas ce principe d'un ordre spécial, aussi longtemps qu'on n'a pas recours à une sorte d'intellect actif, on stationne dans le monde des sensations, on ignore dans l'homme ce qui caractérise l'homme, l'idée.

C'est ce que Locke a bien vu, et par là son système reste supérieur à tout ce que les Anglais ont écrit après lui sur l'origine de nos connaissances : « L'esprit, dit-il, rend générales les idées particulières qu'il a reçues par l'entremise des objets particuliers, ce qu'il fait en considérant ces idées comme des apparences séparées de toute autre chose et de toutes les circonstances qui font qu'elles représentent des êtres particuliers actuellement existants, comme sont le temps, le lieu et les autres idées concomitantes. C'est ce qu'on appelle des abstractions; par où des idées tirées de quelque être particulier, devenant générales, représentent tous les êtres de cette espèce, de sorte que les noms généraux qu'on leur donne peuvent être appliqués à tout ce qui, dans les êtres actuellement existants, convient à ces idées abstraites [1]. » Parler ainsi, c'est affirmer nettement que tout ne vient pas de la sensibilité, ou que, si tout en vient, c'est par l'intermédiaire d'une énergie à part, essentiellement

---

1. LOCKE, *Entendement humain*, l. II, c. IX, 9.

distincte de la sensibilité ; c'est affirmer que l'activité de l'esprit ne se borne pas à séparer ou bien à grouper des fragments d'images : c'est sortir de l'empirisme pour reconnaître un principe que l'empirisme ne contient pas, le pouvoir de faire l'abstrait.

II

L'empirisme n'explique pas l'idée en tant que chose abstraite. Rend-il mieux compte de son universalité ? Pour résoudre la question, il est bon de se rappeler que ce second caractère général de l'idée présente deux sens assez différents.

Il y a quelque temps déjà, en visitant un aquarium, je regardais sautiller une vingtaine d'orfus dans un réservoir, élégants petits poissons tachetés de pourpre, aux mouvements rapides comme un éclair ; j'en ai retenu le nombre. De plus, bien que certaines nuances qui les distinguaient les uns des autres, aient disparu de mon esprit, je me souviens encore des traits communs à cette vingtaine d'individus. Voilà un genre d'universalité, dont la seule signification est qu'un certain groupe de caractères se trouve réalisé dans un nombre déterminé de cas, qui s'obtient par un nombre donné d'observations et ne peut s'étendre que dans la mesure même de ces observations, qui, par conséquent, si loin qu'on la pousse, reste toujours essentiellement limitée. C'est une universalité scientifique ou de fait.

Mais l'idée n'est pas seulement universelle en ce sens, comme le supposent les empiristes modernes en maint passage de leurs écrits. Outre l'universalité qui consiste en ce qu'une idée soit réalisée, il en est une autre plus profonde, où se trouve la raison de la première, et qui consiste en ce qu'une idée soit réalisable. Outre l'universalité qui résulte d'expériences répétées et se borne à ces mêmes expériences, il y a l'universalité que l'esprit dégage d'une seule observation, et qui du premier coup la dépasse de l'infini. A l'universalité scientifique ou de fait s'ajoute l'universalité logique ou de droit. La vue d'une sphère suffit à susciter en mon intelligence l'idée de la sphère ; et cette idée m'apparaît du premier coup comme apte à se reproduire dans tous les temps et tous les lieux : j'y découvre sans autre recherche une éternelle possibilité.

Voilà les faits. Peut-on les interpréter, si l'on ne voit dans la conscience qu'un registre de la nature, si l'on n'y met que la faculté de percevoir des sensations et des fragments de sensations ?

Une chose certaine, c'est qu'en se fondant sur une semblable hypothèse, on n'explique pas du tout ce que nous avons appelé l'universalité de droit.

Comment dépasser, en effet, le nombre des observations enregistrées? Comment conclure d'un certain nombre de cas donnés que ces mêmes cas peuvent se reproduire à l'infini, dans tous les temps et tous les lieux? Il suffit, dit on, qu'un fait existe une fois pour qu'on puisse le supposer une seconde, une troisième fois, à l'infini : on a le droit de répéter sans cesse la même hypothèse. Cela est vrai, mais pourquoi? Un fait par lui-même n'enveloppe rien de possible, et partant ne garantit sa possibilité ni pour le passé, ni pour l'avenir, ni dans d'autres temps ou d'autres lieux que ceux où il s'est manifesté. Pris à l'état concret, un fait existe tout entier; il est donc tout entier individuel, il n'a rien qui puisse passer dans d'autres individus. Pris à l'état concret, un fait n'indique pas non plus qu'on puisse avec une matière différente de la sienne réaliser quelque chose de distinct, mais de semblable à lui-même. Car il n'y a aucune raison de conclure de son existence à la possibilité de la matière dont sa copie doit être faite. On ne peut en inférer avec plus de droit cette convenance interne et logique d'attributs, qui est la loi fondamentale de tout être, sans laquelle, par conséquent, on ne sait encore s'il peut s'imiter. Car cette convenance n'est point une agglutination toute physique d'impressions ou d'images; elle existe entre propriétés considérées en elles-mêmes, isolées de toute condition individuante : c'est un rapport entre termes abstraits. Un fait n'a donc par lui-même ni *communicabilité* ni *imitabilité*. Aussi longtemps qu'on l'envisage à l'état brut, on n'y découvre aucune raison de croire qu'il est encore réalisable; on n'y découvre aucune trace de possibilité. Il est, on le constate : voilà tout. Partant, il ne nous autorise point à supposer qu'il peut se répéter à l'infini dans tous les temps et tous les lieux. Il ne nous apprend rien de son universalité de droit. Pour arriver à cette généralisation absolue, il faut y découvrir une aptitude intrinsèque, inaliénable à l'existence ; et comme cette aptitude ne tient pas à la réalité, mais à l'essence de la réalité, comme elle est d'ordre logique et abstrait, il faut, pour la voir, dépasser la région des images, reconnaître à l'esprit le pouvoir d'isoler du concret les propriétés du concret.

L'empirisme ne s'élève pas jusqu'à l'universalité de droit. Explique-t-il du moins l'universalité de fait? On a constaté que plusieurs espèces de plantes et d'animaux ont conservé le même type à travers les longs intervalles des périodes géologiques. On a découvert qu'un certain nombre de corps chimiques, l'hydrogène, le fer, le sodium, par exemple, se rencontrent dans le soleil à trente-cinq millions de lieues de notre planète, et bien au delà dans des mondes dont la lumière a mis des siècles à nous parvenir. On est assuré par les raies du spectre que la lumière des astres présente les mêmes propriétés que celles des corps que nous brûlons. Poussé par un désir insatiable de confondre et de dominer la nature, l'homme marche sans relâche à la conquête de l'inconnu; il va sans cesse élargissant le domaine de son savoir à travers le temps et l'espace; par son travail acharné, il réussit à découvrir que les phénomènes qu'il a d'abord observés sur cette terre, se retrouvent dans d'autres mondes avec les mêmes caractères, qu'ils se sont produits jadis dans les siècles les plus reculés.

Où est cette muse cachée qui nous suggère à tout instant qu'il reste encore quelque chose à découvrir ? Quelle est cette force qui nous entraîne sans cesse au delà de ce que nous savons déjà ? Peut-on expliquer que l'homme cherche toujours à dépasser le nombre des faits connus, si sa conscience n'est que la faculté de voir le concret, de combiner ensemble les éléments du concret ? Nous ne le pensons pas. Pour que l'esprit se mette en branle, pour qu'il tende vers autre chose que ce qu'il possède déjà, il lui faut un idéal à poursuivre. La cause efficiente ne suffit pas à expliquer le développement de notre activité mentale : il y faut joindre la cause finale. Nous n'allons, nous ne pouvons aller que vers ce que nous connaissons de quelque manière : *ignoti nulla cupido*, suivant le vieil adage. Or, supposé que nous n'ayons que la puissance de constater et de combiner des faits déjà constatés ; supposé que l'esprit ne saisisse dans les faits aucune notion de possibilité, qu'il n'y découvre aucune aptitude à se réaliser derechef, qu'il ne parvienne pas d'abord à l'universalité de droit, il n'aura jamais la pensée de chercher s'il existe ailleurs des phénomènes analogues à ceux qu'il connaît déjà, il ne sortira pas du champ des impressions passivement reçues, il n'arrivera pas à l'universalité de fait. Nous cherchons le réel, parce que nous connaissons le possible. Qui ne connaît que le réel, n'a pas d'énergie pour aller plus loin ; ce n'est pas en vertu de son activité qu'il fait de nouvelles découvertes : son expérience croît d'une manière toute passive, à mesure que les circonstances lui offrent d'elles-mêmes des cas qui présentent des caractères communs. Encore cette universalité restreinte n'est-elle qu'un nom, si l'on y regarde de près. Comme on l'a déjà vu au sujet du Kantisme, c'est une illusion de croire qu'il y a dans la nature des caractères communs. Tout y existe, qu'on le remarque bien ; tout y est de tout point individuel. Si je regarde deux surfaces également blanches, par exemple, deux feuilles de papier encore intactes, de même forme et de même dimension, je n'ai pas par là même un caractère commun, je n'ai pas par là même un universel. La couleur de la première feuille lui reste inhérente, lui appartient toujours, continue à faire partie de son intégrité physique. Et il en est de même de la couleur de la seconde feuille. J'ai beau considérer ces deux objets ; tant que je les envisage dans leur totalité concrète, les qualités que j'y perçois, restent toujours aussi distinctes, aussi nettement inhérentes à leurs sujets qui sont distincts. Elles ne s'identifient pas par elles-mêmes dans ma conscience de manière à ne faire qu'une représentation. Si elles deviennent pour moi quelque chose d'un, c'est en vertu d'une élaboration que je fais subir à la réalité, c'est en vertu de l'activité de mon intelligence.

Mais, si cette analyse est fondée, s'il est vrai que la réalité n'a pas de caractères communs par elle-même, ne faudra-t-il pas admettre que les animaux sont aussi bien que nous doués de la faculté d'abstraire, qu'entre l'homme et la bête il n'y a qu'une différence accidentelle ?

Ce qu'on ne peut nier, c'est que les animaux généralisent de quelque manière. Les hirondelles ne font pas toujours leurs nids avec la même boue et les mêmes crins. Un chien sait reconnaître toutes les variétés de sa race : il se comporte à l'égard du danois comme à l'égard du plus petit roquet. Il n'est pas jusqu'aux micro-organismes, jusqu'aux mono-cellulaires dont a parlé M. Binet, qui ne donnent quelques indices de généralisation : car la nourriture qu'ils absorbent n'est pas toujours absolument identique à elle-même. Mais comment se fait la généralisation chez les animaux ? Est-il certain que chez eux, comme chez nous, elle soit le résultat d'une abstraction ? Ne se peut-il pas qu'elle tienne à des causes d'un ordre absolument différent ? Le propre de l'intelligence, avons-nous dit, c'est de *découvrir* : elle abstrait, et l'abstraction nous conduit du fait au possible et du possible, par une série d'hypothèses, à d'autres faits. A-t-on véritablement prouvé que tel soit le processus de la conscience animale ? Nous ne le croyons pas. Aucune des nombreuses et délicates expériences qu'on a faites sur ce point, ne nous semble décisive. Il en est même qui tendent à démontrer que l'animal est dépourvu de toute faculté d'invention. Voici ce que nous lisons dans M. Romanes sur le sphex dont chacun connaît le talent chirurgical : « Un sphex creuse un tunnel, s'envole et cherche sa proie qu'il rapporte paralysée par son dard jusqu'à l'orifice de son tunnel ; mais avant d'y introduire sa proie, il y entre seul pour voir si tout est bien. Pendant que le sphex était dans son tunnel, M. Fabre éloigna un peu la proie ; quand le sphex ressortit, il ne tarda pas à retrouver sa proie et l'apporta de nouveau jusqu'à l'orifice ; mais alors il sentit de nouveau le besoin d'aller vérifier encore l'état du tunnel, vérifié à l'instant même ; et aussi souvent que M. Fabre retira la proie, aussi souvent toute l'opération fut recommencée, de sorte que le malheureux sphex vérifia l'état de son tunnel quarante fois de suite. Quand M. Fabre enleva définitivement la proie, le sphex, au lieu de chercher une proie nouvelle et de se servir de son tunnel achevé, se sentit obligé de suivre la routine de son instinct. Avant de creuser un autre tunnel, il boucha complètement l'ancien, comme si tout était bien malgré qu'il fût entièrement inutile ne renfermant pas de proie pour les larves [1]. » Il nous semble difficile de surprendre plus clairement chez l'animal le manque absolu de toute invention, le fonctionnement passif et subi d'une sorte de mécanisme mental. Sir John Lubbock, dans son travail intitulé : *Fourmis, guêpes, abeilles*, cite un autre fait qui a la même signification. « Ayant laissé quelque temps, dit-il,

---

[1]. ROMANES, *Évolution mentale des animaux*, p. 175 de la trad. française.

un nid de fourmis sans nourriture, je mis du miel sur une petite planchette de bois, entourée d'un petit fossé de glycérine large d'un demi-pouce et profond d'environ 1/10 ; sur ce fossé je plaçai un pont de papier, dont une extrémité reposait sur la terre meuble. Cela fait, je mis une fourmi au miel et aussitôt une petite troupe se rassembla, mais sans pouvoir traverser ; il ne leur vint pas à l'idée de faire soit un pont soit une digue à travers la glycérine, au moyen de la terre meuble que je leur avais donnée si à propos. Cela me surprit beaucoup, étant donnée toute l'ingéniosité avec laquelle elles se servent de la terre dans la construction de leur nid [1]. » Trouve-t-on dans une expérience de cette nature la moindre trace de cette puissance d'abstraction dont nous constatons en nous le perpétuel exercice et d'où la pression du besoin fait jaillir sans cesse quelque expédient nouveau ? Ce qui semble résulter le plus clairement des études nombreuses qu'on a entreprises de nos jours sur l'instinct des animaux, c'est qu'ils ignorent l'universel, c'est qu'ils n'ont pas d'intellect actif. Leur travail porte toujours sur un même genre très restreint d'objets, dont l'extension ne s'accroît pas. S'ils généralisent dans une certaine mesure, le fait tient sans

---

[1]. Edition française, t. II, p. 11.

doute à ce que le même ordre de représentations, atteignant pour ainsi dire leur conscience au même point, y produit toujours le même sentiment, le même appétit, la même série de mouvements.

Quoi qu'il en soit de la conscience des animaux, qui sera toujours un mystère pour nous, ce que nous avons dit de la conscience humaine ne s'en trouve pas ébranlé. Il reste vrai que non seulement nous constatons la réalisation de certains caractères en divers temps et divers lieux, mais encore que nous nous faisons de ces mêmes caractères une seule et même notion, où nous les voyons réalisables à l'infini, dans tous les temps et tous les lieux. Il reste vrai que l'empirisme n'explique ni cette possibilité logique qui d'un bond nous élève jusqu'à l'absolu, ni cet accroissement continu, mais toujours limité des cas déjà constatés, que nous appelons universalité de fait. Car cette seconde universalité ne peut s'étendre que si la première existe déjà et se dresse devant l'intelligence comme un idéal à poursuivre. On peut toujours soutenir qu'aussi longtemps qu'un esprit s'arrête au concret, il ne s'y produit aucune espèce d'universel ; car si l'universel convient à toute une classe, il n'en est pas moins un. Or, dans la conscience et dans la nature, avant toute élaboration mentale, les qualités les plus semblables sont encore distinctes.

III

L'universalité ne trouve pas de place dans la théorie empiriste. Partant la nécessité que nous appelons intrinsèque ne s'y rencontre pas non plus ; car ce genre de nécessité consiste en ce que l'idée ne puisse cesser d'être possible, c'est-à-dire universelle ; elle n'est autre chose que la manière dont l'universalité se rapporte à l'idée. D'ailleurs, c'est là un point qui semble avoir échappé entièrement à l'attention des empiristes. Ils n'ont pas cherché ce qu'il signifie, parce qu'ils ne l'ont pas vu.

En revanche, les empiristes ont fait de nombreux efforts pour interpréter cet autre genre de nécessité qui constitue la liaison de nos idées, et qui fonde la plupart de nos jugements. Suivons-les sur ce terrain et voyons jusqu'à quel point leurs hypothèses sont heureuses : cherchons s'ils expliquent mieux la nécessité de rapport que la nécessité intrinsèque.

On voit dès l'abord qu'une théorie qui ne dépasse pas les limites du concret, peut difficilement contenir la réponse du problème. Les idées, avons-nous dit, ne sont pas les images. Nous les percevons dans les images ou données empiriques ; mais elles en diffèrent. Les idées sont des termes à part, et, par conséquent, forment un ordre de rapports à part. Toutefois ne nous contentons pas de déduire. La question porte en elle-même le principe de la solution. Essayons de l'y découvrir.

D'après Herbert Spencer, qui a donné à l'empirisme sa forme la plus heureuse, deux représentations qui ne s'évoquent pas toujours l'une l'autre, qui ne sont pas encore dans un état parfait de cohésion, constituent un souvenir. Deux représentations, dont la première conduit invariablement à la seconde, qui forment un groupe indissoluble, constituent un principe. S'il se rencontre en nous des associations encore chancelantes, et d'autres qui sont ou du moins paraissent définitivement fixées, il faut en chercher la raison dans l'expérience elle-même. Les premières se composent de termes qui ne se présentent pas toujours dans le même ordre. Les secondes sont l'effet de certaines énergies, qui, depuis que l'être conscient est sorti de l'homogène, se manifestent toujours à lui dans le même rapport de simultanéité ou de succession. Ces associations vont se consolidant sans cesse pendant le cours entier des âges. Les représentations qui les forment se sont enchaînées, rivées l'une à l'autre. Contre l'œuvre de tous les siècles et de toutes les générations, nous ne pouvons rien et nous déclarons nécessairement lié ce que notre faible individualité ne saurait rompre. Pourquoi voyons nous chaque chose sous la double forme de l'espace et du temps? Parce que l'espace et le temps se sont toujours mêlés à tout ce que le genre humain a jamais imaginé ou senti. Il en va de même de la causation qui ne peut être que la succession invariable de certains phénomènes. Ainsi l'expérience suffit d'elle même à élever en nous tout l'édifice de nos connaissances : elle fait nos idées et leur liaison.

Cette théorie a pour elle, comme beaucoup d'autres, le prestige fascinateur de la science. Mais qu'on lui fasse subir le contrôle des faits, qu'on la mette à l'épreuve de l'observation intérieure, et l'on remarquera bien vite qu'elle est à la fois gratuite, incomplète, erronée.

S'agit-il de simples images, essaie-t-on, par exemple, de répéter une formule apprise par cœur; l'attention qu'exige une action de ce genre est à peu près nulle. Elle devient de moins en moins nécessaire, à mesure que la mémoire est plus sûre. Il se peut même que son intervention soit nuisible. Il suffit parfois de penser à ce que l'on déclame pour que la chaîne des représentations se brise, et que tout se dissipe. Veut-on comprendre, au contraire? Est-il question de trouver une vérité ou de la concevoir à nouveau? Il y faut de la réflexion, rien n'avance que par là. La série des phénomènes ne se produit plus en nous sans nous. Elle commence avec l'effort de la pensée, se développe et finit avec lui.

Ce n'est pas tout. Supposez qu'on fasse apprendre à un enfant quelques chapitres de géométrie, sans lui donner l'intelligence des théorèmes qu'ils contiennent, qu'arrivera-t-il? Cet enfant sera capable de réciter les pages qu'il a gravées dans sa mémoire. Mais là s'arrêtera son pouvoir; on aura beau le presser de questions, il n'ira pas plus loin. Qu'on vienne au contraire à lui démontrer les vérités dont il ne tient encore que l'écorce matérielle, aussitôt s'éveillera dans son esprit toute une série d'idées, et de rapports d'idées que la simple intuition des figures ne lui révélait pas. Puis, s'il est supérieurement doué, si c'est un Pascal par exemple, il dépassera d'un bond la frontière des impressions acquises et s'en ira avec ce qu'il sait à la découverte d'idées qu'il n'avait jamais eues, qu'il n'avait encore trouvées ni dans l'expérience intérieure ni dans l'expérience extérieure.

Non seulement la série des idées ne se déroule pas automatiquement comme celle des images, non seulement elle nous emporte plus loin que la série des images; mais encore elle nous permet de la contrôler, de l'invertir. L'intelligence intervient de son chef dans le domaine de l'imagination, défait les groupes que le temps y a consolidés, pour en faire d'autres plus conformes à ses lois. A ne consulter que l'expérience, le Soleil ne dépasse pas en grosseur une meule de moulin. Le raisonnement nous révèle que son volume vaut 1.300.000 fois celui de la Terre. On a cru, pendant de longs siècles et sur la foi de l'expérience la plus invariable, que la Terre était immobile au centre du monde, qu'il n'y avait pas, qu'il ne pouvait y avoir d'antipodes. Le raisonnement fondé sur l'observation, mais la dépassant de l'infini, est venu nous apprendre que c'était une double erreur. La science est pleine de trouvailles de cette nature, et plus elle grandit, plus elle s'affermit, plus aussi elle en accroît le nombre.

D'où viennent ces différences significatives? A quoi tient que nous assistons au déroulement des images, tandis que nous produisons le déroulement des idées? Pourquoi les images sont-elles stériles et les idées fécondes? Comment pouvons-nous à l'aide de nos idées contrôler l'ordre des images? Ces trois faits dérivent d'un autre fait, qu'on a perdu de vue, mais qu'on ne saurait contester : nous percevons le lien de nos idées, nous ne percevons pas celui des images. Si je vais de la pensée à l'idée d'être, à l'idée de conscience, et de quelque objet qui termine cette conscience, c'est que la pensée enveloppe ces différentes choses dans son concept. De même, 2 + 3 évoquent en moi l'idée de 5, parce que la somme de ces deux nombres donne nécessairement un autre nombre et rien qu'un, qu'on est convenu d'appeler cinq. Il existe entre mes idées comme une traînée de lumière qui me permet de passer de l'une à l'autre, et de voir par où j'y passe. Et voilà comment je suis à même de découvrir non plus seulement par l'expérience, non plus seulement par voie de constatation, mais par voie de déduction. Voilà comment on a créé les sciences mathématiques et comment on les développe à chaque instant. C'est aussi sur l'intuition du lien des idées que se fonde nécessairement toute métaphysique. On s'élève au-dessus des faits en suivant avec attention la trame multiple et délicate des idées qu'ils contiennent ou qu'ils impliquent de quelque manière. Il en est tout autrement de l'ordre des images. Quand je prononce le nom de rose, l'image de l'une de ces fleurs s'éveille en moi ; et réciproquement, si je vois une rose, je m'en rappelle le nom. Mais pourquoi cette évocation mutuelle? Je l'ignore, ou si j'en sais quelque chose, c'est à l'aide d'hypothèses fondées sur de vagues et longues inductions. Je ne vois bien qu'une chose, la contiguïté d'une rose et de son nom. La raison pour laquelle le signe et l'objet s'appellent l'un l'autre, reste dans le domaine de l'inconscient. Aussi, qu'un beau jour la vue d'une rose vienne à ne plus m'en suggérer le nom, je ne trouve aucun moyen précis de le faire réapparaître. Je manque de fil conducteur pour aller d'une image à une autre image : je n'invente pas avec de simples images.

Les empiristes dénaturent le vrai rapport du lien logique à la conscience. Ils en font un inconnaissable ; son essence est d'être connu. Que devient, d'après leur théorie, le caractère interne de ce lien ? Le témoignage formel, indiscutable de la conscience, c'est qu'il est absolu, c'est qu'il n'y a ni temps ni lieu où ce lien puisse changer. Ce fait conserve-t-il encore son caractère original, si l'on ne voit dans l'idée qu'une simple image ? Non. Sur ce point, comme sur les autres, sur ce point fondamental l'empirisme est en défaut. Qu'on allonge autant qu'on voudra les périodes géologiques, qu'on multiplie à plaisir le nombre des siècles qui nous séparent de l'origine du monde, qu'on attribue au cours de la nature la régularité la plus rigoureuse, on ne fera jamais que deux phénomènes qui se sont une fois produits dans un simple rapport de contiguïté, qui n'ont entre eux d'autre relation que leur contact physique, acquièrent à la longue et par la seule force de leur durée une liaison véritablement nécessaire. Au bout de cent millions d'années, ils seront comme au début l'un à côté de l'autre, sans dériver l'un de l'autre. Le temps, ne faisant que répéter les mêmes phénomènes dans le même ordre, ne suffit pas à changer la simultanéité ou la succession en dépendance essentielle. Tout ce qui peut résulter d'une longue contiguïté de deux représentations, c'est une sorte de soudure de plus en plus intime, et cette solidarité toute physique ne change de nature qu'aux yeux de l'imagination. La raison n'y voit toujours qu'une simple agglutination, qu'une liaison de fait.

On dira peut-être que le lien de nos idées n'est pas une dépendance objective, qu'il le faut situer dans l'ordre des tendances, non dans celui des représentations. On dira peut-être que la nécessité logique n'est autre chose qu'une habitude, qui a fini avec le temps par devenir un besoin irrésistible, une sorte de contrainte. Mais alors on se heurte à de nouvelles difficultés : on admet des jugements qui consistent en ce qu'étant données deux représentations en simple rapport de fait, nous nous sentons forcés d'affirmer un rapport de nécessité. Or, nous l'avons déjà mis en lumière, une interprétation de cette nature est de tous points contraire aux données de l'observation. Ce n'est pas dans la région de nos tendances, mais entre nos idées elles-mêmes que réside le lien de nos idées.

Le lien de deux idées ne consiste pas dans une impulsion subjective ; c'est un enveloppement de l'une par l'autre. Quand j'affirme que B dépend nécessairement de A, je ne le fais pas en vertu d'une contrainte aveugle. La contrainte d'affirmer est un fait dérivé : elle vient d'une intuition. J'affirme que B ne peut se séparer de A, parce que B est de l'essence de A, parce qu'il se trouve impliqué dans le concept de A. J'affirme la nécessité, parce que je la vois, et je la vois comme une dépendance objective, comme une connexion essentielle des idées dont je l'affirme. Dire par conséquent que la nécessité de rapport est une simple tendance, la rejeter dans l'ordre des instincts, c'est méconnaître la place qu'elle occupe dans la conscience, c'est changer la nature des faits pour les assouplir aux besoins d'une théorie. De plus, en commettant une si grave erreur, on ne réussit pas mieux à expliquer le caractère absolu de la nécessité logique. La contrainte physique et subjective sur laquelle on se rabat, est une nécessité toute relative. Quelle que soit l'énergie d'une tendance, on conçoit toujours qu'elle pourrait ne pas être. On imagine une force plus grande qui pourrait la supprimer ou tout au moins en arrêter l'exercice. Autre est la nécessité de rapport que soutiennent deux ou plusieurs idées. Cette nécessité ne peut rencontrer d'obstacle nulle part. Quand j'ai compris une bonne fois que la surface d'un rectangle est égale au produit de sa base par sa hauteur, je n'imagine plus aucun temps, aucun pays, aucune hypothèse où cette proposition puisse être fausse.

L'empirisme n'explique donc ni la manière dont les idées se manifestent à la conscience, ni leur puissance inventive, ni l'intuition que nous avons du lien qui les unit, ni le caractère absolu de ce même lien. De quelque façon qu'on envisage la nécessité de rapport, qu'on l'étudie dans les faits qui la supposent, dans ses relations avec l'esprit qui la perçoit ou dans sa nature elle-même, ce système reste toujours à court.

En somme, l'empirisme n'est pas plus heureux que l'innéisme. Il ne donne pas une interprétation plus satisfaisante de l'abstrait, de l'universel, du nécessaire : il n'explique pas mieux l'idée et pour la même raison : on n'y trouve pas la notion de la véritable énergie de l'entendement humain. A quelque expédient que l'on ait recours, aussi longtemps qu'on laissera les impressions sensibles s'amortir et s'agglutiner dans la conscience, on ne fera jamais que le concret s'élève de lui-même au-dessus du concret, on ne fera jamais que le concret cesse d'être individuel ou que le heurt physique de ses éléments ne soit plus un rapport de fait. Pour expliquer l'abstrait et par là même le possible, l'universel, le nécessaire, il faut accorder à l'âme l'activité; il faut supporter dans cette activité non seulement le pouvoir d'associer ou de dissocier les éléments du concret, mais encore la force de saisir dans le concret la nature qui le constitue. La connaissance suprasensible reste tout entière à l'état de mystère, si l'on n'a pas recours à la solution aristotélicienne.

Comment se fait-il qu'à notre époque on n'ait pas remarqué cette énergie inventrice de notre entendement ou que du moins on n'en ait pas vu le rôle capital? Il faut en chercher la cause principale dans le développement des sciences de la nature. A certains points de vue, ces sciences ont exercé sur la philosophie une influence heureuse; elles l'ont rappelée des rêveries métaphysiques à l'observation rigoureuse des faits. Mais on peut dire aussi qu'elles en ont faussé la méthode. A force d'étudier la nature, l'homme s'est oublié lui-même. On a voulu tout juger du dehors, même le dedans, lorsque c'est par le dedans que nous jugeons nécessairement de tout le reste. De là ces théories absolues, où l'on applique à l'esprit des lois qui n'ont d'autre fondement qu'un certain nombre de phénomènes matériels. De là cette vue scientifique d'après laquelle tout serait mouvement, y compris la pensée, et cette autre hypothèse plus générale d'Herbert Spencer, où tout ce qui compose l'univers, depuis le caillou jusqu'aux pensées d'un Pascal et d'un Newton, n'est que la différenciation d'une seule et même force physico-chimique. De là aussi cette notion vague ou cet oubli complet de ce qui fait l'essence même de la raison, à savoir cette énergie originale à l'aide de laquelle nous dégageons de l'individu la nature de l'individu.

Ce n'est pas à dire que l'observation extérieure n'ait aucune importance. Nous croyons au contraire qu'elle a rendu de grands services et qu'elle en rendra de plus grands encore. Entre l'esprit et la matière il y a des liens intimes. Tout fait de conscience réagit sur l'organisme; tout fait organique réagit sur la conscience. Il n'est presque aucun phénomène humain qui ne relève de la physiologie aussi bien que de la psychologie. L'observation extérieure nous fait connaître du dehors ce que la conscience nous montre du dedans. Elle complète l'observation intérieure; mais elle ne peut devenir exclusive. Elle ne peut même prétendre au premier rôle. Car il faut aller en toutes choses du connu à l'inconnu, et ce que nous connaissons d'abord, ce que nous connaissons le mieux, c'est la conscience. De plus, la conscience est le moyen par lequel nous connaissons tout le reste. Aussi peut-on remarquer que la plupart des termes qui nous servent à désigner les phénomènes extérieurs, sont d'origine psychologique : nous attribuons à la matière énergie, force, activité, parce que tout cela se trouve en nous.

CHAPITRE III

L'idée est dégagée du phénomène empirique par l'activité mentale.

L'idée se situe dans le phénomène empirique : elle s'y trouve toujours impliquée de quelque manière. Et pourtant elle ne se ramène pas au phénomène empirique lui-même : car le phénomène empirique, à quelque état qu'on le prenne, qu'il ait toute la netteté première de ses formes ou qu'il soit oblitéré et comme amorti par le temps, n'offre rien à la conscience que de concret, d'individuel et de contingent. Qu'est-ce donc alors que l'idée? Ne sommes-nous pas engagés dans une voie qui n'a d'issue nulle part ? N'est-ce pas le moment d'avouer avec le vieux Socrate : Ce que je sais bien, c'est que je ne sais rien?

Toutefois, ne nous laissons pas décourager. La chasse à la vérité est une sorte de drame intérieur, où l'âme est souvent d'autant plus voisine du succès qu'elle en paraît plus éloignée. Essayons de franchir l'étroit passage où notre esprit se trouve en détresse; peut-être de l'autre côté reverrons-nous la lumière.

I

Un fait certain, c'est que notre intelligence distingue au sein de toute individualité deux choses très différentes, irréductibles l'une à l'autre : l'*essence* et l'*existence*. Soit l'un de ces morceaux de craie dont se servent les mathématiciens pour développer au dehors le mystérieux cortège de leurs formules. Ce morceau de craie se situe à tel moment de l'espace et du temps; il enferme en lui-même un principe intime et spécial qui le fait être celui-ci et non l'un de ses voisins : en un mot, il existe. Mais en même temps il contient tout un groupe de caractères, il enveloppe une certaine essence qui le classe dans la hiérarchie des êtres, en vertu de laquelle il est craie plutôt que cristal, minéral plutôt que plante ou bête. Il présente trois dimensions, il a une forme définie, rectangulaire, ronde ou conique. J'y distingue des plans, des lignes, des points. De plus, si je le saisis avec la main et que j'en applique la pointe sur un tableau noir, je sens qu'il est doué d'une certaine force de résistance. Enfin, les chimistes savent par l'analyse y découvrir toute une autre série de propriétés qui échappent aux profanes. Ce groupe de caractères que l'on découvre en un objet donné, son essence prise à l'état isolé, ou l'un des éléments logiques qui la constituent, voilà l'idée. L'idée est donc quelque chose du phénomène empirique et n'a plus les caractères à l'état brut de phénomène empirique ; elle est quelque chose du concret et n'a plus rien de concret. C'est une propriété ou la nature d'un individu séparée de tout ce qui lui est étranger, arrachée de son enveloppe individuante et comme mise à nu. Et là se trouve la raison pour laquelle les empiristes perdent leur peine, quand ils s'efforcent de la réduire à l'image. L'idée ne s'imagine pas plus que le son ne se voit ou que la lumière ne s'entend : elle traverse en inconnue le monde flottant des phénomènes sensibles et ne se révèle qu'à l'intelligence pour laquelle elle est faite et qui peut seule en jouir.

Mais on ne peut s'en tenir à cette simple constatation. Elle évoque d'elle-même un problème plus vaste et plus profond. L'idée, disons-nous, c'est la réalité concrète, moins le fait de l'existence ; l'idée est l'essence de l'individu considérée à part. Comment se produit cette opération mentale qui contient toute la raison ? L'essence est-elle toute faite dans les choses, antérieurement à la pensée ? S'y trouve-t-elle à l'état formel, si bien que l'entendement n'ait qu'à se tourner de son côté pour la percevoir? Ou bien ne réside-t-elle qu'à l'état implicite dans les replis des phénomènes individuels, et l'intelligence a-t-elle besoin d'une élaboration d'ordre spécial pour l'en faire jaillir?

La première hypothèse est celle dont Platon a fourni la pensée fondamentale, qu'ont remuée en tout sens les réalistes du moyen âge, que Hegel a reprise avec une vigueur géniale; et cette hypothèse trouve encore parmi nous d'illustres et nombreux défenseurs.

D'après ces philosophes, la même idée qui est le mode de notre esprit, ce que tout le monde appelle l'abstrait, est partie et partie réelle du concret, fait le fond des choses; et de là toute une vaste théorie du monde, qui se déduit avec une inexorable rigueur.

D'abord l'idée est essentiellement universelle, et son universalité consiste en ce qu'elle reste numériquement la même pour tous les êtres dont nous l'affirmons. Il n'y a pas plusieurs idées du cercle, plusieurs idées de la volition, plusieurs idées de la lumière ou du son; autrement l'on ne pourrait rien définir. Partant, si l'idée est dans les choses comme en nous, il faut que toute essence, que toute propriété, que toute division logique de la réalité, soit identique chez chacun des individus où nous les concevons. Il n'y a qu'une humanité pour tous les hommes, qu'une animalité pour tous les animaux ; ce qui fait la nature d'une plante est une même chose chez toutes les plantes ; ce qui fait la nature d'un minéral est la même chose chez tous les minéraux. Les individualités les plus différentes ont un point par lequel elles s'identifient et qui est l'être. Non seulement l'idée fait le fond des choses, mais ce fond est un. Les objets qui forment pour nous le spectacle de l'univers, sont des modifications d'une même étoffe, des aspects divers d'une même réalité.

L'idée n'est pas seulement universelle ; elle est aussi nécessaire et doublement, nécessaire dans la connexion des propriétés qu'elle enveloppe, nécessaire en elle-même. On ne peut concevoir qu'une idée cesse un seul instant d'être possible, et puisque, dans l'hypothèse où nous raisonnons, le possible devient le concret, on ne peut concevoir qu'une idée cesse un seul instant d'exister. Le monde est l'être nécessaire ou du moins une face de cet être. Inutile de recourir à des distinctions et d'inventer, pour le besoin de la cause, que l'idée n'est qu'une imitation mentale, tout au plus une impression subjective de l'être nécessaire ; car la nécessité que nous y voyons ne lui vient pas du dehors ; elle tient à son essence. Or ce qui est nécessaire de sa nature ne se crée pas, ne peut être copie ou image.

Ce n'est pas tout. Cette partie de notre esprit qui

perçoit l'idée, la conscience intellectuelle, ne fait pas exception aux lois des choses. Son essence est une chez tous les individus. Il n'y a qu'une seule et même raison pour tous les hommes, pour tous les êtres raisonnables, et cette raison est éternelle comme le monde qu'elle contemple.

Au delà de l'horizon qu'embrasse l'intelligence humaine, de l'autre côté de l'idéal immuable auquel elle demeure essentiellement suspendue, y a-t-il une autre intelligence qui, elle aussi, voit ce que nous voyons, mais qui, plus large et plus puissante, enferme et pénètre tout d'un seul regard? Le fait est possible: car à l'essence des choses s'ajoutent certaines conditions qui font l'individu, et ces conditions peuvent, en un point de la nature, favoriser à l'indéfini le développement de la raison et l'élever à la connaissance adéquate de tout ce qui est ou peut être. Mais, s'il existe un tel entendement, il ne diffère pas radicalement du nôtre. Il est plus grand, mais de la même famille que le nôtre; car il n'y a qu'une raison. Nous sommes Dieu par le fond de notre esprit.

Ainsi, que l'on admette une fois que l'essence est dans les choses à l'état actuel, et l'on va tout droit au monisme; la substance du monde devient une hiérarchie d'idées éternelles, possédées par une conscience également éternelle.

IDÉE ET PHÉNOMÈNE EMPIRIQUE

Mais cette métaphysique brillante qui prétend emprisonner l'univers entier dans le réseau fragile de quelques syllogismes purs, n'a de solide que l'apparence. Elle peut enthousiasmer le poète, car on s'y enivre d'idéal. Mais elle ne résiste pas à l'examen plus austère du philosophe. Elle ne contient de la réalité que le mirage qui s'en produit au regard de notre raison.

En premier lieu, l'on ne peut guère ne pas s'émouvoir des conséquences étranges qu'enveloppe manifestement une semblable doctrine.

Si la théorie de la raison impersonnelle est vraie, il n'y a plus de personnalité. Dans cette hypothèse, en effet, mon intelligence ne m'appartient pas même comme le chien appartient à l'aveugle dont il dirige les pas; ma liberté a moins de rapport avec mon *moi* que le lierre avec l'arbre dont il enlace le tronc et les branches. Ces deux facultés supérieures sont étrangères à mon être; elles ne font pas parties constitutives de mon individualité. Il ne me reste en propre que ma spontanéité consciente. Je sens encore, j'imagine, je désire, je me meus fatalement, à la façon d'une machine qui pourrait avoir le spectacle de son travail. Mais je ne pense plus, je ne raisonne plus, je ne délibère plus, je ne veux plus, je n'ai plus d'action réfléchie ni sur mon organisme, ni sur la nature. Tout ce que je puis dire, c'est qu'il pense, qu'il raisonne, qu'il veut en moi. Qu'on admette la théorie de la raison impersonnelle, et je ne suis qu'un automate : l'ange s'évanouit en moi comme une vapeur subtile, et il ne me reste en partage que la bête. Si du moins je pouvais, d'après cette théorie, conserver la sainte espérance de devenir jamais quelqu'un, de m'élever un jour à la dignité de personne; si cette animalité, qui seule me constitue d'après l'idéalisme rationnel, portait en elle-même un principe de progrès capable de l'acheminer peu à peu vers la pleine possession de soi; si une pareille émancipation paraissait comme idéal à l'horizon de ma vie, j'aurais quelque raison de me consoler en face de cette noble perspective! Mais cette espérance elle-même ne me reste pas; et, dès que j'essaie de dresser ma tête au-dessus de l'étang orageux des instincts, il y a une main qui me refoule, comme les damnés de Dante, une main impitoyable, qui est celle de la logique. Pour connaître la vérité, l'éternelle et sainte vérité, pour monter jusqu'à cette cime de la pensée où se révèle la beauté du bien, il faut que mon désir l'appréhende de quelque manière; mais du moment qu'il l'appréhende, le voilà qui s'identifie avec lui, et qui, par là même, devient impersonnel comme lui. L'effort par lequel je tends à la personnalité, est l'obstacle qui m'empêche d'y atteindre. Je ne puis voir la vérité sans m'y perdre moi-même. Je ne brise le cadre étroit de la passion que pour diminuer mon individualité. Animalité ou impersonnalité, voilà le dilemme de la vie, si l'idée est le fond des choses; entre l'une et l'autre, il n'y a de place que pour le travail de l'imagination.

L'idéalisme hégélien supprime donc la personnalité, aboutissant ainsi, bien que par une voie tout autre, au même résultat que l'empirisme, déflorant l'être humain, lui enlevant au nom de la philosophie ce qui fait à la fois son caractère et sa grandeur. De plus, et c'est la conséquence, l'idéalisme supprime la responsabilité. Que m'importent à moi la raison et la liberté impersonnelles? Elles sont d'un monde qui n'est pas le mien, elles habitent en bienheureuses un ciel fermé à mon humble existence. Ce n'est pas moi qui choisis mes fins, ce n'est pas moi qui pèse mes motifs; ce n'est pas moi qui décide, qui veux, qui meus: tout cela, c'est l'œuvre de l'impersonnel, et par conséquent une œuvre qui ne me regarde pas, à laquelle j'ai encore moins de part qu'à la faute d'Adam, qui m'est aussi étrangère que la lumière est étrangère à l'aveugle. Je n'en réponds donc pas. Et d'autre part, je ne puis davantage répondre des pensées ou actions qui sortent du fond instinctif de mon être. Car cela, c'est une pure nature, et pure nature n'eut jamais d'autre loi que celle de la fatalité. Qu'elle fasse le bien ou le mal, elle est toujours également juste ou plutôt également indifférente à la justice. On ne peut pas plus lui demander compte de ses actes qu'on ne peut s'en prendre à l'acide picrique des victimes qu'il fait en brisant la boîte infernale qui le dissimule. Les idéalistes me veulent à la fois trop grand et trop petit, pour me conserver ma responsabilité. Leur raison me dépasse, et par là même n'est rien pour moi; ils me laissent à la merci de l'instinct, qui fut toujours aux antipodes de la morale. Si du moins l'éternel entendement me prêtait son secours, s'il était à même de me communiquer et sa lumière et son énergie, je deviendrais dans une certaine mesure l'auteur de mes actes, ma conduite pourrait m'être partiellement attribuée, et je garderais ainsi quelque apparence de responsabilité en vertu de cette grâce surnaturelle d'un genre nouveau. Mais cette échappatoire elle-même n'a rien que d'illusoire. La vérité est immuable; l'entendement qui la contemple l'est donc aussi, puisqu'il ne fait qu'une même chose avec elle. Mais dans l'immutabilité pas de choix possible, pas de réflexion, pas de délibération, pas de détermination : tout est, rien ne se fait. La liberté intemporelle n'est pas seulement un mythe, c'est un concept contradictoire. En outre, comme nous l'avons déjà remarqué, on ne gagne rien à supposer que la vérité agit sur le désir, car le désir se perd dans l'impersonnel au fur et à mesure qu'il s'en approche. Enfin, de quelque manière qu'on conçoive l'action de l'impersonnel sur la partie sensible de mon être, elle restera toujours inefficace, vu que la nature obéit à la nécessité, vu que la série des phénomènes qui la constituent ne peut être autrement qu'elle n'est, que rien ne peut ni en rompre ni en changer l'ordre essentiel.

Voilà les conséquences morales de l'idéalisme : elles sont inquiétantes, comme on le voit, et plus d'un homme honnête reculera d'effroi en mesurant leur gravité. Schelling a quelque part cette noble et profonde idée. Il est d'avis que, lorsqu'un système de métaphysique entre en conflit avec les données fondamentales de la science des mœurs, on a par là même un indice certain de son erreur. Il ne reste plus qu'à découvrir le point précis par lequel il pèche. D'aucuns philosophes de notre temps trouveront leur profit à méditer cette pensée du plus illustre de leurs maîtres.

Mais dévidons encore le fil enchevêtré de l'idéalisme. Ce système n'est pas seulement la négation de la personnalité, il est aussi la négation de toute individualité; et, pour faire ressortir cette conséquence inattendue, on n'a qu'à prendre la chaîne de la déduction à l'endroit où les partisans de la raison impersonnelle veulent bien nous la laisser. Vous affirmez qu'il n'existe qu'une essence de l'homme, de l'animal, du cercle, de la réflexion, de la raison, parce qu'on n'a qu'une idée de chacune de ces choses. Mais vous ne pouvez vous arrêter en si bonne voie : il faut ajouter de toute rigueur qu'il n'y a qu'une essence de la sensibilité, de l'instinct, de l'appétit; qu'il n'y a qu'une essence de chacun des phénomènes que produisent ces différents principes d'activité; qu'il n'y a qu'une même essence pour toutes les couleurs, toutes les odeurs, toutes les saveurs, pour tous les éternûments et toutes les toux? Car le principe ne souffre pas d'exception : il n'est pas d'être, si infime qu'on le suppose, pas de fait, si fugitif qu'on l'imagine, où l'on ne trouve un certain nombre de propriétés, qui n'apparaisse du même coup comme éternellement possible, qui n'ait quelque chose d'universel et de nécessaire. Le parfum le plus éphémère, l'éclair même qui traverse la nue deviennent des idées, dès qu'un entendement les perçoit. Il faut donc dire, pour être conséquent, que tous les hommes ont la même sensibilité, la même imagination, la même puissance de désir, qu'ils voient à la fois les mêmes couleurs, qu'ils sentent à la fois les mêmes fleurs, etc. Et c'est là une théorie étrange, que n'approuvera jamais aucun philosophe encore digne de son nom.

Le malheur veut qu'on ne puisse s'en tenir là. Si chacune de nos facultés supérieures et inférieures n'a qu'une même essence, qui se trouve identique chez tous les hommes actuellement existants, qu'ont possédée tous les hommes du passé, que posséderont tous les hommes de l'avenir; s'il est décidément vrai que la nature, avare de son trésor d'être, a cette fureur du monopole, non seulement je ne suis plus une personne, mais je cesse d'être un individu. Impersonnel + fait d'existence, voilà la formule de mon être tout entier; et, parce que le fait d'existence, considéré à part, vidé de son contenu, ne peut être qu'une abstraction, tout se ramène à l'impersonnel en ma nature; tout rentre dans l'océan de l'indéfini. Je ne suis plus; il est.

On nous dira qu'elle est déjà vieille, la méthode qui consiste à dénoncer les contradictions des systèmes philosophiques. Mais qu'importe, si elle est heureuse? Tous les moyens sont bons pour démasquer l'erreur. En spéculation, il n'y a pas de crime à se montrer machiavéliste. D'ailleurs, nous allons entrer plus avant dans le cœur de la question.

On a pu voir que l'idéalisme enveloppe des conséquences manifestement inadmissibles. Montrons maintenant qu'il est en contradiction flagrante avec les données de la conscience.

La pierre de touche de tout système, c'est l'expérience. On a beau glorifier l'autorité du raisonnement et vanter ses découvertes surprenantes ; on a beau tendre toute la force de son intelligence à bien serrer ses idées ; on n'empêchera pas un esprit juste de se dire à lui-même en face d'une construction logique, si solide et si brillante qu'elle paraisse : « Peut-être ; mais il faut voir : plus on raisonne, plus on a de chances de se tromper, car toute synthèse d'idées enveloppe un péril d'erreur. Ce que je vois directement, ce que je sens, ce dont j'ai l'immédiate perception : voilà ce qu'il faut garder envers et contre tout, c'est là l'ancre de la pensée. »

Toute théorie, que les faits viennent démentir, doit être erronée par là même. Or c'est le cas de l'idéalisme dont nous faisons ici la critique.

L'essence ne nous apparaît pas dans les choses à l'état indépendant et séparé. Tout est individuel dans l'individu, tout est concret dans le concret, tout existe dans ce qui existe. Il n'y a pas plus d'essences logiques dans la nature qu'il n'y a des hémisphères dans notre globe avant qu'on y ait tracé par l'imagination la ligne idéale de l'équateur. « Les systèmes, dit Anatole France, sont comme ces minces fils de platine qu'on met dans les lunettes astronomiques pour en diviser le champ en parties égales. Ces fils sont utiles à l'observation exacte des astres, mais ils sont de l'homme et non du ciel [1]. » Cette pensée est juste, quand on l'applique à l'intime union de l'essence et de l'existence au sein de la réalité. Mais la question nous paraît avoir une importance capitale; il faut s'y arrêter.

Lorsque je parcours des yeux les différentes parties d'un tout donné, par exemple, les lettres qui constituent un mot, je trouve ces parties toutes faites d'avance. Pour les percevoir, je n'ai pour ainsi dire qu'à me tourner de leur côté; il en est de même des qualités sensibles d'un objet quelconque. Bien qu'inhérentes au même sujet, ces qualités sont distinctes par elles-mêmes : il existe entre elles une ligne réelle de démarcation. Le son n'est pas la couleur et parmi les couleurs le blanc n'est pas le rouge : ces différents caractères des corps m'apparaissent tout formés. Autre est le rapport de l'idée et de la réalité concrète. Le manteau de ma cheminée est un fait; il existe. De plus, il présente

1. *Le Jardin d'Épicure*, p. 133. 1895, Paris, Calmann Lévy.

un certain nombre de caractères qui existent aussi. Je remarque en particulier qu'il est noir; mais cette qualité ne diffère pas de sa propre existence, comme la partie de la partie. Elle ne s'en distingue pas non plus comme de l'étendue où je la vois. Quand je considère la couleur du marbre de ma cheminée, je la vois bien d'une part comme existante, de l'autre en tant qu'elle est telle qualité, en tant qu'elle est noire et non rouge ou blanche. Mais cette multiplicité ne se produit que pour et par mon esprit. En réalité, la couleur et son existence sont fondues l'une avec l'autre; elles ne font qu'une seule et même chose, où tout est noir, où tout existe. Cette identité réelle de l'existence et de l'essence dans la donnée concrète apparait plus clairement encore, si des phénomènes du monde extérieur on passe à l'observation des faits psychologiques. Chacune de mes volitions implique l'existence et quelque chose de plus qui la fait telle plutôt que pensée ou sentiment. Mais, si je viens à considérer mon acte même de volition, si je prends ma volition telle que je la produis, à l'état natif, je n'y trouve point son existence d'une part, et son essence de l'autre; vues dans le concret, ces deux choses ne font qu'un. Ainsi de mes autres phénomènes psychologiques : ainsi de la conscience par laquelle je les saisis dans leur réalité concrète;

ainsi de la conscience rationnelle elle-même qui m'en révèle les caractères. Mais ce dernier point est le plus fortement contesté. Il est bon de lui donner le relief dont il a besoin.

Comme on l'a déjà vu à propos de Kant, la conscience rationnelle est aussi nettement particulière que celle à l'aide de laquelle je perçois le monde extérieur, ou mes états intimes : elle est aussi nettement particulière que ma conscience empirique. Je dis : « Je sens » ; je dis au même titre et pour la même raison : « Je pense ». Je me saisis comme individuel en face de l'impersonnelle vérité aussi bien qu'en présence des faits eux-mêmes. Sans nul doute, quand je remue des idées, quand je me trouve en présence de notions abstraites, je remarque qu'elles forment un monde à part ; elles ne m'affectent pas comme mes impressions sensibles ou mes images. Le logique n'agit pas sur ma pensée de la même façon que le réel ; il a quelque chose de plus vide et de moins vif, il m'apparaît comme un squelette de la réalité. Mais tout autre est le caractère de l'acte par lequel je le saisis. Cet acte est plein de vie, cet acte est individuel, cet acte c'est moi-même. Bien plus, j'y découvre ce que j'ai de plus intime en mon âme. Au-dessous de ma pensée rationnelle s'agite la nature qui a ses lois à elle, dont ma conscience n'éclaire que la surface, que ma volonté ne réussit pas toujours à discipliner, sur laquelle je n'ai qu'un pouvoir indirect et très limité, espèce d'hôte d'humeur indépendante qui porte en lui même son principe d'action. Cette nature est en moi, mais elle n'est pas moi. Cela seul est moi-même, au vrai sens du mot, qui me donne dans une certaine mesure la possession de mon être. Or ce pouvoir mystérieux, c'est la conscience rationnelle ; car cette conscience est réflexion, par là même liberté. Loin d'être bannie des cimes éthérées de l'entendement, ma personnalité ne s'épanouit vraiment que là. Le fait nous paraît avoir la même évidence que celui de la lumière, du mouvement, de la douleur. Si l'on a l'audace de le contester, il faut tout nier ; il faut nier jusqu'à la réalité des phénomènes qu'aucun philosophe n'a pu contester, car la conscience rationnelle est un phénomène au même titre que la sensation.

Sans doute il y a derrière le fait de la pensée rationnelle une réalité plus riche et plus profonde où elle puise sa vie ; mais cette réalité n'est pas une simple abstraction, puisqu'elle est une source d'énergie ; elle ne peut être que vivante, actuelle, individuelle comme l'acte qui en dérive. Une machine qui n'est encore que logique ne produit pas de travail, si bien conçue qu'elle soit. D'ailleurs, il faut ici lever une équivoque fâcheuse. Quand on parle de pensée, on se figure toujours une sorte de phénomène détaché du sujet dont il dépend, et qui par là même ne nous apprend rien sur sa nature. Depuis Hume, et surtout depuis Kant, on a cru voir comme un abîme infranchissable entre la substance et ses modes. Or il n'y a là qu'une dangereuse fiction. En fait, ma sensation, c'est moi qui sens ; mon émotion, moi qui jouis ou souffre ; ma volition, moi qui veux ; et de même ma conscience rationnelle, c'est moi qui pense ou raisonne. Pensée, sensation, volition, considérées comme telles, ne sont que des substituts logiques de la réalité, de vides abstractions. Pour connaître le rapport de ces états divers avec le principe vivant dont l'esprit les a tirés, il faut remonter à leur origine, les saisir à l'état brut, au moment où ils passent de l'inconscient au conscient ; ils changent alors d'aspect et ne sont plus que le sujet pensant lui-même qui s'appréhende dans son activité.

Je sens que ma conscience rationnelle m'appartient au même titre que ma sensibilité ; je sens que je suis tout entier circonscrit en moi-même. C'est là un fait immédiatement donné. Le même fait se révèle d'une autre manière, si, au lieu d'observer la raison elle-même, on tourne son attention vers l'idéal qu'elle contemple. J'ai ma manière à moi de faire surgir les notions et les principes que ma pensée recèle en son sein. Le champ de mon entendement varie à toute heure et d'après des lois qui tiennent à mon individualité. Je ne réfléchis pas à la même chose, je ne me préoccupe pas des mêmes questions que les autres êtres raisonnables. Or ce caractère tout personnel que revêt en moi la marche des idées ne s'explique pas, s'il n'existe au monde qu'une seule et même conscience intellectuelle, un seul et même regard de la pensée pure. Chacun devrait, dans cette hypothèse, connaître à tout moment ce que connaissent tous les autres hommes qui s'agitent à la surface de notre planète : je devrais savoir à l'heure actuelle les calculs stratégiques que font les officiers japonais pour organiser la prise de l'île de Ma-Kung. Supposez que tous les hommes n'aient en commun qu'un organe de la vue, ils n'auraient par là même qu'un seul champ de vision. Il se produirait nécessairement quelque chose d'analogue dans l'ordre intellectuel, s'ils n'avaient qu'une même pensée pour saisir l'éternelle vérité : ils auraient tous à la fois les mêmes représentations.

L'interprétation idéaliste ne peut donc se défendre que très difficilement : le vrai, c'est qu'au sein des choses l'essence et l'existence se fondent en un même tout. Elles ne se distinguent formellement que dans la pensée; elles ne se divisent que pour l'esprit qui les connaît. Si de grands philosophes ont été d'une opinion différente, s'ils ont parlé de propriétés en soi, d'essences en soi, d'idées subsistantes, c'est qu'au lieu d'observer sur le vif, ils n'ont considéré que les traits logiques de l'être vivant. Ces philosophes se sont enfermés dans leur raison; puis, ils ont cru que le monde disséqué, amorti et vidé qu'ils y voyaient était encore le monde réel. Un peu plus de psychologie, un peu moins de métaphysique : et ils auraient vu tomber, comme un rêve, leurs magnifiques palais d'idées.

Jusqu'ici nous savons deux choses : 1° il y a deux principes en tout phénomène empirique, l'essence et l'existence; 2° ces deux principes ne s'y montrent pas à découvert, ils n'y sont pas formellement distincts comme dans la pensée.

Peut-on préciser encore le rapport de l'essence à l'existence ? La chose paraît possible au prime abord. Nous connaissons à la fois le phénomène empirique à l'état natif, l'essence logique qui s'en dégage sous le regard de l'esprit, et l'acte intellectuel lui-même qui la fait jaillir : si bien que la question semble de nature purement psychologique. On dirait, de premier aspect, que, pour connaître le rapport de l'essence et de l'existence, il suffit de se regarder vivre. Mais ce n'est là qu'une trompeuse apparence, le problème a d'insondables difficultés. D'abord, nous avons plutôt le sentiment que la claire vue de nos états intérieurs, et l'acte intellectuel ne fait pas exception à la loi. On sent, quand on y applique la réflexion, qu'il ne se laisse pas totalement pénétrer par la lumière de la pensée : il y reste un fond obscur. De plus, l'essence et l'existence ne se montrent à nous que d'un côté. L'une et l'autre tiennent aux racines mêmes de la réalité métaphysique et débordent par là même l'étroite limite de notre conscience. Celui-là seul a l'idée adéquate de leur intime rapport, dont le regard embrasse tous les contours de l'être et en sonde les profondeurs.

Si l'intuition ne suffit pas à déterminer le lien qui rattache l'essence à l'existence, la déduction n'y peut-elle pas réussir ? Pas complètement non plus. La déduction aussi nous laisse dans la « tempête », pour employer une expression de Platon. Ce qu'on peut dire de plus clair, c'est que l'essence et l'existence sont deux aspects *physiquement* indivisibles de toute réalité concrète. L'essence privée de l'existence s'évanouit comme une bulle de savon; et rien ne peut exister qui n'ait une certaine essence.

De cette longue analyse se dégage la conclusion à laquelle nous voulions aboutir.

1° Si l'essence logique n'est pas toute faite dans les choses, il faut que l'esprit l'en tire par son activité.

2° Si l'essence logique disparait dès qu'elle ne se fonde plus sur le concret, l'esprit, par son travail, ne la sépare pas physiquement de l'individualité qui l'enveloppe ; il ne fait qu'en tracer les contours, et ce tracé tout idéal, qui commence et se poursuit par son opération, cesse aussi avec elle.

3° Ce travail de l'esprit d'où sort l'essence à l'état pur, n'est pas une intuition semblable à celle que l'on acquiert des éléments d'un concept une fois donné ; car il porte sur un objet qui ne la contient que virtuellement. Il existe dans l'intelligence une force native, et d'un ordre à part, en vertu de laquelle elle coupe le fil qui soude au sein des choses l'intelligible au fait de l'existence ; et cette force est la condition préalable de la connaissance rationnelle.

4° Il y a donc une forme innée de l'entendement : nous mettons quelque chose de nous-même dans ce que nous concevons, et Kant a raison à ce point de vue. Mais cette forme n'est pas statique : c'est l'activité primitive et spontanée de l'intelligence. De plus, la relativité qui résulte de cette forme, et qui se situe entre l'idée elle-même et le phénomène empirique, ne demeure pas inconsciente ; nous nous en rendons compte. « Notre intelligence, dit très justement l'abbé de Broglie, ne nous trompe pas, parce qu'elle sait ce qu'elle fait, parce qu'elle corrige elle-même ce que sa conception a de nécessairement différent de ce qui est dans la nature. Elle divise l'indivisible ; mais elle sait que ce qu'elle sépare idéalement est réellement et nécessairement inséparable[1]. »

5° De là découle la définition de l'idée que nous cherchions : l'idée est le contenu logique des choses, et ce contenu n'existe à l'état formel que pour et par l'esprit[2].

Mystère, nous dira-t-on ; oui, mystère, mais ce mystère est manifestement supérieur aux théories précédemment exposées. D'abord, il n'entraîne pas de contradictions. De plus, il est conforme, de tous points, aux données de l'expérience ; il est en harmonie avec ce que nous sentons, avec ce que nous

1. *Le Positivisme et la science expérimentale*, t. I, p. 177-178.
2. Voir dans *l'Intellect actif*, p. 123-135, quelques hypothèses sur la nature de l'opération intellectuelle par laquelle on passe du réel au logique ; ici nous nous arrêtons à ce qui est certain. Voir aussi la récente thèse du R. P. Peillaube, intitulée *Théorie des concepts*, dont l'auteur, après avoir largement moissonné dans nos terres, nous cite pour nous critiquer et nous critique sans nous comprendre. Notre avis, à nous, est que l'acte original par lequel l'intelligence opère sur les données empiriques, résiste, comme l'émotion ou l'acte libre, à toute définition vraiment positive : il y reste un résidu impénétrable.

vivons. Enfin, il va plus loin que l'innéisme, où l'on se contente d'imaginer soit des idées, soit des formes *a priori :* il pénètre jusqu'à l'activité de l'entendement, et montre d'une manière assez précise comment il façonne l'intelligible. Et ces trois traits de supériorité nous suffisent. Vouloir tout expliquer, c'est tenter un effort qui dépasse l'humaine nature. On ne sait le dernier pourquoi de rien ; et, si toute science débute par l'ignorance, c'est aussi là qu'est son terme.

II

Notre esprit est doué d'une certaine puissance d'analyse qui part du concret, mais le dépasse ; qui pénètre jusqu'à sa nature et la saisit en elle-même, à l'exclusion de toute autre considération. L'abstrait est le résultat de l'activité mentale.

Mais l'idée n'est pas seulement abstraite, elle revêt dans l'entendement un autre caractère, qui paraît encore plus original et plus éloigné des êtres individuels. L'idée est quelque chose d'un qui convient d'une certaine manière à une multitude indéfinie d'individus, qui peut se réaliser dans tous les temps et tous les lieux, et autant de fois que l'on voudra : l'idée est universelle. D'où vient ce nouveau caractère ? Nous avons passé du concret à l'abstrait; comment passer de l'abstrait à l'universel?

Le moyen de résoudre cette épineuse question, contre laquelle sont venus se briser tant de généreux efforts, c'est d'en préciser le sens.

L'universalité ne consiste pas en ce qu'une *idée en soi* se puisse répandre identique à elle-même dans une série indéfinie d'individus. Par exemple, l'universalité de l'essence humaine n'est pas une propriété en vertu de laquelle cette essence descend des hauteurs de l'absolu pour se communiquer à tous les hommes qui existent ou peuvent exister. Comme on l'a vu à propos de l'idéalisme hégélien, les individus sont clos en eux-mêmes, chacun d'eux a le monopole de l'étoffe dont il est formé. Ma conscience n'est pas et ne peut être celle de mes voisins; et il en va de même pour tout le reste. Chaque être est incommunicable, chaque être reste lui-même, aussi longtemps qu'il est. Si l'on veut comprendre ce que c'est que l'universalité, il faut s'en faire une notion moins métaphysique; il faut éviter de prêter aux choses une unité qui n'a de sens que dans la pensée. L'universalité ne consiste pas dans la possibilité de réaliser le même, mais le semblable. Je trace un cercle sur un tableau, et je conclus que l'on peut tracer d'autres cercles pareils à celui-là, qu'on le peut à l'indéfini. Je vois une rose dans un jardin, et j'infère que, puisqu'il existe une rose au monde, il n'y a pas de répugnance interne à ce qu'il en existe d'autres, et d'autres encore, pourvu qu'il se trouve une puissance capable de les produire dans la nature. Sous le choc des faits s'éveille en ma pensée l'essence logique des faits, et ce type idéal lui-même m'apparaît doué d'une aptitude naturelle à devenir l'exemplaire d'autres cas analogues. L'universalité, c'est l'imitabilité.

Dès lors le problème devient plus facile ; la notion d'imitabilité peut, comme l'abstrait, s'expliquer par l'activité mentale.

D'abord l'expérience la contient d'une certaine manière ; elle a son fondement dans les individus eux-mêmes. Soit une statue de Jeanne d'Arc, celle de Marie d'Orléans. Cette statue enveloppe dans sa réalité physique quelque chose d'essentiellement imitable : la preuve, c'est qu'on en a fait et qu'on peut encore en faire des copies et de toutes dimensions. Et il en est ainsi de chaque phénomène une fois donné. Il s'agit donc simplement de savoir comment l'intelligence élève à l'état logique ce que l'expérience renferme à l'état physique. Or, ce procédé, on le peut indiquer. Qu'y a-t-il d'imitable dans les objets réels, par exemple dans le chef-d'œuvre dont on vient de parler? Ce n'est pas la matière dont il est fait, ce n'est pas non plus ce principe intime et mystérieux en vertu duquel cette matière est tel morceau de bronze et non un autre; car ces deux choses peuvent changer, et la possibilité de reproduction demeure tout entière. Ce qui s'imite dans les individus, c'est leur forme, c'est l'idéal qu'ils représentent, c'est leur essence. Par conséquent, on est sur le chemin qui mène à la découverte de l'imitabilité, quand on a le pouvoir de découvrir dans les faits l'essence des faits. Or, ce pouvoir, c'est toute l'intelligence.

Telle est, nous semble-t-il, la véritable interprétation de l'universalité; et de cette interprétation découlent deux conséquences qu'il est bon de formuler.

D'abord, elle nous révèle en quel sens l'idée est une pour tous les êtres qu'elle signifie, en quel sens elle est multiple. Je n'ai qu'une seule et même idée du cône. Il me suffit de concevoir le cône une bonne fois pour y voir qu'il est réalisable dans tous les temps et tous les lieux, autant de fois que l'on voudra. Mais on ne peut dire en aucune manière que l'idée du cône qu'a Pierre ou Jean soit identique à celle dont j'ai moi-même conscience. Que je considère cette idée en tant que pensée, ou bien en tant que représentative d'une chose qui diffère de mon être, elle est toujours mon acte et partant ne peut exister qu'en moi. En d'autres termes, il n'y a qu'une idée d'une seule chose chez un seul individu; il y a plusieurs idées d'une seule chose chez plusieurs individus.

De plus, la même notion de l'universel nous éclaire sur la difficulté que les réalistes du moyen âge élevaient contre l'individualité de la raison. Si l'idée est universelle, disaient-ils, ne faut-il pas que la conscience qu'elle informe le soit aussi? L'objection nous paraît irréfutable pour qui voit dans l'universel une sorte d'entité platonicienne qui se trouve numériquement la même dans plusieurs individus. Mais elle perd sa force, dès qu'on attribue à cette notion un sens plus psychologique. Si l'universalité d'une idée n'est que son aptitude indéfinie à servir d'original, si cette idée elle-même n'est autre chose que le concret moins l'existence, c'est-à-dire le concret incomplètement perçu, elle reste encore particulière à sa façon, et la pensée ne se perd pas dans le grand tout pour la concevoir.

III

Il nous reste à parler de la nécessité. Il y a d'abord, comme nous l'avons vu plus haut, une sorte de nécessité, qui consiste en ce que chacune de nos idées soit éternellement supposable et que nous appelons intrinsèque. De celle-là nous n'avons que quelques mots à dire. Elle a son fondement dans l'universalité elle-même. Elle en est un corollaire immédiat ou plutôt un aspect. On ne conçoit pas, en effet, qu'une chose qui est de sa nature apte à l'existence, puisse un seul instant cesser de l'être. On ne conçoit pas qu'une convenance logique une fois donnée vienne à ne plus se produire, les termes étant de nouveau mis en présence. Bossuet a dit : « Qu'un moment rien ne soit, éternellement rien ne sera. » On peut dire avec le même droit : qu'une chose soit un moment possible, éternellement elle le sera.

L'esprit est doué d'une puissance d'analyse, en vertu de laquelle il s'élève de l'universalité à la nécessité intrinsèque : Il l'invente. En est-il de même de la nécessité de rapport? Cette question demande un peu plus de détails. Pour la traiter avec bonheur, il faut d'abord délimiter le domaine de la nécessité. On l'a trop élargi ; on a voulu tout ramener à la nécessité dans l'esprit et dans les choses, afin de tout ramener à l'unité, et l'on s'est vu contraint de recourir à des théories erronées, pour expliquer des rapports logiques que la conscience dément. Parcourons nos différents ordres de connaissances et cherchons avec soin où se trouve la vraie nécessité, où elle ne se trouve pas.

En mathématiques, il n'y a place que pour la nécessité. Si j'affirme que dans tout triangle la somme des angles est égale à deux droits, ce n'est pas pour l'avoir constaté à différentes reprises, un rapporteur à la main. Si je conclus que, dans une équation quelconque, le produit des extrêmes est égal au produit des moyens, ce n'est pas pour l'avoir toujours vu ou éprouvé. En mathématiques, nous saisissons quelque chose de plus que nos idées : nous percevons leurs rapports, et ces rapports sont absolus. Une figure géométrique une fois donnée, mon entendement s'élève de lui-même aux idées qu'elle contient, et voit dans ces idées une connexion qui ne peut être que ce qu'elle est. Je passe de l'égalité des angles correspondants à celle des angles alternes-internes, de l'égalité des angles alternes-internes à celle des angles alternes-externes, parce que je vois entre toutes ces choses une relation nécessaire. Et il en va de même de toutes les vérités mathématiques. L'esprit y prend pied dans l'expérience et monte à l'infini dans le ciel de l'idéal, conduit par la lumière éternelle des idées.

On peut dire aussi, bien que pour un motif un peu différent, que tout est nécessaire en métaphysique. La métaphysique n'a pour objet ni les faits, ni les lois des faits; car tout cela relève du monde phénoménal. Au sens précis du mot, la métaphysique est la science de la substance. Or, comment connaissons-nous la substance? Dire que nous la voyons à l'état nu, c'est un rêve; car tout agit dans la nature, en nous et en dehors de nous, tout s'enveloppe d'activité. La substance à l'état nu ne peut être que le produit d'une élaboration mentale, un extrait de quelque autre donnée qu'elle-même. D'autre part, atteignons-nous la substance dans son activité? Il est bien difficile de s'en rendre compte. Tout dépend de la nature du mode. Il s'agit de savoir si le monde n'est que la substance elle-même dans tel état ou si c'est une réalité qui s'en distingue, bien qu'elle en dérive. Il s'agit de discerner si le mode n'est que l'être de la substance ou s'il a son être à lui. Or, sur cette question les philosophes ont toujours été divisés et l'on ne voit aucun moyen de les mettre d'accord. Le problème n'a pas de solution. Pour le résoudre, il faudrait pénétrer une bonne fois au delà du mode, aller jusqu'à la substance elle-même, en devenir pour ainsi dire la conscience et voir comment elle produit. Mais un voyage de cette nature dans le pays des noumènes est plus difficile que ne l'était le retour des Enfers pour le pieux Énée. Entre la substance et notre conscience il y aura toujours une barrière infranchissable. Les objets extérieurs demeurent séparés de nous et par leurs propres manifestations et par les impressions subjectives qui nous les font connaître. Notre propre sujet est plus près de nous; mais il reste vrai que nous ne le connaissons que dans ses actes. De quelque substance qu'il s'agisse, il arrive toujours que le mode qui nous la révèle, est aussi le voile qui nous la cache. Mais si nous n'avons aucune intuition de la substance, si nous ne la saisissons ni en elle-même ni dans ses modes, quel moyen de l'atteindre ? Nous pouvons d'abord, en remontant des faits à leur cause, nous former de cette cause une certaine idée. Puis nous pouvons analyser cette idée, en développer le contenu, comme nous le faisons des concepts mathématiques eux-mêmes. C'est ainsi qu'on a toujours remonté des phénomènes du monde à l'existence d'une cause première, d'une cause qui ne dépend plus d'aucune autre, qui porte en elle-même la raison de son être, et que, ce concept une fois acquis, on en a toujours inféré qu'il implique nécessité, immutabilité, éternité. C'est ainsi que Platon lui même observe dans son *Phédon* que l'âme vit dans un commerce intime et perpétuel avec les idées, qu'elle est de la famille de la vérité, et que, ce fait observé, il essaie d'en conclure que l'âme doit avoir quelque part au sort de la vérité, qu'elle doit être immortelle. Mais ces deux procédés très imparfaits sont les seuls que nous puissions appliquer à l'étude de la substance ; là est la limite de notre esprit. Par conséquent, passer de l'effet à la cause et déduire, c'est toute la métaphysique. Or, il n'y a que du nécessaire dans ces deux opérations.

En va-t-il ainsi de la science de la nature ? Peut-on soutenir que dans la science de la nature, aussi bien qu'en mathématiques et en métaphysique, tous les groupes d'idées présentent un caractère apodictique ? Un fait certain, c'est qu'il y a dans cet ordre de connaissances certaines liaisons d'idées qui sont vraiment nécessaires. Telles sont celles qui se fondent sur une relation causale entre deux cas. Si l'on a une fois constaté que sous la pression de l'atmosphère une colonne de mercure s'élève dans un tube vide à 0^m76, il faut bien que toutes les fois que l'atmosphère et le mercure se seront replacés dans les mêmes conditions, le même effet se produise.

Mais ces cas de causation sont beaucoup plus rares qu'on ne le pense d'ordinaire. Malgré l'application la plus minutieuse des règles de Bacon, malgré la perfection des instruments dont on dispose à l'heure actuelle et l'attention scrupuleuse avec laquelle on s'en sert, il arrive souvent que la nature déjoue nos calculs et nous fait prendre pour la cause ce qui n'en est que l'accompagnement. On croit avoir démontré, par exemple, que la cause du son est un mouvement, et l'on en donne cette preuve que, lorsqu'on perçoit un son, on observe des vibrations dans le corps qui le produit. Mais qui nous dit que ces vibrations que saisit le tact ou la vue, sont aussi ce qui affecte l'ouïe? Pourquoi ne verrait-on pas dans les ondulations que subit une cloche au contact de son marteau un mode parallèle à la cause de notre sensation auditive? Serait-ce que le son ne signifie plus rien, quand on le projette hors de la conscience? Mais c'est là une manière de voir qui n'a pour elle que l'autorité de l'habitude. Si le son, je ne dis pas le sentiment du son, peut être un mode de notre nature, pourquoi ne serait-il pas aussi un mode des choses? La même observation s'applique à la théorie moderne de la lumière. Rien ne prouve qu'il n'y ait pas dans les corps quelque chose de spécial qui correspond à nos impressions lumineuses et que le mouvement ne fait qu'accompagner. Il est même très naturel de penser qu'il en est ainsi; car pourquoi ne se trouverait-il pas dans la matière un objet pour la vue, comme il s'en trouve un pour chacun des autres sens?

Nous voyons des relations causales où la nature n'en a pas mis, et par là même nous étendons outre mesure le champ de la nécessité. De plus, dans les relations causales qui sont réelles, tout n'est pas absolu, comme nous sommes portés à le croire. Il y reste d'ordinaire une part assez large à la contingence. La réalité est complexe : elle a des ressorts cachés que n'atteignent ni nos sens ni nos instruments; et très souvent c'est au jeu de ces ressorts invisibles que tient le fait qu'il s'agit d'expliquer. Qu'ils viennent un beau jour à manquer, les apparences pourront rester les mêmes, et pourtant l'effet qu'on disait nécessaire, ne se produira plus. Il y a dans le fer une propriété qui le rend attaquable par l'oxygène de l'air; mais, cette propriété, nous ne la voyons pas, nous ne saurions non plus la déduire de ce que nous voyons. Il se pourrait donc que le groupe de qualités sensibles que nous appelons du fer se trouvât en contact avec l'air sans qu'il en résultât de la rouille. Et les cas de ce genre sont nombreux. La plupart du temps, nous ne faisons qu'approcher de la cause des phénomènes à expliquer; nous jugeons de sa présence par un certain ensemble de caractères qui l'entourent d'ordinaire, mais dont nous ne pouvons dire s'ils soutiennent avec elle un rapport apodictique.

Tout n'est pas nécessaire dans les rapports nécessaires que nous révèle la science de la nature. En outre, dans la plupart de ses investigations, cette science n'aboutit qu'à la contingence. Tout d'abord, elle renferme nombre de lois qui ne reposent que sur la *concomitance habituelle* de certains phénomènes. Soit, par exemple, la célèbre loi des corrélations organiques que Cuvier résumait en ces termes : « Tout être organisé forme un ensemble, un système clos, dont toutes les parties se correspondent naturellement et concourent à une même action définitive par une réaction réciproque. » Que trouve-t-on là de nécessaire? Qui m'assure que chez un animal donné les instincts seront toujours en rapport avec les mâchoires, les mâchoires avec les griffes, les griffes avec les dents? Comment établir surtout qu'il existe entre ces choses une liaison qui ne peut pas ne pas être? Tout ce que je sais, c'est que, dans l'état actuel et depuis des siècles, ainsi va le cours de la nature. Mais le passé ne répond pas de l'avenir. Des faits observés, si nombreux qu'on les suppose, ne garantissent pas d'autres faits. Il est vrai que la concomitance perpétuelle et surtout l'adaptation réciproque de certains caractères peuvent m'autoriser à conclure qu'il y a finalité dans le monde, qu'il existe quelque part une intelligence qui travaille d'après un plan déterminé, et que partant il y a des chances pour que tout ne change pas subitement et comme par caprice. Mais tout cela ne prouve qu'une liaison de fait. Et encore cette liaison de fait est-elle assez précaire. Qui sait si la puissance invisible qui meut le monde, n'en viendra pas, pour une raison de nous inconnue, à modifier l'ordre qu'elle a une fois établi? Il en est de même, si l'on passe des phénomènes extérieurs à la psychologie expérimentale, qui n'est qu'un chapitre de l'histoire naturelle. Notre volonté meut notre corps, sans que nous puissions dire comment. Nous ne savons pas au juste si l'intelligence suppose la sensation, la sensation un certain organisme. Nous ne savons pas davantage si la faculté de se représenter les objets enveloppe le sentiment, et le sentiment l'appétit. De bon nombre de phénomènes psychologiques nous ne pouvons affirmer qu'une chose, c'est qu'ils se déroulent dans un certain ordre qui est toujours le même. Il n'y a pas une géométrie du *moi*.

Outre les lois qui expriment le rapport des phénomènes entre eux, il en est qui formulent le rapport des phénomènes à un sujet commun; et celles-là, pour avoir une apparence plus rigoureuse, n'en sont pas moins contingentes. Quand je dis: «Tout animal est vivant, sensible, capable de mouvements spontanés, se nourrit, croît, se propage, vieillit, dépérit et meurt,» je n'énonce rien d'apodictique. Pour qu'il y eût quelque chose d'apodictique dans cette suite de qualités, il me faudrait apercevoir une dépendance essentielle entre chacune d'elles et le sujet commun auquel je les rapporte; il n'en est rien. Mon rôle se borne à généraliser des relations dont j'ignore la nature.

Cette remarque ne s'applique pas seulement à certaines lois de détail. Elle s'étend aux principes les plus élevés de la science de la nature, à ces axiomes dominants et directeurs, sans lesquels le chimiste et le physicien ne peuvent faire un seul pas : je veux parler de la permanence de la quantité matérielle et de la conservation de la force.

Il y a toujours dans le monde, dit-on, la même quantité matérielle, et l'on donne ce principe pour apodictique. Mais où a-t-on vu qu'il en est bien ainsi ? Qui a jamais pénétré assez avant dans la substance corporelle pour y voir qu'il est de son essence de garder à jamais tout l'être qui la constitue ? Et si ce n'est pas du sujet même de la matière qu'on a déduit la permanence de la quantité matérielle, d'où l'a-t-on conclue ? De l'expérience ? Mais l'expérience n'est pas allée et ne peut aller si loin. Moindre est sa portée. Tout ce qu'on a prouvé jusque-là et encore d'une façon très approximative, c'est la permanence du poids. Mais qui nous assure que la quantité matérielle est toujours et nécessairement proportionnelle au poids ? De plus, supposons que tel soit le fait, qui nous en garantira la nécessité ? On en est au même point pour le principe de la conservation de la force. On ne l'a pas démontré par voie de déduction, et l'expérience est impuissante par elle-même à nous en révéler le caractère apodictique. Si l'on venait à constater que les différentes énergies qui s'exercent dans l'univers ne font que passer de la puissance à l'acte et de l'acte à la puissance, sans jamais rien perdre de leur être ; il faudrait encore prouver qu'il n'en peut être autrement. Et c'est là un genre de preuve que ne peuvent fonder ni l'observation ni l'expérimentation. Rien ne se crée, dit-on ; car de rien, rien. Mais ici l'on passe de la science à la métaphysique et à une métaphysique très sujette à caution. Où a-t-on pris qu'il n'existe pas une puisssance infinie et qu'une puissance infinie ne peut, par un acte de sa volonté souveraine, produire quelque chose de nouveau, lorsque nous voyons sans cesse en nous et en dehors de nous de mystérieux indices qu'il y a quelque part une énergie de ce genre ? Tout se meut dans l'univers, tout semble s'occuper à passer de la puissance à l'acte. Or, l'acte n'est-il pas plus que la puissance ? Tout acte n'est-il pas un accroissement d'être ? et, par là même, ne suppose-t-il pas dans le sein du monde une force première et créatrice, qui travaille sans relâche à rendre son œuvre plus active et plus parfaite ?

Nous aboutissons donc à trois conclusions: 1° tout est nécessité en mathématiques; 2° tout est nécessité en métaphysique; 3° il n'y a de nécessaire dans la science de la nature que les liaisons d'idées qui enveloppent une relation causale, et ces liaisons sont rares. Ainsi ce n'est pas seulement le vulgaire, c'est aussi le savant qui reste empirique dans les trois quarts de ses actions. Et si l'on cherche à quoi tient cette différence, si l'on veut savoir comment il se fait que que certaines idées ont entre elles un rapport nécessaire et d'autres un rapport empirique, on en peut fournir deux explications.

D'abord il se peut qu'il y ait réellement du contingent dans la constitution des êtres. Il se peut que certains touts concrets soient composés de pièces séparables. Mais, quoi qu'il en soit de cette vue métaphysique, la question peut se résoudre psychologiquement. La nature du rapport de nos idées vient de la manière dont notre esprit saisit les choses. Si nous voyons clair en mathématiques, si notre intelligence y perçoit la nature de ce qu'elle abstrait, c'est qu'elles ont pour objet la quantité et que la quantité n'est que la superficie des choses. La science du calcul n'est que l'art de combiner des unités, et l'unité est un être considéré en tant qu'il se distingue des autres; c'est ce qu'un être a de plus extérieur. Les éléments de la géométrie sont le point, la ligne, la surface. Or ce sont là des termes de l'étendue ; on en connaît cela ou l'on n'en connaît rien. La causalité nous fait entrer dans l'intérieur de l'être ; pour en avoir une idée adéquate, il faudrait aller jusqu'au fond de la substance, jusqu'à la substance première, voir comment l'énergie sort du sein de la divinité. Mais pris en lui-même, considéré dans tout ce que le monde en sait, ce principe ne nous conduit pas si loin. Il ne suppose que la connaissance des phénomènes et de ce qu'il y a de plus général et de moins profond dans les phénomènes. Tout y dérive de l'idée de commencement, quelle que soit d'ailleurs la nature de ce qui commence. Il est donc naturel que, percevant les phénomènes, nous ayons quelque intelligence de ce principe. Si des faits pris en tant qu'ils commencent et par là même en tant qu'ils supposent quelque autre chose qui les explique, nous passons à la qualité des faits, nous avançons d'un pas dans la constitution intime de la réalité ; mais aussi tout dès lors tend à se revêtir d'ombres, et les reliefs s'effacent. Nous n'avons plus que des notions indistinctes et confuses : son, lumière et couleur, pensée, sentiment, appétit et volition sont choses que nous sentons, bien plus que nous les concevons. Notre esprit les abstrait et les généralise sans les comprendre : il en est comme de notre œil qui ne saisit les objets qu'en gros. Et de là vient notre impuissance à trouver des liaisons nécessaires dans l'ordre de la qualité : nous n'en pénétrons pas la nature, nous n'en distinguons pas les éléments. Enfin, quand nous allons de la qualité des faits à la cause qui les explique et pour en connaître l'essence, tout moyen direct d'établir des rapports nous fait défaut, parce que toute intuition nous abandonne. Nous n'avons plus qu'une lumière réfractée, qui nous vient des faits eux-mêmes. Nous ne voyons plus, nous concluons de ce que nous voyons, de même qu'aux feux de l'aurore on pressent l'approche du soleil. Ainsi l'intuition des liaisons nécessaires diminue à mesure qu'on va de la quantité au concept général de causalité, du concept général de causalité à la qualité du fait causé et de là à l'essence de la cause, à la substance ; parce que l'intuition des termes de ces liaisons et la pénétration de l'être par la conscience se dégradent dans le même ordre. Nous voyons moins nettement à mesure que nous allons du dehors au dedans des choses, à mesure aussi que nous allons du général au particulier, du simple au complexe. Et c'est parce que telle est notre manière naturelle de voir, que les mathématiques ont fait des progrès si rapides et si sûrs, que les sciences d'observation seront toujours réduites, dans la plupart des cas, à des généralisations provisoires ou du moins empiriques, qu'en métaphysique on n'a guère que des approximations.

Nous savons maintenant où se trouve la nécessité, et de là deux avantages : d'abord, nous ne sommes plus exposés à la mettre où de fait elle n'est pas ; et par là même nous ne risquons plus de nous heurter à des difficultés de convention, comme Kant, en prenant pour apodictique la permanence de la quantité matérielle, en faisant de la causalité le lien rationnel de la succession. De plus, tout en écartant les cas fictifs, nous nous sommes avancés vers les cas réels. L'analyse que nous avons faite, nous met à même de préciser la nature de la nécessité, et de sa nature à son origine logique le chemin n'est pas long.

Il existe des cas réels de nécessité. Or, si l'on se reporte aux considérations que nous venons de développer, on voit assez vite que ces cas se ramènent à deux types. Il y a une nécessité qui est la manière dont les propriétés d'un sujet logique se rapportent à ce sujet. Telle est la nécessité mathématique. La définition de la sphère une fois connue, j'y découvre toute une série de corollaires qui ne peuvent s'en séparer et tiennent de plus ou moins près à son essence. J'y vois, par exemple, que toute section faite dans la sphère par un plan est un cercle, que deux cercles tracés à sa surface et à la même distance du centre sont égaux, que tout grand cercle la divise en deux parties égales. Telle est aussi la nécessité métaphysique que nous révèle l'analyse de la substance psychique ou de l'être premier, lorsque la régression des faits à la cause nous en a une fois fourni les concepts. Il y a de plus une nécessité d'un ordre très différent, où l'on ne va plus du tout à ses parties, d'une chose donnée à ce que cette chose renferme comme l'un de ses éléments, mais où l'on conclut de la présence d'un fait à l'existence de quelque autre chose qui n'est enfermé dans ce fait ni comme son élément ni comme un caractère de l'un de ses éléments, qui s'y rattache sans lui appartenir. Outre la nécessité d'inhérence logique, il y a la nécessité causale; et c'est à un lien de cette nature que se réduit tout ce qu'il y a d'apodictique dans les sciences naturelles et dans cette partie de la métaphysique où l'on remonte des faits à la substance.

Mais ces deux sortes de nécessité sont-elles totalement hétérogènes, essentiellement irréductibles l'une à l'autre? N'y a-t-il pas un point par lequel elles s'identifient? Pour tirer la question au clair, voyons au juste en quoi chacune d'elles consiste.

« J'affirme d'une ligne droite, dit Kant, qu'elle est le plus court chemin d'un point à un autre ; et, cependant, le concept de droit n'enveloppe nullement l'idée de court qui se rapporte à la quantité, il n'exprime que la qualité. » Cette manière de raisonner ne nous semble pas juste. Ce que je vois clairement, c'est que le concept général de droit n'enveloppe aucune idée quantitative, c'est que ce concept ne signifie pas autre chose que conformité à une règle donnée. Mais il ne s'agit pas, dans l'exemple cité, du droit pris en général, de la notion la plus abstraite du droit; il est seulement question du droit mathématique. La difficulté consiste donc à savoir si j'ai le concept du droit mathématique, et si ce concept enveloppe la quantité; or, ce sont là deux faits de conscience. Si, lorsque je considère une ligne droite, on vient me dire que je n'ai pas proprement le concept du droit mathématique, mais que ce que j'appelle de ce nom, c'est l'union de deux éléments distincts, du concept général de droit et d'une intuition donnée, j'imagine de mon mieux ce que l'on veut signifier par là; mais je ne réussis point à le concevoir. Cet amalgame d'un abstrait tout fait d'avance et d'un concret à l'état brut m'est incompréhensible. Le fait que me révèle l'observation, c'est qu'une droite, une fois donnée, soit dans mon imagination, soit sur un tableau, je la puis voir non seulement dans sa totalité concrète, mais aussi séparément de son sujet réel, séparément de ses dimensions déterminées, en tant qu'elle est ligne et telle ligne, droite plutôt que courbe. Ce fait est d'une évidence qui s'impose. La manie, si longtemps dominante en philosophie, de tout résoudre par l'*a priori* peut seule expliquer qu'on en ait jusqu'à nos jours méconnu l'autorité. Nous avons le concept du droit mathématique, comme nous avons celui du droit moral, du droit juridique ; et ce concept n'est pas composé de deux pièces dont l'une vient du dedans, l'autre du dehors. Il est pris tout entier de l'expérience ; c'est la nature du concret perçue dans le concret lui-même. Mais, si tel est le concept du droit mathématique, si ce concept n'est que la réalité vue d'une certaine façon, il enveloppe la quantité et l'on peut y voir l'idée de court. Il en est de même de l'exemple tant de fois cité : 5 + 7 = 12. Ici, comme tout à l'heure, Kant fonde son raisonnement sur une équivoque. Il veut, à tout prix, faire du concept de quantité un *a priori*, et former l'idée d'un nombre donné par l'application de ce concept *a priori* à une intuition sensible ; mais, encore une fois, une telle interprétation de l'acte intellectuel est en contradiction flagrante avec l'observation. Je ne vois le nombre que dans une série d'éléments empiriques et comme une face particulière de ces éléments. Le nombre est une série d'objets donnés, vus en tant qu'ils se distinguent les uns des autres, et sous ce rapport seulement. De plus, il est manifestement faux que 5 + 7 ne donnent pas un résultat déterminé, qui est celui-ci plutôt que celui-là. Ce que je ne connais pas encore en analysant le sujet de ce jugement, c'est que le nombre auquel j'aboutis par cette analyse s'appelle douze; et la raison en est simple. Tout mot est un signe arbitraire, et je puis exprimer la même chose par différents termes suivant la langue dont je me sers. Mais quiconque se donnera la peine de réfléchir, verra bien que de l'addition des deux nombres 5 et 7 résulte une somme qui est toujours nécessairement la même : qui dit 12 dit 5 + 7 en un mot. Et il ne faut rien de plus que ces quelques remarques pour établir qu'en mathématiques les liaisons d'idées sont essentiellement analytiques, que leur caractère propre, comme le bon sens de l'humanité l'a toujours reconnu, c'est de se ramener à l'évidence.

La nécessité d'*inhérence* présente le même caractère en métaphysique. Lorsque j'affirme de l'être parfait qu'il est à la fois éternel, immuable, omniscient, tout-puissant, je vois comment tous ces attributs se rattachent à leur sujet commun. L'idée du parfait enveloppe de sa nature tout ce qu'il y a de supérieur dans l'être, toutes les qualités qui n'impliquent pas de défaut : de telle sorte que lui refuser une seule de ces qualités, c'est diminuer son contenu essentiel, la détruire elle-même, l'affirmer d'un côté et la nier de l'autre.

Reste ce fameux principe de causalité qui a fait le tourment de la pensée moderne, dont Hume nous a laissé une analyse à la fois si originale et si pénétrante, qui a suggéré à Kant sa théorie du jugement synthétique et dont les difficultés préoccupent encore tous les vrais philosophes. Est-il bien établi que ce principe soit une pièce à part dans l'édifice de nos connaissances? Ne peut-on pas y trouver un point par lequel il se ramène à l'analyse? Ne reposerait-il pas sur l'évidence comme tout le reste?

Un fait certain, c'est que le principe de causalité n'est pas évident à la manière d'une vérité mathématique. Tout n'y est pas clarté. Il ressemble à la colonne de feu qui précédait les Hébreux dans le désert : il est ombre et lumière. D'abord nous concevons la cause comme une énergie, qui se déploie ; mais l'énergie, nous ne la trouvons qu'en nous-mêmes. Le sens extérieur qui semble nous en donner l'intuition, le sens de la résistance ne nous la donne pas de fait. Il nous apprend qu'il y a un non-moi qui s'oppose à notre activité sans nous révéler ce qui produit cette opposition. La résistance est un mode de notre être. Ainsi, quand nous attribuons l'énergie aux corps qui nous environnent, nous prêtons à la nature entière ce que nous ne sentons qu'en nous, nous prenons notre âme pour le type de l'univers, nous étendons à tous les êtres ce qui tient à la nature d'un seul. Nous faisons une induction où notre esprit peut trouver son plaisir, mais qui ne nous apprend rien de net et de sûr sur la causalité du monde extérieur.

Là n'est pas le fond du mystère. Qui dit cause dit un être qui va de la puissance à l'acte. C'est évidemment vrai du cas où l'effet produit est un mode immanent; c'est aussi vrai du cas où l'effet devient extérieur à sa cause. Car il ne peut y avoir changement au dehors qu'autant qu'il y a changement au dedans. Une chose ne peut en modifier une autre que si elle se modifie elle-même, que si elle passe elle-même de la puissance à l'acte. La question est donc de savoir comment se fait un tel passage. Or ce point fondamental est enveloppé de ténèbres que rien ne peut dissiper. Si l'on suppose que chaque être porte en lui-même la force de passer de la puissance à l'acte, on met l'inintelligible partout. Car un être qui va de la puissance à l'acte, tire de son propre fond quelque chose de nouveau, s'élève du non-être à l'être, du moins au plus : ce que nous ne comprenons pas. Si l'on admet au contraire que chaque chose est mue par une autre, *a* par *b*, *b* par *c*..., on ne peut remonter ainsi à l'indéfini; il faut qu'on s'arrête à un premier être que rien n'ébranle du dehors et qui donne le branle à tout le reste; car la série des mouvements cosmiques est réelle et partant finie. L'indéfini n'est ni ce qui a été ni ce qui est, mais seulement ce qui peut être. Dès lors la question se réduit à savoir comment ce premier moteur auquel on suspend la chaîne des phénomènes, peut exercer son rôle; et le mystère reparaît tout entier. Se prononce-t-on pour Aristote? fait-on du premier moteur un acte pur, essentiellement immuable, parce qu'il est la plénitude de l'activité? Dans ce cas on n'explique pas le changement, on n'explique pas le passage de la puissance à l'acte; car on a beau syllogiser, on a beau mettre son esprit à la torture pour en tirer des distinctions de plus en plus subtiles, il reste toujours clair qu'il ne se produit de changement en dehors de la cause que s'il s'en produit dans la cause elle-même, qu'un changement qui sort un beau jour du sein de l'immuable vient du néant, est un effet sans cause. Si l'être premier est éternellement immobile, il y a par là même éternelle immobilité dans la nature entière; c'est Parménide qui a raison. L'acte pur n'explique pas le passage de la puissance à l'acte; il est trop énergie pour être cause. D'autre part, si l'on admet que le premier moteur se modifie lui-même, afin de modifier tout le reste, si l'on y introduit la puissance, comment peut-il en sortir? Nos principes rationnels sont universels dans ce qu'ils ont de clair. Partant, pour l'être premier comme pour tout le reste, s'élever soi-même de la puissance à l'acte, c'est poser un commencement absolu, aller par ce qui n'est pas à ce qui est, tirer le moins du plus : ce qui nous ramène à l'inintelligibilité déjà constatée. Il est vrai que nous portons en nous-mêmes une énergie de ce genre. Chacun de nous se sent libre, chacun de nous a conscience de produire un effort en partie créateur par lequel il s'arrache à ses penchants pour suivre le devoir ; et cela, c'est proprement passer de la puissance à l'acte. Mais ce fait qui se répète si souvent en nous-mêmes et qui est la marque de notre personnalité, ce fait est sans contredit ce qu'il y a de plus mystérieux dans toute la nature ; de telle sorte qu'il ne peut nullement servir à nous faire concevoir la liberté du premier moteur. Ainsi, de quelque manière que nous envisagions la causalité en tant que passage de la puissance à l'acte, elle résiste toujours aux prises de notre entendement. L'acte pur ne peut être cause; la seule cause est l'être libre, et la liberté ne se comprend guère.

Mais ces obscurités ne portent que sur la manière dont la substance produit son acte. Cet acte, pris en lui-même, nous le voyons, bien que son origine soit ténébreuse, et c'est là le point lumineux dont il faut partir. Or, en partant de ce point, ne peut-on pas établir que la causalité se réduit à l'évidence, aussi bien que les autres principes?

La question se pose sous cette forme : ce qui commence suppose-t-il nécessairement une cause? Lui donner une solution affirmative, c'est faire jaillir du concept de ce qui commence l'idée d'une autre chose qui l'explique. Partant, tout se ramène à l'analyse du *concept de commencement*. Or, cette analyse, il nous semble qu'on ne l'a pas épuisée, bien qu'on l'ait poussée très loin. On a clairement établi qu'un fait qui commence enveloppe deux éléments distincts : 1° Une réalité de telle espèce ; 2° un rapport de cette réalité à un moment antérieur du temps où elle n'était pas; et l'on a justement observé que ni l'un ni l'autre de ces deux éléments n'implique l'idée de cause. Le premier est quelque chose d'absolu, le second une pure succession. Mais là n'est pas tout le contenu logique d'une chose qui commence. Outre une réalité d'une certaine nature et le rapport de cette réalité à un temps antérieur, ce contenu enveloppe un troisième élément que l'influence du phénoménisme a fait oublier, mais qui est capital. Entre l'instant où un être se trouve achevé et l'instant qui précède immédiatement son apparition se produit un mouvement qui va du moins au plus et qui est la formation même de cet être. Ce qui commence se *pose*, se *fait*. Et là se révèle le point décisif. Là gît véritablement le lien causal. Le chercher ailleurs, c'est perdre sa peine. Qu'une chose, en effet, vienne à se poser tout à coup sans qu'une autre la prépare et l'amène ; qu'une chose se constitue d'elle-même sans avoir d'antécédent, c'est un fait qui ne s'entend pas ; et, si ce fait ne s'entend pas, il n'en faut pas chercher la raison dans les lois de l'esprit, mais dans les objets eux-mêmes. Quand je réfléchis à l'idée d'un être qui se fait, j'ai l'intuition très réelle que cet être enveloppe une impuissance radicale à s'expliquer tout seul : je le trouve entaché d'une *insuffisance essentielle*, d'une insuffisance que je n'y mets pas, qui en est un caractère inséparable ; et c'est en vertu de cette insuffisance tout objective que je me dis à moi-même : Il faut qu'il y ait autre chose.

La causalité se ramène donc à l'évidence, comme tout le reste ; et cette évidence n'a pas un caractère absolument spécial, irréductible aux autres formes de la déduction. Elle tient à ce que le concept de commencement enveloppe directement l'idée d'une indigence essentielle, indirectement l'idée d'une cause. Or, cet enveloppement indirect est le propre de toute évidence logique. L'idée déduite est toujours extérieure à l'idée dont on déduit ; le lien seul par lequel on déduit lui est intérieur. En d'autres termes, le conséquent est toujours en dehors de son principe ; la conséquence seule s'y trouve enfermée. On n'argumente pas du même au même, mais du même à l'autre et par le même. Quand je dis que le triangle implique trois angles et que ces trois angles sont égaux à deux droits, je signifie simplement qu'un triangle ne peut être qu'il n'ait trois angles, que ces angles à leur tour ne peuvent être que leur somme ne vaille deux droits. J'exprime que l'intersection de trois lignes, que les trois angles formés par ces lignes sont deux choses essentiellement incomplètes ; non pas que je ne puisse les concevoir en elles-mêmes, mais je n'en acquiers point une connaissance adéquate que je n'y découvre du même coup une répugnance à ce qu'elles se réalisent toutes seules. Il y a dans certaines propriétés une sorte de manque d'être, une exigence constitutive en vertu de laquelle elles ne peuvent exister, si d'autres choses n'existent aussi. Les éléments logiques de la réalité s'emboîtent les uns dans les autres ; et c'est cet emboîtement essentiel qui forme la nécessité de rapport.

La nécessité d'inhérence et la nécessité causale, auxquelles nous avons déjà ramené toutes les liaisons apodictiques, se ramènent donc elles-mêmes à un seul type : l'une et l'autre consistent en ce qu'une chose ne puisse être qu'une autre ou plusieurs autres ne soient aussi ; l'une et l'autre se réduisent à deux intuitions successives, l'une intérieure, l'autre extérieure au terme logique qui sert de point de départ à l'intelligence.

Ainsi, la nécessité de rapport tient au contenu de l'idée, qui n'est lui-même que la loi des faits ; elle est un aspect essentiel de l'idée et c'est l'intelligence qui l'y découvre. Le concret une fois donné, notre esprit en dégage l'abstrait ; les phénomènes une fois fournis, il en met à nu les caractères logiques ; et dans ces caractères eux-mêmes il trouve peu à peu des dépendances objectives qui fondent toutes ses démarches, qui l'élèvent à une compréhension de plus en plus haute de la réalité, d'où la lumière rejaillit et s'épand sur le domaine entier de la connaissance. La raison humaine n'est pas un être mutilé qui a besoin pour s'expliquer de je ne sais quel *Deux ex machinâ* qu'on appelle tantôt du nom de principes innés, tantôt du nom de formes *a priori*. C'est de l'expérience elle-même qu'elle tire ses idées, dans l'expérience qu'elle les perçoit et découvre leur enchaînement. La science tout entière n'est que le produit de son activité s'exerçant sur les données de l'expérience. Et c'est là, nous semble-t-il, une doctrine qui ne manque ni de simplicité ni de beauté.

CHAPITRE IV

Il y a peut-être un innéisme héréditaire.

« Le cerveau, dit H. Spencer, représente une infinité d'expériences reçues pendant l'évolution de la vie en général; les plus uniformes et les plus fréquentes ont été successivement léguées, intérêt et capital, et elles ont ainsi monté lentement jusqu'à ce haut degré d'intelligence qui est latent dans le cerveau de l'enfant; que l'enfant dans le cours de sa vie exerce, fortifie d'ordinaire et rend plus complexe; qu'il léguera à son tour, avec quelques additions, aux générations futures. C'est ainsi que l'Européen en vient à avoir vingt ou trente pouces cubes de cerveau de plus que le Lapon. C'est ainsi que des facultés, comme celles de la musique, qui existent à peine dans les races inférieures de l'humanité, deviennent congénitales dans les races supérieures. C'est ainsi que de ces sauvages, incapables de compter au delà du nombre de leurs doigts et qui parlent une langue uniquement composée de noms et de verbes, sortent à la longue nos Newton et nos Shakespeare [1]. »

Cette pensée du célèbre psychologue nous semble avoir « une âme de vérité ». Elle contient, sous sa forme quelque peu trop matérialiste, une idée nouvelle que l'on peut ajouter avec bonheur aux données traditionnelles de la psychologie de l'intelligence.

Le principe de saint Thomas d'Aquin reste vrai. C'est par l'activité que l'intelligence humaine s'élève du concret à l'abstrait, ou, si l'on veut, du sensible à l'intelligible ; c'est par l'activité qu'elle devient peu à peu l'architecte de tout édifice scientifique. Il n'y a ni principes, ni notions, ni formes, qui lui soient essentiellement et primitivement innés. L'intelligence humaine, à son aurore, était vierge de toute donnée objective. Quand la raison apparut pour la première fois sur la planète, elle ne sortit point tout armée des profondeurs de l'âme ; au monde encore inconnu elle n'apporta que la puissance de le connaître. Tout innéisme, où l'on conçoit la pensée comme pourvue de catégories ou d'idées directrices antérieures aux faits, est une hypothèse dont les progrès de la psychologie ont démasqué l'erreur et qu'il faut écarter désormais du champ de la recherche philosophique.

1. *Principes de Psychologie*, 4ᵉ partie, c. VII, p. 508.

Mais n'y a-t-il pas une autre sorte d'innéisme, qui, loin d'être démenti par l'expérience, y pourrait trouver au contraire un commencement de justification? Jusqu'à nos jours, on a considéré l'intelligence humaine comme un principe qui est resté identique à lui-même dans toute la suite des siècles. On s'est figuré qu'elle était dès son origine ce qu'elle est maintenant. Cette vue est-elle totalement juste? Et peut-on la maintenir intégralement en face de la loi de l'hérédité dont on a montré de notre temps les singulières et surprenantes applications?

Pourquoi l'intelligence humaine n'aurait-elle pas débuté par une certaine éclosion d'énergie consciente, vide au prime abord de toute idée et de toute forme essentiellement inhérente à sa nature, mais qui, en évoluant à travers les âges, se serait enrichie d'un certain nombre d'expériences ancestrales? Nos premiers parents auraient accru par l'exercice la vigueur et le champ de leur pensée, et transmis à leurs enfants quelques parcelles de ce surcroît de vie. Ces enfants à leur tour se seraient élevés à un degré supérieur de développement, dont ils auraient eux-mêmes doté leur postérité. Ainsi, la raison humaine, telle que nous la trouvons en nous, serait une synthèse de couches additionnelles de force inventrice et de notions, transmises par voie héréditaire, léguées avec le flambeau de la vie.

A l'heure actuelle, elle comprendrait un élément natif, individuel, et un élément inné, procédant de l'évolution de l'espèce humaine; et cet élément lui-même serait tout à la fois subjectif et objectif.

Une telle hypothèse ne suppose pas un développement continu de la famille humaine. Il se peut qu'il y ait eu des haltes et même des mouvements en arrière sur la voie du progrès intellectuel. Mais l'énergie une fois emmagasinée ne se serait pas perdue. L'heure de la décadence une fois passée, la raison soumise à des influences plus heureuses aurait repris sa marche en avant, accrue et guidée par les conquêtes des civilisations éteintes. A travers les fluctuations de la vie, il y aurait une suite de l'esprit humain.

« L'homme, a dit Pascal, est dans l'ignorance au premier âge de sa vie; mais il s'instruit sans cesse dans son progrès : car il tire avantage non seulement de sa propre expérience, mais encore de celle de ses prédécesseurs; parce qu'il garde dans sa mémoire les connaissances qu'il s'est une fois acquises, et que celles des anciens lui sont toujours présentes dans les livres qu'ils nous ont laissés. Et comme il conserve ces connaissances, il peut aussi les augmenter facilement; de sorte que les hommes sont aujourd'hui en quelque sorte dans le même état où se trouveraient les anciens philosophes, s'ils pouvaient avoir vieilli jusqu'à présent, en ajoutant aux connaissances qu'ils avaient celles que leurs études auraient pu leur acquérir à la faveur de tant de siècles. De là vient que, par une prérogative particulière, non seulement chacun des hommes s'avance de jour en jour dans les sciences, mais que tous les hommes ensemble y font un continuel progrès à mesure que l'univers vieillit, parce que la même chose arrive dans la succession des hommes que dans les âges différents d'un particulier. De sorte que toute la suite des hommes, pendant le cours de tant de siècles, doit être considérée comme un homme qui subsiste toujours et qui apprend continuellement [1] ».

L'hypothèse dont nous parlons ici comprend cette géniale pensée de Pascal, mais aussi quelque chose de plus. Le travail des siècles écoulés ne nous aurait pas seulement laissé des livres, mais encore certaines ébauches d'idées qui seraient devenues pour toujours l'apanage de notre esprit, et une puissance plus grande de pénétrer la nature des choses.

On ne peut d'ailleurs adresser à ce système les critiques qui portent si fortement contre l'innéisme de Descartes et celui de Kant : il ne compromet

---

1. *Pensées*, édit. Ernest Havet, p. 517, 1875, Paris.

nullement la connaissance du réel; il la favorise au contraire, en attribuant à l'intelligence une énergie plus féconde et comme une anticipation des données de l'expérience. Si nous tenons de nos ancêtres un certain nombre de notions fondamentales, en les retrouvant c'est le symbole mental de la réalité que nous découvrons; et par là même ces notions ne nous trompent pas. Elles s'éveillent en nous avec les données de notre expérience individuelle, se fondent avec elles et ne font que river plus solidement notre esprit à l'empirique vérité. Quand on parcourt une rue contournée et déjà connue, on n'en voit qu'une partie et l'on se souvient du reste. Mais à mesure qu'on avance, l'état vif recouvre l'état faible et s'identifie avec lui, tout en gagnant par là même en précision : on voit mieux ce que l'on a déjà vu. Ainsi des expériences ancestrales qui se seraient accumulées en notre esprit comme une série de couches sédimentaires : elles profiteraient à la connaissance du réel, au lieu de l'entraver. Par là s'expliquerait cette sorte de divination de la nature qui caractérise le génie. L'homme, en effet, ne paraît pas tout à fait comme un étranger dans cet univers; il semble avoir quelque aperçu de ses lois, avant de les découvrir. On dirait qu'il les connaît déjà de quelque manière, lorsqu'il y fait son entrée : ce qui semble indiquer une source de pensées antérieure à toute pensée personnelle.

Voilà une théorie qui est faite pour plaire aux esprits que domine l'idée de l'évolution : il n'y a pas d'innéisme individuel; mais il y aurait une sorte d'innéisme héréditaire.

Toutefois, cette théorie est-elle fondée, et l'expérience lui fournit-elle un solide appui?

I

« Quand les familles, dit Goëthe, se maintiennent longtemps, on peut remarquer que la nature finit par produire un individu qui renferme en lui les qualités de ses ancêtres et qui montre unies et complétées toutes les dispositions jusqu'alors isolées et en germe. Il en est de même des peuples dont toutes les qualités s'expriment à la fois, si le bonheur le veut, dans un individu. C'est ainsi qu'on vit paraître en Louis XIV un roi français par excellence, et dans Voltaire l'écrivain le plus éminemment français qui se puisse imaginer, le plus approprié à la nation [1]. »

Il y a une part de vérité dans cette parole. Les parents ne transmettent pas seulement le type

1. T. X, Œuvres diverses, Voltaire, traduction Porchat.

familial à leurs enfants : outre une certaine similitude d'organisme, de tempérament et de passions, ils leur lèguent quelque chose de leur intelligence. L'énergie mentale qu'ils ont recueillie en leur cerveau n'est pas totalement perdue; sous une forme ou sous une autre, elle fait partie de l'héritage paternel. Nous en avons pour preuve les familles qu'on a tant de fois citées à propos d'hérédité : les Bernoulli, les Estienne, les Grotius, les Lamoignon, les Jussieu, les Cassini, les Say, les de Candolle, dans les sciences; les Carrache, les Teniers, les Van Ostade, les Van der Velde, les Vernet, dans les arts; les Montmorency, les Guise, les Nassau, les Saulx-Tavannes, en politique, etc.[1]. Galton nous dit des juges de Londres que sur 286 qui se sont succédé en 203 ans, 112 ont eu un ou plusieurs parents illustres, « de telle sorte, ajoute M. H. Joly, que la probabilité qu'un de ces magistrats ait eu dans sa famille un ou plusieurs membres éminents, dépasse le rapport de 1 à 3[2] ». On pourrait multiplier à l'indéfini les citations de ce genre. Or la conclusion qui s'en dégage, c'est que toutes les fois qu'une famille persiste un certain temps dans le travail intellectuel, l'intelligence

1. *Hérédité*, par Th. Ribot, c. v, Paris, 1873.
2. *Psychologie des grands hommes*, p. 78. Paris. Hachette, 1891.

elle-même s'y développe de père en fils tout en revêtant les formes les plus variées, et finit par s'élever jusqu'au talent, parfois jusqu'au génie.

Mais il n'y a là qu'un côté des choses. A peine arrivé sur le faîte, la nature aspire à descendre. On a remarqué que la plupart des grands hommes n'ont pas eu de postérité ou n'ont laissé après eux que des enfants faibles de corps et d'esprit. Le fait avait déjà frappé l'imagination des anciens. Voici le dialogue que l'on trouve dans le *Premier Alcibiade*.

Socrate. — Peux-tu me nommer quelqu'un que Périclès ait rendu habile, à commencer par ses enfants ?

Alcibiade. — Quoi ! si Périclès n'a eu pour enfants que des imbéciles.

Socrate. — Et Clinias ton frère ?

Alcibiade. — Tu me parles là d'un fou [1]. »

Cette pensée de Platon, Aristote l'a reprise et lui a donné cette forme universelle qui caractérise toutes ses pensées. « Dans les familles, dit-il, il y a aussi cette marche inévitable qu'on observe dans les produits de la terre. Parfois, si la famille est distinguée, il y naît pendant quelques générations des hommes remarquables. Puis, tout s'abâtardit.

---

1. Ed. Godofr. Stalbaum, vol. IV, p. 22.

Les races énergiques tournent aux caractères extravagants et furieux, comme les descendants d'Alcibiade et de Denys l'Ancien ; les races calmes tournent à la sottise et à la stupidité, comme l'ont prouvé les descendants de Cimon, de Périclès et de Socrate [1]. » Cette loi, formulée par le maître des philosophes et qu'il appliquait à l'homme après l'avoir constatée dans la flore de son pays, a trouvé de nos jours une base plus large encore. La géologie nous apprend que le monde compte toute une série de périodes, et qu'après chacune d'elles la nature s'est arrêtée dans son œuvre, comme lasse d'enfanter. L'épuisement est une loi de la vie.

Mais revenons au fait. Cet épuisement n'est pas brusque d'ordinaire, au moins quand il s'agit de la destinée d'une famille. Le plus souvent, il s'accomplit lentement, à la façon d'un volcan qui s'éteint dans une suite de secousses de moins en moins violentes. Il arrive parfois qu'un grand homme a une ou plusieurs sœurs où se reflètent d'une manière plus douce la vigueur de sa pensée et une partie de son caractère. On n'a pas oublié la haute distinction de Sophie, la sœur aînée de Pierre le Grand, celle des mères Agnès et Angélique Arnauld, celle de la margrave de Beyreuth,

[1]. Arist. Rhet., II, XV, édit. Firmin-Didot.

sœur de Frédéric le Grand, « sa vraie sœur par la pensée et par l'âme, suivant l'expression de Sainte-Beuve ». Condé était l'aîné de Mme de Longueville, et P. Corneille avait pour sœur cette Marthe à laquelle il s'empressait de lire ses vers, dès qu'il les avait composés. Mais, à travers ces essais de retour à la gloire du passé, la gloire va diminuant son éclat, et souvent son déclin s'annonce d'une manière assez frappante. Quel rapport entre Charlemagne et Carloman, Napoléon Ier et son frère Joseph, Mirabeau et Mirabeau Tonneau [1] ?

II

Il y a donc dans les familles une certaine transmission de l'intelligence par voie d'hérédité. C'est une règle générale. Mais cet accroissement de vie intellectuelle ne dure pas à l'indéfini : il a son point d'apogée, au delà duquel tout redescend peu à peu, s'enveloppe derechef et regagne un état virtuel qui est voisin de la stupidité. Le génie s'éteint dans l'idiotie. L'énergie intellectuelle acquise aux prix de longs efforts ne se conserve pas dans la famille et ne passe pas indéfiniment à la postérité. En est-il de même pour les peuples? Les peu-

---

1. Voir l'excellent ouvrage de M. Joly déjà cité, c. III.

ples sont-ils aussi soumis à la mystérieuse alternance du progrès et du recul, du développement et de l'enveloppement, de la veille et du sommeil?

Un fait certain, c'est que dans chaque peuple il y a un type intellectuel qui se transmet à l'indéfini. Les différents individus d'une même nation ne se ressemblent pas seulement par le profil, le port, la taille et la couleur, mais encore par les tendances de leur esprit. On sait que les Grecs étaient naturellement portés à la spéculation : ils aimaient les discussions subtiles, ils s'y jouaient. C'est une tendance dont quelques dialogues de Platon sont d'immortels exemples, et l'histoire de l'Eglise nous apprend qu'aux premiers siècles de notre ère, à l'époque des grands conciles, ce trait du génie grec n'avait fait que se renforcer. Les Romains, au contraire, ne goûtaient que les choses pratiques. Le droit, la politique, l'administration : voilà ce qui les passionnait. Ce n'est guère qu'au contact de la civilisation grecque qu'ils se prirent à rêver de l'au-delà. Encore ne le firent-ils qu'autant que la conduite humaine y était intéressée. On trouve un trait analogue dans le peuple chinois. Cette race répugne aux occupations qui ne nourrissent que l'esprit. « Les Chinois, dit le P. Parennin, n'ont travaillé que pour eux seuls; et, quoiqu'ils aient cultivé l'astronomie avant toutes les autres nations, ils ne s'y sont appliqués qu'autant qu'il était nécessaire à la fin qu'ils se proposaient. Ils continuent comme ils ont commencé; ils iront toujours terre à terre, et il n'y a pas à espérer qu'ils prennent jamais leur vol plus haut, non seulement parce qu'ils n'ont pas, comme nous l'avons remarqué, cette sagacité, cette inquiétude qui sert à avancer dans les sciences, mais encore parce qu'ils se bornent à ce qui est purement nécessaire; et que, selon l'idée qu'ils se sont formée du bonheur personnel et de la tranquillité de l'État, ils ne croient pas qu'il faille morfondre ni gêner son esprit pour des choses de pure spéculation, qui ne peuvent nous rendre ni plus heureux ni plus tranquilles [1]. »

Il est donc difficile de le nier : sous l'influence du climat, de certains événements, et peut-être aussi d'une donnée native très difficile à découvrir, il se forme dans un peuple une manière spéciale de voir et de sentir qui se fixe peu à peu et ne passe plus. Mais en va-t-il de même pour l'accroissement de la vie intellectuelle? Ce que la pensée d'un peuple gagne en énergie pendant une période donnée, se transmet-il d'ordinaire aux générations suivantes? C'est là une question à laquelle on ne peut répondre

1. *Lettres édifiantes et curieuses*, par M. l'abbé Patouillet, 1776, t. XXX, Bibliothèque nationale.

qu'à la lumière des faits ; et les faits nous révèlent pour les peuples quelque chose d'analogue à ce que l'on a constaté pour les familles.

Toutes les fois qu'on remarque dans une civilisation donnée une floraison de grands esprits, on observe aussi qu'ils ne se sont pas formés subitement. Avant leur apparition, il s'est toujours produit un mouvement intense et souvent séculaire vers l'idéal qu'ils ont réalisé et dont ils restent comme l'immortelle personnification. Les principaux représentants de la sagesse grecque sont venus après une longue incubation philosophique dont ils ont profité et qu'ils n'ont fait que pousser plus loin. En saint Thomas se concentrent les efforts de deux siècles de discussions ardentes. Michel-Ange et Raphaël ont été précédés d'une longue série d'artistes qui, par leurs expériences tâtonnantes et leurs œuvres imparfaites, les ont acheminés vers la perfection. Et il en est ainsi de tous les mouvements intellectuels. Que s'est-il donc passé entre les tentatives plus ou moins avortées des débuts et les chefs-d'œuvre de la fin? Est-ce que les devanciers du génie n'ont contribué à son succès qu'en lui fournissant des procédés et des essais? Cette explication nous semble insuffisante : entre Cimabué et Raphaël il y a quelque chose de plus que des exemples Si Raphaël l'emporte, c'est surtout parce que les générations antérieures lui ont transmis un surplus d'intelligence artistique, une sorte de surabondance de pensée inventrice qui s'est manifestée dans sa personne : Raphaël condense en son génie l'effort séculaire de tout un peuple.

Le surplus d'intelligence que se sont acquis les ancêtres par leurs efforts personnels, se transmet, croyons-nous, au sein des nations comme au sein des familles, et pour s'accroître encore. Mais à un moment donné la marche ascendante s'arrête, et tout commence à redescendre. La moisson du génie une fois faite, les peuples disparaissent d'eux-mêmes, au moins pour un temps, ou sont absorbés par un voisin plus fort. Les Assyriens ne nous ont laissé que des blocs mutilés ou des briques éparses. Les sages institutions de l'Égypte n'ont pu la sauver d'une décadence finale. La Grèce est tombée sous le glaive des Romains; les Romains, à leur tour, ont disparu sous les hordes des barbares; et la civilisation européenne, qui est sortie sous l'influence chrétienne de ce chaos de tant de peuples, semble à l'heure actuelle, après une longue prospérité, donner des symptômes inquiétants de désorganisation. La loi de l'épuisement s'étend à la vie des peuples eux-mêmes : si bien que l'évolution de l'intelligence humaine à travers les âges présente des points de rupture qui s'opposent à ce que la richesse du passé aille tout entière à l'avenir.

III

Est-ce à dire que les expériences ancestrales soient totalement perdues, et qu'il n'y ait qu'une série de perpétuels recommencements dans l'effort que déploie le genre humain pour augmenter et son trésor de connaissance et sa capacité de connaître ? Nous ne pouvons nous résigner à le croire.

Les civilisations ressemblent aux lames de l'Océan, qui rident le front de l'abîme sans en rompre l'immensité. A travers les hausses et les baisses que subit la vie intellectuelle à la surface du globe, l'humanité demeure et continue son cours : les peuples meurent, l'humanité est immortelle. Et dès lors, on conçoit que certaines idées fondamentales, qui sont toujours présentes à tout être raisonnable, telles que les notions d'être, de cause, d'effet, d'énergie, de temps et d'espace, finissent par s'identifier avec l'âme humaine, se transmettent d'une certaine manière avec la vie et se trouvent au fond de chacun de nous comme un résidu de l'expérience ancestrale, antérieur à toute expérience individuelle. Le fait paraît d'autant plus probable qu'aucun homme ne peut jamais rien penser sans penser par là même toutes ces choses et qu'elles deviennent ainsi connaturelles à notre esprit.

On peut aller plus loin. Le champ de la connaissance humaine va s'élargissant à travers le cours des âges. Quand une civilisation disparaît, elle laisse sur le sol où elle a fleuri des blocs épars, qui servent tôt au tard à l'édifice d'une science plus compréhensive. Socrate, Platon et Aristote ont utilisé les recherches des philosophes qui les avaient précédés, et se sont élevés par ce moyen à une synthèse supérieure d'idées. Le génie romain s'est allumé au contact des œuvres du génie grec. Plus tard, les Pères de l'Église ont construit la métaphysique chrétienne sur les principes corrigés de la philosophie gréco-romaine, à la façon dont Constantin bâtissait les basiliques sur les ruines des temples païens. Depuis plusieurs siècles, les chercheurs, las de syllogiser, se sont tournés du côté de l'expérience, et de là une suite prodigieuse de grandes découvertes qui ont transformé l'aspect de la société et ne sont probablement que l'heureux début d'un savoir plus large et plus fécond. Le domaine de l'humaine pensée s'augmente à travers les siècles : nous savons ce que savaient les anciens, et quelque chose de plus. Mais comprendre plus, c'est mieux comprendre. Impossible qu'une science plus vaste et également digérée ne se traduise pas à la longue par une puissance supérieure et d'assimilation et d'investigation, ne finisse pas par aboutir à quelque accroissement de vigueur intellectuelle. Cet accroissement n'est peut-être pas encore assez prononcé pour être sensible, notre connaissance du passé étant à la fois courte et imparfaite. Mais il tient à la nature des choses et l'on peut en affirmer l'existence.

Le passé ne nous a pas seulement laissé des papyrus, des livres et des nécropoles. Il nous a légué quelque chose de plus intime. Nous en avons reçu un surplus de vie intellectuelle. Chacun de nous apporte en naissant comme des ébauches intérieures de ses expériences futures. En outre, le genre humain, pris en somme, possède une puissance plus grande d'intuition rationnelle; et c'est là que l'hypothèse évolutionniste retrouve ses droits.

LIVRE IV

IDÉE ET ÊTRE

CHAPITRE PREMIER

L'idée n'est pas identique à l'être.

Nous avons examiné successivement comment l'idée se rattache à la pensée qui la pénètre et la saisit, aux caractères généraux qu'elle présente, aux phénomènes empiriques qui lui servent de *substratum*. Il nous reste à parler du rapport de l'idée à l'être.

La question n'est pas de savoir s'il y a de l'être en toute idée; car la chose est trop évidente. « J'ai conscience de mes représentations, dit Kant; elles existent donc, et moi-même avec elles [1]. » Et c'est là une parole à laquelle on ne saurait contredire. Que penser en dehors de ce qui est, vu qu'une illusion est encore quelque chose? Le problème que

---

[1]. *Crit. de la raison pure*, t. II, Paralog., p. 452., édit. J. BARNI.

nous posons ici est à la fois plus foncier et plus ardu. Nous nous demandons si l'idée a la même frontière que l'être, ou si, au contraire, elle n'est qu'un coin lumineux dans l'immense réalité. Notre intention est de chercher si l'idée est identique ou non aux choses elles-mêmes. C'est l'idéalisme que nous rencontrons derechef sur notre route et dont il faut maintenant discuter le principe fondamental.

I

On conviendra qu'il est difficile de maintenir l'identité absolue de l'être et de l'idée. Si cette identité absolue existe, l'idée est adéquate à l'être. Or on ne peut poser une semblable équation : l'expérience suffit à démontrer que l'être déborde l'idée et de toutes parts. L'idéalisme subjectif, d'après lequel « l'essence de l'être est d'être perçu », ne résiste pas à l'épreuve des faits.

Ce système trouve un premier démenti dans la connaissance inadéquate que nous avons de nous-même. Malebranche dit quelque part : « Je ne puis découvrir les rapports des modifications qui affectent mon esprit. Je ne puis en me tournant vers moi-même connaître aucune de mes facultés ou de mes capacités. Le sentiment intérieur que j'ai de moi-même m'apprend que je suis, que je pense, que je veux, que je sens, que je souffre, etc.; mais il ne me fait pas connaître ce que je suis, la nature de ma pensée, de ma volonté, de mes sentiments, de mes passions, de ma douleur, ni les rapports que toutes ces choses ont entre elles [1]. » Rien de plus juste que cette vue tout empiriste de l'ingénieux et profond métaphysicien. Nous n'avons pas la claire vue, nous n'avons que le sentiment de nous-même : il y a un résidu d'obscurité jusque dans nos faits conscients. Je sais, il est vrai, distinguer mes désirs de mes volitions, mes volitions de mes émotions, mes émotions de mes pensées, mes représentations sensibles de mes notions abstraites. Mais, dans toutes ces choses que renferme le champ de ma conscience, je remarque un fond mystérieux que ma conscience ne pénètre pas.

D'abord, il nous arrive à chaque instant de faire des actions qui supposent le concours de l'intelligence et dont nous n'avons cependant qu'une connaissance fort obscure. « Je donne ordinairement à ma bête, dit Xavier de Maistre, les soins des apprêts de mon déjeuner; c'est elle qui fait griller mon pain et le coupe en tranches. Elle fait à merveille le café, et le prend même très souvent, sans que mon âme s'en mêle, à moins que celle-ci ne s'amuse à la voir travailler; mais cela est très rare et très difficile

---

1. *Entretiens sur la métaphysique* p. 46, éd. Charpentier.

à exécuter : car il est aisé, lorsqu'on fait quelque opération mécanique, de penser à tout autre chose ; mais il est extrêmement difficile de se regarder agir, pour ainsi dire ; ou, pour m'expliquer suivant mon système, d'employer son âme à regarder la marche de sa bête. Voilà le plus étonnant tour de force que l'homme puisse exécuter.

J'avais couché mes pincettes sur la braise pour faire griller mon pain, et quelque temps après, tandis que mon âme voyageait, voilà qu'une souche enflammée roule sur le foyer. Ma pauvre bête porta la main aux pincettes et je m'y brûlai les doigts [1]. »

Notre vie est pleine de ces actions, que nous dirigeons en réalité, mais d'un regard distrait ; qui pénètrent dans l'orbe de la pensée, mais n'en reçoivent qu'une lumière douteuse et tremblante. Et c'est à cette catégorie de phénomènes qu'il faut rattacher, selon nous, ces cas de dédoublement simultané dont on a fait tant de bruit à notre époque. Ces cas étranges ne sont que le grossissement de ce qui se passe à tout moment dans nos occupations quotidiennes [2].

Nos actions ne sont pas les seuls phénomènes où

---

1. XAVIER DE MAISTRE, *Voyage autour de ma chambre*, p. 17-18, édit. Charpentier, 1847.
2. Voir nos articles intitulés *Hypnotisme et Personnalité* et publiés dans le *Correspondant* le 10 et le 25 novembre 1894.

se révèle l'inconscient. Il apparaît aussi dans nos passions et souvent de la manière la plus inattendue. Il arrive parfois qu'une passion devient tout à coup et pour un temps le mobile dominant et dominateur de notre activité sans se révéler elle-même à notre âme en tourmente. Elle nous inspire des pensées et des désirs, elle nous dicte des plans et des démarches, elle ébranle notre être tout entier, et nous continuons à ne pas soupçonner sa présence. Bien plus, nous nous évertuons assez souvent à trouver de bonnes et sages raisons qui légitiment notre conduite ; et tous ces beaux considérants sont l'œuvre d'une intelligence abusée, qu'une sirène inconnue retient dans ses chaînes.

Mme Roland aima pendant quelque temps un M. de la Blancherie, « manière d'écrivain et philosophe qui tomba assez vite dans la fadaise et même dans le courtage philanthropique »; et, chose étrange, elle ne s'aperçut pas elle-même qu'elle l'aimait. Mais, comme l'observe très finement Sainte-Beuve à qui nous empruntons ce trait, « les lettres à Sophie se ressentent aussitôt de ce grave événement intérieur; les post-scriptum à l'insu de la mère s'allongent et se multiplient; le petit cabinet à jour où l'on écrit ne paraît plus assez sûr et la laisse en danger d'être surprise : « point de réponse à moins qu'elle ne soit intelligible que pour moi seule. Adieu ! le cœur me bat au moindre bruit; je tremble comme un voleur » Il ne tient qu'à l'amie en ce moment de se croire plus nécessaire, plus aimée, plus recherchée pour elle-même que jamais. Avec quelle impatience ses réponses sont attendues, avec quelle angoisse ! si cette lettre désirée arrive durant un dîner de famille, on ne peut s'empêcher de l'ouvrir devant tous; on oublie qu'on n'est pas seule, les larmes coulent, et les bons parents de sourire, et la grand' mère de dire le mot de toutes les pensées : « Si tu avais un mari et des enfants, cette amitié disparaîtrait bientôt et tu oublierais Mlle Cannet. » Et la jeune fille, racontant à ravir cette scène domestique, se révolte, comme bien l'on pense, à une telle idée : « Il me surprend de voir tant de gens regarder l'amitié comme un sentiment frivole ou chimérique. La plupart s'imaginent que le plus léger sentiment d'une autre espèce altérerait ou effacerait l'amitié, qui leur semble le pis-aller d'un cœur désœuvré. Le crois-tu, Sophie, qu'une situation nouvelle romprait notre liaison ? » Ce mot de rompre est bien dur; mais, pourquoi donc, ô jeune fille, votre amitié semble-t-elle s'exalter à ces moments mêmes où vous avez quelque aveu plus tendre à confier ? Pourquoi le jour où vous avez reçu celui que vous évitez de nommer, le jour où il vous a fait lire les feuilles d'épreuves d'un ouvrage vertueux qu'il achève, et où vous vous sentez toute transportée d'avoir découvert que, si l'auteur n'est pas un Rousseau, il a du moins en lui du Greuze, pourquoi concluez-vous si passionnément la lettre à votre amie : « Reçois les larmes brûlantes et le baiser de feu qui s'impriment sur ces dernières lignes »? D'où vient que ce baiser de feu apparaît tout d'un coup ici pour la première fois? L'amitié virginale ne se donne-t-elle pas le change? Et pourquoi enfin, quand plus tard *une situation* nouvelle s'établit décidément, quand le mariage, non pas de passion, mais de raison, vient clore vos rêves, pourquoi la dernière lettre de la correspondance que nous lisons est-elle justement *celle de faire part*? La grand'mère allait un peu loin sans doute, mais n'avait-elle pas à demi raison ? [1] »

Si du domaine des émotions nous nous élevons vers cette autre région de l'âme où se manifestent soit les phénomènes représentatifs, soit les phénomènes appétitifs, la part de l'inconscient diminue peut-être ; mais il ne s'efface pas complètement. Après trois mille ans de recherches, on discute encore et plus que jamais sur la nature de la représentation sensible, sur l'origine, l'essence et la

---

[1]. *Portraits de Femmes*, Madame Roland ; Paris, Garnier, 1876; voir aussi, dans *La Sarcelle bleue* par René Bazin, l'amour de Robert et de Thérèse.

valeur de l'idée, sur l'irréductibilité de l'acte libre au désir : tant il est vrai que nous n'atteignons que par leur extrémité les faits les moins obscurs de notre vie mentale, et qu'il reste comme des taches dans la partie la plus lumineuse de notre savoir !

Il y a dans les faits que nous pensons quelque chose qui déborde la pensée. C'est ce que l'on constate, lorsqu'on les considère en eux-mêmes ; et la chose n'apparaît pas avec moins d'évidence, quand on vient à remarquer les rapports qu'ils soutiennent entre eux. Dites-nous, vous qui croyez à l'identité de la pensée et des choses, dites-nous au juste comment une représentation donnée évoque d'autres représentations, comment une idée ou une image suscitent en nous des émotions, ces émotions des désirs, ces désirs des mouvements ? Apprenez-nous à voir en toute netteté l'action du motif sur la volonté, et l'action de la volonté sur le mouvement ; essayez au moins de nous expliquer à fond comment on va d'une idée à une autre idée, en quoi consiste le lien qui rattache les unes aux autres nos notions abstraites, ce que c'est que cette nécessité logique qui les relie et en fait comme un chœur de bacchantes. Puisque votre conscience va aussi loin que l'être et le pénètre en quelque sorte, comme la lumière fait le cristal, serez-vous embarrassés pour nous révéler, non point encore ce qui se passe au fond de la réalité, mais la nature intime des relations que soutiennent entre eux les effets conscients de la réalité? Le fait est en dehors de toute controverse : Entre les phénomènes conscients, aussi bien que dans ces phénomènes eux-mêmes, il y a quelque chose qui échappe à notre esprit, dont nous n'avons qu'une vague et flottante intuition.

Mais poursuivons encore notre analyse. Les faits conscients ne sont pas notre être; ils ne sont que le résultat de son incessante activité. Quel rapport y a-t-il entre les modes de notre vie consciente et leur sujet permanent? Qu'est-ce que ce sujet lui-même, considéré dans son essence? Les idéalistes l'ont-ils vu? Lorsque je m'observe moi-même, j'y trouve des représentations, des émotions, des désirs, des mouvements; mais je ne sais point, par là même, quel est au juste le rapport de tous ces phénomènes à la cause profonde dont ils émanent; le passage de l'effet à la cause est un voyage que personne n'a jamais fait et qu'il est difficile de tenter. Je ne saurais, à plus forte raison, pénétrer par l'effort de mon esprit jusqu'au fond de cet être mental, d'où sort tout organisé le spectacle de mon existence intérieure : on ne va pas si avant dans le pays du Noumène, bien qu'on ait un écho de l'activité qui s'y exerce. La substantialité de notre âme échappe à l'intuition : la conscience n'en atteint pas les profondeurs; elle y apparaît comme un rayon tremblant sur un abîme insondable.

Notre être se prolonge au delà de notre pensée; et notre être n'est pas toute la nature. En dehors de nous il y a une réalité qui n'est pas nous et qui forme la plus grande partie de l'immense univers. Le fait est peut-être moins difficile à établir qu'on ne le croit d'ordinaire. D'abord nos sens sont autant de fenêtres ouvertes sur le dehors, et il serait étrange que la nature se fût étudiée à façonner ces savants appareils pour ne recevoir que ce qui vient du dedans. Laplace disait des mouvements célestes : « En soumettant au calcul leur probabilité, on trouve qu'il y a plus de 200,000 milliards à parier contre un qu'ils ne sont point l'effet du hasard; une cause première a dirigé tous ces mouvements. » On peut, sans crainte, faire le même pari, lorsqu'il est question de l'extériorité de nos sensations; elles nous viennent d'un système d'objets qui ne dépend pas de nous. Tout est adaptation dans le monde, chaque chose s'approprie à son but, l'univers est empreint de finalité : c'est une loi que la science suppose toujours et vérifie à tout moment. Et, si tel est l'aspect dominant de la nature, si l'harmonie en constitue le fond, nos organes sensoriels ne s'ouvrent pas vainement à la périphérie de notre corps. Leur orientation nous indique qu'ils sont faits pour trafiquer avec un monde qui n'est pas en nous.

D'ailleurs, ce que l'induction nous permet de conclure, la conscience nous l'atteste directement : nous avons à chaque instant le sentiment plus ou moins vif d'une réalité extérieure; et ce sentiment s'élève jusqu'à l'évidence, lorsqu'il s'agit du toucher. Quand j'applique ma main au mur de ma chambre, j'entre en commerce avec un objet qui n'est plus moi-même, dont l'existence est indépendante de la mienne. Tout d'abord, je sens une énergie qui s'oppose à l'énergie de ma conscience et qui, par là même, s'en distingue dans une certaine mesure; deux forces, dont l'une résiste à l'autre, ne peuvent être totalement identiques. De plus, cet objet qui me résiste et que j'appelle le mur de ma chambre, ne se rapporte pas à mon être comme l'un de mes membres. Lorsque je presse mon bras gauche avec mon bras droit, je sens aussi quelque chose qui s'oppose à mon activité; mais dans ce quelque chose je me sens moi-même. Il en va tout autrement de la surface étendue dont je parle : je la sens et ne me sens pas en elle. Il faut donc qu'elle se situe au delà de la frontière de ma conscience, qu'elle ait un fond d'être que ma pensée ne soutient pas.

Enfin, je puis mouvoir mon corps comme je le veux, au moins dans une certaine mesure. Je veux agiter mon bras, je fais un effort, et il s'agite ; je veux avancer ou reculer, aller à gauche ou à droite, et je le puis. Le mur de ma chambre est un objet à l'égard duquel je reste impuissant : il a ses lois à lui, et il ne m'est pas donné de les modifier ; c'est une réalité qui ne dépend pas de moi.

Cette indépendance m'apparaît avec plus de clarté, lorsque j'ai recours à l'expérimentation. Que dans quelque temps d'ici je vienne à mettre de nouveau la main sur le mur en question, j'éprouve une seconde fois le même phénomène de résistance. Même effet encore, si je répète l'expérience une troisième fois, et si souvent que je la répète. D'où j'infère qu'il y a en dehors de ma sensation une réalité qui subsiste en son absence, une réalité qui porte en elle un principe permanent. L'astronome qui mesure l'orbite de la terre, ne saisit cette planète qu'à certains points de son parcours ; et ces points, il les relie à l'aide de lignes que l'expérience ne lui a pas fournies. C'est par une méthode analogue que le psychologue achève la preuve du monde extérieur. De ce qu'il peut à son gré retrouver un même objet dans les mêmes conditions, il conclut que cet objet existe toujours. Non point que la réalité que nous constatons en dehors de nous, à travers le rideau de nos représentations sensibles, ne puisse se réunir dans un même fond avec notre être lui-même. Il se peut, au point de vue du psychologue, qu'il n'y ait qu'une seule substance, dont les modes s'opposent les uns aux autres. Mais, quoi qu'il en soit de cette hypothèse, il reste constant qu'en dehors de nous il existe quelque autre chose et que ce quelque chose déborde bien plus fortement notre pensée que ne fait notre être lui-même.

Ainsi la réalité nous enveloppe comme un océan sans borne. De quelque côté que nous nous tournions, que nous regardions en nous ou en dehors de nous, nous pressentons toujours et dans ce que nous pensons et derrière ce que nous pensons tout un univers, dont les lois demeurent insondables : l'impensable est la partie la plus vaste et la plus profonde de l'être.

II

Nous venons d'établir que l'idée n'est pas adéquate à l'être. On peut démontrer aussi qu'elle ne lui est pas essentielle : l'être et la pensée sont choses séparables.

Qu'on voie dans la mémoire un système de représentations que la conscience ne fait que retrouver, ou une simple aptitude à reproduire les impressions et les idées une fois acquises, il n'en reste pas moins vrai qu'elle demeure quelque chose de très réel en dehors de tout souvenir, par là même en dehors de toute pensée. De plus, comme nous ne percevons à la fois qu'un très petit nombre de nos idées, comme nos connaissances ne sortent du néant que par petits groupes pour y retomber peu après, il s'ensuit que la plus grande partie de notre science réside dans l'inconscient, habite une région de notre être où la pensée ne pénètre pas, est séparable de la pensée.

C'est là d'ailleurs un fait auquel l'étude de l'hypnotisme est venue donner un relief inattendu. On peut prouver que l'état somnambulique et l'état de veille ne renferment d'ordinaire qu'une seule et même conscience, un seul et même *moi*.

En premier lieu, l'état somnambulique n'abolit pas l'état de veille ; il l'englobe. En passant à l'état de sommeil naturel ou provoqué, le sujet ne perd pas de vue les représentations qui emplissent à ce moment sa conscience normale : il les conserve dans leur intégrité, tout en acquérant un nouveau champ de perception. « On peut même remarquer, comme l'observe M. Binet, que le somnambule, quand il s'agit de rappeler certaines particularités de l'état normal, a plus de mémoire que la même personne éveillée¹. » Le sujet, à l'état somnambulique, prend une conscience plus vive de ses représentations habituelles, loin de les voir s'effondrer en quelque sorte dans l'abîme de l'inconnaissable. « Le second état, dit M. Pierre Janet, possède ordinairement en plus le souvenir complet des actes et des idées de la veille normale : le sujet, pendant le somnambulisme, peut raconter ce qu'il a fait ou senti pendant la journée et connaît encore les mêmes personnes. Une seule fois j'ai assisté à un somnambulisme de Rose, différant accidentellement des autres, pendant lequel elle ne reconnaissait plus et paraissait avoir oublié la plupart des événements arrivés depuis son séjour à l'hôpital. Mais ce cas est très rare et je ne l'ai point vu se reproduire². » Les somnambules, dit M. Richet, se représentent avec un luxe inouï de détails les endroits qu'ils ont vus jadis, les faits auxquels ils ont assisté. Ils ont pendant leur sommeil décrit très exactement telle ville, telle maison qu'ils ont visitée jadis ou entrevue³. »

Inversement, le somnambule, revenu à l'état normal, n'oublie pas radicalement ce qu'il a vu ou senti dans cette région mystérieuse où il s'est subi-

1. *Les altérations de la personnalité*, p. 73.
2. *Autom. Psych.*, p. 76.
3. *L'homme et l'intelligence*, p. 194.

tement transporté. M. Richet a très justement observé que le sujet peut, à l'état de veille, se rappeler quelque chose de son état second. Il lui reste encore comme des ruines de cet édifice de représentations qui a surgi tout à coup du fond de son être d'après une loi inconnue; et ces ruines, il les peut revoir dans une certaine mesure : il suffit pour cela qu'on « le mette sur la voie ». Le somnambule, à l'état de veille, n'a pas seulement le pouvoir de se rappeler quelques phénomènes de sa vision somnambulique, il arrive parfois qu'il en garde l'intuition, au moins un instant. M. Delbeuf l'a ingénieusement démontré : si l'on tire brusquement un somnambule de son sommeil, au moment où il accomplit un acte commandé, il peut se rappeler à la fois et cet acte qu'il est en train d'exécuter et l'ordre qu'il a reçu de l'exécuter[1]. Il y a plus : ces sortes de souvenirs ne disparaissent pas toujours d'une manière subite au seuil de la conscience normale : ils s'y prolongent parfois, ils y persistent dans une certaine mesure. « Un sujet hypnotisé pour la première fois, dit M. Gurney, se souvenait de tout, non seulement des actions qu'il avait faites, mais encore des sentiments de surprise qu'il avait eus en les faisant[2] ». « J'ai moi-même cons-

---

1. Voir M. Binet, *Altérations de la pers.*, p. 73.
2. *Procedings S. R. P.*, II, 67.

taté, dit M. P. Janet, cette persistance du souvenir chez un jeune homme que j'avais hypnotisé plusieurs fois, mais très légèrement. Ses paupières étaient restées fermées malgré lui, et ses bras ne pouvaient, malgré ses efforts, quitter les positions où je les mettais. Réveillé, il put facilement se souvenir de tout [1]. »

C'est donc la même conscience qui saisit les représentations du sommeil et celles de la veille. Le somnambulisme ne révèle pas une *scission* du *moi*, mais un simple changement de son champ de vision. Et dès lors, il faut admettre, derrière ce qu'il perçoit à un moment donné, un principe fixe et permanent qu'il ne perçoit pas et dans ce principe toute une vie cachée qui, à certaines heures, reflue vers la conscience et l'envahit comme une marée.

Il y existe en chacun de nous tout un ensemble de virtualités dont le propre est d'osciller entre le conscient et l'inconscient, de pénétrer dans le domaine de la pensée et d'en sortir pour y pénétrer encore; et ce caractère est aussi très probablement celui de certains faits d'ordre psychologique.

On a souvent parlé en psychologie du tic-tac du moulin. Or l'on ne peut guère croire qu'il ne produise sur l'oreille du meunier qu'une impression

---

1. *Aut. Psych.*, p. 81.

organique ; cette explication ne paraît pas conforme à la loi fondamentale du composé humain. De quelque façon qu'on entende l'union de l'âme et du corps, cette union est constante ; par là même, toute impression qui atteint l'un de nos organes sensoriels atteint notre âme de quelque manière, et en devient un mode. Le domaine de l'inconscient s'étendrait donc jusqu'à certains faits de notre être mental : il se produirait dans notre âme des actes que la pensée n'éclaire que par intervalles, à la façon dont la lumière de la tour Eiffel visite les quartiers de Paris. C'est sans nul doute ce qui a lieu pour l'extatique, c'est aussi grâce à cette activité inconsciente du conscient que la nièce du rabbin pouvait se rappeler le grec et l'hébreu de son oncle.

Non seulement il existe en notre âme des états et même des faits qui se produisent en dehors de toute pensée ; mais il est possible de montrer qu'à une certaine période de notre passé la pensée sommeillait encore au dedans de nous-mêmes, attendant pour se produire des conditions plus favorables.

Comme l'a très justement observé l'Ange de l'École, plus nous remontons le cours de notre vie, plus le champ de nos connaissances va se rétrécissant : il y a eu un moment où la raison a fait en nous son apparition; et l'on peut dire aussi qu'il y a eu un instant où la conscience empirique s'est pour la première fois dégagée du sein de la matière organique. D'après les découvertes récentes qu'on a faites en embryologie, l'homme commence par un germe amorphe; puis ce germe, une fois fécondé, se segmente et passe par l'état évolutif de la morula; ensuite il se transforme en vésicule blastodermique et ressemble à une larve ciliée. L'embryon n'a ses organes développés qu'au bout d'un nombre prodigieux de transformations qui toutes se font d'après la loi de la différenciation. Si, comme l'expérience le démontre, le développement de la pensée est proportionnel à l'état de la formation des organes, on peut en conclure sans témérité que l'embryon n'a pas toujours eu conscience de lui-même, que, pendant un certain temps assez difficile à définir, il n'a exercé qu'une activité toute végétative.

Mais sortons de nous-mêmes pour jeter un regard sur le monde qui nous environne; et peut-être y trouverons-nous une nouvelle preuve en faveur de notre thèse.

La pensée n'est pas contemporaine de l'univers. Elle ne s'exerçait pas encore au sein de cette nébuleuse immense qui remplissait à l'origine les espaces infinis et d'où se sont dégagés peu à peu les divers systèmes planétaires Et plus tard, les planètes une fois formées après de longs siècles d'embrasement universel, la vie animale ne réussit pas à s'y manifester immédiatement; car elle demande, pour éclore, un ensemble à la fois complexe et délicat de conditions qui n'étaient pas encore données. Longtemps la terre, par exemple, roula dans son orbite, inerte et déserte, portant peut-être en son sein un germe de vie et de conscience, mais impuissante encore à le développer. Des millions de siècles ont précédé l'apparition de la pensée dans le monde; et des millions de siècles suivront sans doute les dernières lueurs qu'elle aura jetées. « Il fut un temps où notre planète ne convenait pas à l'homme : elle était trop chaude et trop humide. Il viendra un temps où elle ne lui conviendra plus : elle sera trop froide et trop sèche. Quand le soleil s'éteindra, ce qui ne peut manquer, les hommes auront disparu depuis longtemps. Les derniers seront aussi dénués et stupides que les premiers; ils s'éteindront misérablement dans des cavernes, au bord des glaciers qui rouleront alors leurs blocs transparents sur les ruines effacées des villes où maintenant on pense, on aime, on souffre, on espère... un faible reste de royale intelligence, hésitant dans leurs crânes épaissis, leur conservera quelque temps encore l'empire sur les ours multipliés autour de leurs cavernes. Peuples et tribus auront disparu sous la neige et les glaces avec les villes, les routes, les jardins du vieux monde. Quelques familles à peine subsisteront ; femmes, enfants, vieillards engourdis pêle-mêle, verront par les fentes de leurs cavernes monter tristement sur leur tête un soleil sombre où, comme sur un tison qui s'éteint, courront des lueurs fauves, tandis qu'une neige éblouissante d'étoiles continuera de briller tout le jour dans le ciel noir à travers l'air glacial. Voilà ce qu'ils verront ; mais, dans leur stupidité, ils ne sauront même pas qu'ils voient quelque chose. Un jour, le dernier d'entre eux exhalera sans haine et sans amour, dans le ciel ennemi, le dernier souffle humain. Et la terre continuera de rouler, emportant à travers les espaces silencieux les cendres de l'humanité, les poèmes d'Homère et les augustes débris des marbres grecs, attachés à ses flancs glacés. Et aucune pensée ne s'élancera plus vers l'infini du sein de ce globe où l'homme a tout osé [1]... »

Cette page si belle et si triste d'un livre qui en a cependant de si légères, est l'expression poétique des dernières inductions auxquelles ont abouti comme de concert la géologie et l'astronomie. La vie consciente ne tient qu'une place très étroite dans l'évolution de l'univers.

1. *Le jardin d'Épicure*, p. 25.

Les preuves ne font donc pas défaut à notre sentiment : psychologie, pathologie, embryogénie et géologie concourent à le mettre en lumière : non seulement l'être, comme on l'a vu plus haut, déborde la pensée, mais encore il en est séparable : il peut exister en dehors d'elle. Et cet être n'est pas une simple « possibilité de sensations », comme l'a imaginé Stuart Mill; c'est une force réelle, une cause concrète, un principe immense d'activité. C'est de cet être en effet, ou de cette partie de l'être située en dehors de ma pensée, non de mes images ou de mes conceptions, qu'est sorti cet ensemble prodigieux de phénomènes qui constitue le monde actuel. Or comment ces phénomènes en seraient-ils sortis, si sa causalité n'était autre que celle d'une possibilité logique? C'est de cet être ou de ce fond d'être que me viennent à chaque instant ces sensations vives et par contre-coup ces états faibles qui forment la trame de ma vie. Or, comment ce déploiement perpétuel de faits réels au sein de ma conscience, si la source dont ils s'écoulent n'est qu'une abstraction? Pour expliquer le réel, il faut plus qu'un « éternel théorème »; pour expliquer le réel, il faut du réel. Il existe donc cet être qui déborde ma pensée, puisqu'il agit sans trêve; et ma pensée n'entre pour rien dans le fait de son existence : il n'en dépend pas.

III

Toutefois, nous n'en avons pas fini avec l'idéalisme. Ce système est un Protée : il a des formes variées ; et, quand on le chasse sous l'une d'entre elles, il renaît sous une autre. Les considérations que nous venons de faire, portent pleinement contre cet idéalisme d'origine anglaise d'après lequel l'être est d'être perçu et qu'on appelle idéalisme subjectif ; mais elles n'atteignent pas cette autre façon d'identifier la pensée et les choses qui se nomme l'idéalisme objectif.

Voici d'abord le principe de ce dernier système. L'intelligibilité de l'être égale l'être ; tout est connaissable. Mais quel moyen de connaître l'être ? Nul autre que celui de devenir quelque chose de lui-même, nul autre que celui de devenir d'une certaine façon son mode pensant. Je suis la perception immanente de chaque objet dans la mesure où je le connais. Ma conscience s'éveille en lui quand je le pense, et c'est par là seulement que je le puis penser. Si j'entends un carillon lointain ou le bruit sourd d'une canonnade, il faut que ma conscience, plus rapide que l'éclair, plus subtile que l'électricité, se soit transportée à travers l'espace jusqu'au point où commencent les vibrations sonores ; si je vois l'immensité du ciel, on n'en peut fournir qu'une explication : je l'emplis de l'immensité de mon activité consciente. La pensée que j'acquiers des choses et qui est le point où coïncident leur être et le mien, n'y est pas toujours actuelle ; mais elle y dort en quelque sorte, et c'est son réveil qui constitue mes états conscients : je connais le monde dans la mesure où j'y suis. Un astronome voyageait un jour avec un grand philosophe de notre siècle et ne tarissait pas sur les merveilleuses découvertes de la science à laquelle il a consacré son talent. « Eh bien ! dit le sage, comment pouvez-vous connaître ces étoiles lointaines dont vous me parlez et que vous apercevez, au bout de votre télescope, comme perdues dans les profondeurs du ciel ? » L'astronome n'avait jamais songé à cette question d'inspiration socratique et ne put donner de réponse. « C'est que vous y êtes de quelque manière, » dit le philosophe.

Voilà de fait la vraie devise de l'idéaliste objectif : chacune de ses pensées est à ses yeux un mode de la chose qu'il pense.

Cette hypothèse est d'une grandeur captivante ; mais elle n'a pas de preuves à son appui. Elle se fonde tout entière sur ce principe tant de fois formulé que la conscience n'a pas de fenêtres ouvertes sur le dehors, qu'elle est un sanctuaire absolument clos, que penser autre chose que soi-même c'est sauter sur son ombre. Or ce principe n'est qu'un postulat : on l'a toujours affirmé, on ne l'a jamais établi. Rien n'empêche au fond que la conscience n'entre en contact avec des objets qui se distinguent d'elle et n'en ait par là même une certaine connaissance.

Tout être a un dedans et un dehors : tout être est doué d'une activité immanente qui s'exerce en lui-même, mais aussi d'une activité transitive par laquelle il se met en rapport avec le milieu ambiant. Le monde ne se compose pas d'éléments isolés ; c'est la continuité qui en est la loi fondamentale. Chacune des parties qui concourent à le constituer est en relation avec toutes les autres, influe directement sur ses voisines et en subit l'influence : le monde est un vaste système où tout agit et réagit. Or cette dynamique mutuelle ne se comprend que si l'activité interne de chaque être se prolonge en activité transitive. L'âme humaine a donc aussi son activité transitive ; et, puisque cette activité est compénétrée de conscience, quel obstacle voit-on à ce que cette conscience aille aussi loin qu'elle et se termine comme elle aux objets extérieurs ? Quand je presse un corps dur, par exemple le manteau de ma cheminée, pourquoi ma conscience déployée dans mes organes ne s'étendrait-elle pas jusqu'à ce corps? Pourquoi ne pourrait-elle pas en atteindre les différentes parties? On dira sans doute que le simple n'agit pas sur le composé. Mais cette objection, vieille comme le monde, n'a pas de portée ; elle est le résultat d'une métaphysique que l'observation n'a pas encore corrigée. Il faut bien, en fin de compte, que le simple ait sa manière de communier au composé, puisque nos perceptions sont par essence des actes simples et que pourtant nous percevons l'étendue.

Il y a donc, à côté de l'explication de la connaissance qui se fonde sur l'*unité* du sujet et de l'objet, une autre explication également plausible, plus plausible encore, qui se fonde sur l'*union* de ces deux termes. Et dès lors les idéalistes n'ont nul droit d'ériger leur théorie en dogme. Devoir leur incombe de fournir d'abord de solides preuves ; et ce devoir est d'autant plus pressant que leur doctrine enveloppe des conséquences religieuses et morales qu'on ne peut nullement accepter sous bénéfice d'inventaire.

Fondé sur un principe gratuit, l'idéalisme a de plus l'inconvénient d'être en désaccord avec certaines données de l'expérience. Si je suis la perception des objets extérieurs, d'où vient que plusieurs personnes, placées au même endroit en face du même objet, n'y voient pas les mêmes couleurs?

D'où vient qu'il y a autant de goûts et d'odorats que de gens? Comment expliquer surtout que nous ayons une vue si confuse des faits matériels? Nous percevons le continu où le microscope nous découvre des millions de parties et d'interstices. Nos sens constatent l'inertie où la science nous révèle tout un ensemble complexe de mouvements atomiques. L'activité de nos facultés représentatives est de beaucoup plus lente que l'activité de la nature physique elle-même, comme le prouve l'expérience du charbon ardent dont le mouvement circulaire produit un cercle de feu. D'où peuvent procéder de telles différences entre nos images et les faits réels, si ces images sont ces faits eux-mêmes, si entre notre pensée et leurs caractères absolus ne s'interpose aucun terme? Le propre de la pensée n'étant pas de changer ce qu'elle perçoit, mais de le percevoir, toutes ces modifications de la réalité connue se dressent sous le regard de la réflexion comme autant d'insondables antinomies.

CHAPITRE II

C'est l'être qui fonde l'idée.

Définissons d'abord la question, afin d'éviter toute équivoque.

Ici nous prenons l'être dans une acception moins large qu'au chapitre précédent; nous l'opposons à l'idée : nous entendons par être la réalité concrète elle-même.

S'il faut en croire Hegel, l'univers n'est que de la logique en mouvement. L'idée fait le fond immuable de la mobile nature, et c'est de son éternelle action que procèdent les phénomènes d'ordre divers qui se déploient dans l'espace et le temps. L'idée, au sens du célèbre métaphysicien, est la substance du monde, et tout le reste n'en est que l'immanente et perpétuelle modulation.

Il s'agit ici de savoir ce que vaut cette vue sur le premier principe des choses.

Le problème n'est pas facile, et il semble, de premier aspect, que Hegel en ait trouvé la vraie solution. L'idée est nécessaire, avons nous dit;

par conséquent, elle n'a pu commencer, elle est éternelle. D'autre part, l'idée n'est pas extérieure à la réalité concrète : elle en forme le contenu logique ; c'est là qu'elle vit, là que l'intelligence humaine la découvre. Il y a donc, au fond des phénomènes qui changent sans cesse, quelque chose qui ne change pas, un principe immuable qui est l'idée.

Toutefois, quand on y regarde de plus près, on observe assez vite qu'il n'y a là qu'une apparence de vérité. Hegel s'est mépris sur le rôle de l'idée, parce qu'il n'en a pas vu la véritable origine ; il a fait de l'idée le premier principe des choses, parce qu'il n'a pas remarqué le rapport qu'elle soutient soit avec la pensée qui la pénètre soit avec les phénomènes qui lui servent comme de satellites. Il n'a pas fait avec assez de patience la généalogie de l'idée ; et là se trouve le vice originel de sa vaste et puissante conception, si riche en aperçus nouveaux, si féconde en grandes et nobles pensées ; mais qui, considérée dans son ensemble, n'en demeure pas moins dépourvue de tout point d'appui. Sans doute, on peut dire de l'idée qu'elle est une cause. Une fois apparue au ciel de l'âme, elle agit au dedans de nous : elle se pose comme fin et devient le levier perpétuel de notre activité consciente. Mais avant d'être cause, l'idée est effet et de deux manières assez différentes. L'idée n'est pas antérieurement à l'intuition sensible ; et, l'intuition sensible une fois donnée, elle n'est qu'autant que la force de l'esprit l'en fait jaillir. Elle suppose le concours simultané de deux facteurs d'ordre distinct : le phénomène empirique qui la contient à l'état virtuel et l'entendement dont le regard la découvre ; elle est par essence un produit de la pensée élaborant les données de l'expérience. C'est donc se tromper que de voir dans l'idée la substance de l'univers : elle n'en est qu'un mode d'une nature à part ; elle n'est pas le fond des choses, mais le substitut logique et par là même inadéquat des choses, substitut qui n'existe que pour et par la conscience.

Préalablement à la pensée il y a tout à la fois ce qui peut penser et ce qui peut être pensé ; préalablement à l'idée, il y a ce qui lui sert de matière et de cause ; et là se trouve la substance, là se trouve le « premier terme » auquel tout le reste est comme suspendu. Le connaissable et le connaissant préexistent au connu ; et c'est dans le réel que commence l'idéal.

Mais cette réponse, bien que fondée sur l'observation intérieure, n'a qu'une valeur indirecte. Plaçons-nous maintenant au point de vue qui a frappé le génie de Hegel, établissons-nous sur son propre domaine : examinons la nature de cette mystérieuse nécessité de nos idées qui a servi de base à ses déductions. Il tient cette nécessité pour absolue; l'est-elle en fait?

Ce qu'on remarque dès l'abord, c'est que la nécessité de rapport est tout hypothétique : elle vient de ce qu'un terme une fois posé, un autre terme s'en suit. Un carré étant donné, il faut bien que sa surface soit égale au produit de sa base par sa hauteur. Aussi longtemps que les corps resteront ce qu'ils sont à l'heure actuelle, il faudra bien qu'ils s'attirent en raison directe de leur masse et en raison inverse du carré de leur distance. Supposé qu'il y ait un être absolu, il faut qu'il enveloppe de quelque manière toutes les perfections. Mais ces hypothèses supprimées, leurs conséquences disparaissent du même coup. Le sujet n'étant plus, il n'y a plus d'attribut. Et la remarque n'est pas neuve. Les scolastiques l'avaient déjà formulée; Leibniz lui-même l'a reprise et en a fait l'un des meilleurs chapitres de ses *Nouveaux essais :* tant il est vrai qu'il « y a encore de l'or dans ces scories ».

Mais le vif de la question n'est pas là. Toute proposition renferme un sujet; et ce sujet dont l'existence peut être précaire, est toujours supposable; il est éternellement possible, il ne peut pas ne pas l'être : la nécessité en fait le fond. D'où vient cette nécessité tout interne? Quelle en est la raison explicative? Voilà ce qu'il faut dire, si l'on veut ne pas s'en tenir à la surface des choses.

Pour résoudre ce problème fondamental, d'où l'on aiguille fatalement ou vers l'empirisme ou vers l'idéalisme, il importe avant tout de le poser avec précision.

Quand on veut constater la nécessité d'une idée, celle de l'idée de triangle, par exemple, on le fait d'ordinaire sous cette forme. Le triangle a toujours été possible, il le sera toujours, il l'est partout et à l'indéfini : il ne peut cesser de l'être. Supposez qu'il n'y ait jamais eu de triangle dans la nature, qu'aucune intelligence n'en ait jamais conçu, le triangle n'en demeurerait pas moins éternellement possible. Ecartons cette manière de dire ; elle est défectueuse. On y prête à tous les triangles une seule et même essence, parce qu'on s'en fait une seule et même idée ; on y suppose des idées en soi, et c'est là une pétition de principe. Pour avoir une expression rigoureuse de la vérité psychologique, il faut employer un langage moins abstrait et s'exprimer comme il suit. On a toujours pu concevoir un triangle ; on le pourra toujours ; on peut concevoir un nombre indéfini de triangles ; il est impossible qu'on ne puisse plus à un moment donné concevoir un triangle. Et à la question ainsi posée il semble qu'il soit juste de répondre : l'impossibilité de ne pouvoir plus concevoir un triangle vient de la possibilité d'en concevoir un. Qu'on puisse, en effet, concevoir un triangle A, on peut par là même en concevoir un second B, un troisième C; on peut en concevoir un nombre aussi grand qu'on le voudra. Car la même hypothèse doit avoir toujours le même succès. La dix-millième fois, comme la première, on pense ce qui est pensable. La nécessité de l'idée de triangle est donc conditionnelle au même titre que le rapport de ses propriétés : elle n'est que l'imitabilité d'un sujet une fois donné.

Mais cette solution ne suffit pas par elle-même, elle nous entraine plus loin.

D'où vient que je puis concevoir un premier triangle? Si cette conception réussit, ce n'est pas par un simple effet du hasard. Elle suppose que la matière enveloppe une aptitude interne à la formation de cette figure; elle suppose qu'il ne se trouve pas d'obstacle essentiel à l'intersection de trois lignes, qu'il ne s'en trouve pas non plus au tracé de ces lignes elles-mêmes. Il y a donc dans l'univers, préalablement à toute connaissance, des conditions objectives de la connaissance. Il y a dans l'être, antérieurement à l'apparition des individus, des convenances logiques qui président et à leur constitution et à la position des éléments qu'ils renferment. Les existences ne s'expliquent qu'autant qu'on suppose un fond éternel d'éternelles possibilités, qui leur sert de règle ; et c'est là ce qu'il faut accorder à Hegel qui n'a fait, en ce point, que reproduire à sa manière la pensée des plus nobles représentants de la sagesse humaine.

Où réside ce principe métempirique qui contient en lui-même les lois immuables de l'expérience ? Qu'est-ce que cet être primordial qui trace également à tous les autres êtres les conditions essentielles de leur passagère existence ? Faut-il y voir un système d'idées, suivant la pensée du métaphysicien allemand ? Nous ne le croyons pas ; et c'est là, comme nous l'avons dit plus haut, c'est à ce point initial que sa théorie se trouve manifestement en défaut. L'idée est chose abstraite : le fait de l'existence en est essentiellement banni ; elle ne peut donc subsister en soi et par soi. C'est de la lumière intermittente de l'entendement que dépendent et son apparition et sa durée. L'idée dérive de la réalité concrète ; et partant, cette réalité elle-même, voilà le domaine où se trouve la source inépuisable de toute possibilité. Mais comment ?

Le propre de l'être éternel est de posséder toutes les perfections. Comme il n'a pas commencé, il ne peut dépendre que de lui-même, il porte en soi le principe de son essence et de son existence. Et, dès lors, il n'y a pas de raison pour qu'il s'arrête en son acte constitutif à tel degré d'énergie, de savoir, de vouloir ou de bonté : il est l'harmonieuse plénitude de la vie, par le fait même qu'il est.

Or, ce n'est pas sous cette caractéristique de l'être éternel que la nature se révèle à nos yeux. Les imperfections s'y manifestent à tous les degrés et sous toutes les formes. Le ciel passe sans relâche de l'homogène à l'hétérogène, et de l'hétérogène à l'homogène. Des soleils se forment dans l'espace infini, d'autres y brillent de leur plein éclat, d'autres y sont en train de disparaître ou ne se voient déjà plus. La matière sidérale tend à se déployer en ordre ; mais, cet idéal incomplètement atteint, elle ne peut s'y tenir : il faut qu'elle en redescende. La vie vient de l'imperceptible, croît par degrés insensibles, acquiert des proportions définies qui forment son point de maturité ; puis elle ne tarde pas à se ralentir, à retourner au néant. Tout se développe et se réenveloppe : c'est la loi des individus, celle des familles et celle des peuples. La nature aspire à l'être et réussit dans une certaine mesure à réaliser son vœu ; mais elle s'épuise dans son effort et finit par retomber sur elle-même, comme lasse de produire. En notre âme s'est éveillée une lueur de raison, et nous nous servons de cette arme supérieure pour arracher à l'univers le secret de ses lois, celui de son origine et de sa destinée ; mais l'univers résiste. Notre pensée ne fait que glisser à la surface des choses comme l'eau des torrents sur le granit, et l'ignorance continue à nous entourer d'un océan de ténèbres. Entre notre vouloir et notre raison se révèle une antinomie plus anormale encore que notre impuissance à conquérir la vérité. Nous connaissons le devoir, nous en apprécions la valeur souveraine, et la force de l'accomplir nous fait défaut. Nous ne faisons pas le bien que nous voulons, et nous faisons le mal que nous ne voulons pas. Il y a dans nos membres une loi qui s'oppose à la loi de l'esprit ; et le plus souvent c'est elle qui l'emporte dans la lutte. La violence et la volupté sont encore les deux souveraines de la vie.

De quelque côté qu'on envisage la nature, on y trouve toujours que son énergie est limitée et son harmonie incomplète ; on découvre partout dans sa richesse immense des indices d'une indigence essentielle. Elle n'a donc pas sa raison d'être en elle-même : elle n'est pas éternelle ; et, par conséquent, elle ne porte pas en son sein ce principe inépuisable de possibilités qui s'y réalisent sans cesse. Ce principe n'est pas immanent, il est transcendant. Ce principe c'est Dieu, « éternellement subsistant, éternellement véritable, éternellement la vérité même ». Dieu n'est pas seulement la cause des existences, il est aussi la loi suprême des essences. Rien n'a lieu dont il ne soit et l'auteur et l'original ; tout se fait par lui et d'après lui. Il est à la fois le soleil du monde réel et celui du monde intelligible.

CONCLUSION

Valeur formelle, scientifique et métaphysique de la raison.

I

De la nature de l'idée dérivent des conséquences relatives à sa valeur.

Si nos analyses ont quelque fondement, les formes innées sont une sorte de superfétation, un groupe de parasites intellectuels dont l'observation désavoue la présence. En fait, l'universalité et la nécessité ne tiennent pas à la nature de l'entendement; elles découlent de l'idée. Ce sont des caractères de l'idée qui, non seulement pour nous, mais encore en soi, ne peuvent nullement s'en séparer; et l'idée elle-même n'est que la conscience d'une propriété ou d'une série de propriétés, prises à l'état nu. Dès lors, le problème de la connaissance revêt un nouvel aspect: nous sortons du relativisme intellectuel. Il n'est pas encore démontré que nos idées aient un prototype dans la nature. Il n'est pas démontré non plus que les objets que nous concevons soient véritablement possibles; car la possibilité revient à la convenance interne de tous les éléments qui constituent un être. Or, cette convenance nous échappe totalement dans la plupart des cas, et quand nous la connaissons, ce n'est jamais qu'en partie : nous voyons le rapport des propriétés entre elles, et non celui des propriétés à leur sujet. Telle est l'idée d'être parfait; tels sont aussi les concepts mathématiques eux-mêmes. Il y a quelque chose d'obscur jusque dans la partie la plus claire du savoir. Mais, par le fait même que l'universalité et la nécessité tiennent à la nature des choses que nous concevons, non à l'acte par lequel nous les concevons, il se trouve établi qu'il n'existe rien, qu'il n'existera jamais rien de contraire aux intuitions de notre entendement.

On peut encore douter qu'il y ait des triangles dans la réalité et même que le triangle soit totalement possible; mais, s'il se trouve quelque part un triangle, il faut qu'il ait les propriétés que j'y vois, et que ces propriétés s'y enchaînent comme je le vois. On peut douter qu'il y ait des commencements dans la nature, et même qu'un commencement quelconque soit possible; mais, si quelque chose vient à commencer, il faut que cette chose trouve quelque part sa raison explicative : elle exige une cause. On ne sait encore si l'être absolu existe, si même il est possible ; car qui peut pénétrer le rapport des éléments qui le constituent ? Mais si, de fait il existe un être absolu, il faut qu'il soit tel que je le comprends : c'est l'harmonie éternelle et vivante de toutes les perfections. Il en est ainsi de tous les concepts où nous percevons réellement un rapport nécessaire. Ce rapport ne vient pas de l'esprit qui les forme, mais des propriétés qu'ils enveloppent : il n'est pas subjectif, mais objectif ; et partant, il faut de toute rigueur qu'il se trouve toujours le même, partout où se trouvent ces propriétés.

Kant n'a vu dans l'entendement qu'un pouvoir de lier les données de l'expérience. Cette vue est erronée et il est temps de le dire ; on a déjà trop souffert de l'obsession de radical scepticisme qu'elle fait peser, comme un joug, sur les meilleures intelligences. L'entendement ne lie pas au sens strict du mot ; il découvre et formule les liaisons que contiennent les faits. Derrière les phénomènes s'élève un regard qui les perçoit, les scrute, les analyse, y saisit des rapports qui ne dépendent que de leur nature ; et cela, cette pensée à la fois active et intuitive, c'est l'entendement, c'est aussi la raison.

Stuart Mill ne trouve dans le champ de la conscience humaine que des agglutinations de faits plus ou moins consolidées par l'expérience ; il n'y voit que des cas multiformes d'empirique contiguïté : à son sens, les phénomènes se touchent, ils ne s'enchaînent pas. Et cette théorie l'amène naturellement à cette étrange assertion que, si nous ne concevons pas un cercle carré, c'est parce que nous n'avons jamais rien rencontré de semblable dans le domaine de notre expérience. Stuart Mill mérite pleinement la critique que Cousin adressait à Maine de Biran avec trop de sévérité : il a passé à côté de la raison. Ou l'on croit, ou l'on ne croit pas à l'autorité de la conscience. Si l'on n'y croit pas, que l'on ne cherche plus, que l'on cesse de s'égarer en d'interminables suppositions. L'unique point de départ est là ; et tout ce qui n'en vient pas, n'est qu'un songe plus ou moins brillant. Si l'on en tient au contraire pour les données de la conscience, il faut reconnaître par là même qu'elle enveloppe quelque chose de plus que des faits bruts, physiquement associés ; il faut reconnaître que nous percevons dans les faits un certain contenu logique, un groupe plus ou moins nombreux de caractères hypersensibles ; qu'en ces caractères nous découvrons des rapports essentiels, des rapports qui ne peuvent pas ne pas être. Il est manifeste qu'au-dessus du concret s'élève l'abstrait, et que du contingent se dégage le nécessaire. L'idée n'est pas moins évidente que la sensation : idée et sensation sont deux faits de conscience qui se révèlent en même temps et s'imposent avec une force également irrésistible. Par conséquent, si l'on admet la sensation, il faut admettre aussi l'idée et ses exigences essentielles. Toute autre façon de procéder tient de la fantaisie et cesse par là même d'être scientifique.

Mansel admet que connaître c'est conditionner. Mais ce conditionnement ne peut aller à l'indéfini. Il y a une dernière étape de la pensée rationnelle où nous ne faisons plus que voir. Or, quand on regarde de ce site suprême, on constate avec une indéniable clarté que nous ne faisons pas l'enchaînement nécessaire de nos idées, qu'il résulte de leur contenu, non de la pensée. Le relativisme a peut-être sa place dans le rapport de nos sensations aux objets extérieurs ; il garde aussi ses droits, lorsqu'il s'agit de la relation des sensations aux idées : les idées sont des sensations tronquées, mutilées par le travail de l'intelligence. Mais il reste comme une dernière citadelle où le relativisme ne pourra jamais pénétrer : c'est l'intuition de l'idée elle-même. A cet endroit, être et apparaître ne font plus qu'un, l'absolu seul demeure. Et de là le moyen de relever les ruines accumulées par la critique à outrance des philosophes modernes; là se trouve toujours vivante la racine du dogmatisme futur.

Le principe fondamental de la sagesse traditionnelle reste debout, après les efforts si curieux de destruction qu'on a tentés à notre époque. Il est encore vrai que les principes de la raison ne dépendent ni de l'intelligence qui les conçoit, ni du temps où ils se réalisent, ni du lieu qui en circonscrit l'application; il est encore vrai qu'ils ne sont autre chose que le rapport essentiel des objets que nous pensons. On ne peut y voir de simples « lois municipales »; ce sont des lois universelles, des lois absolues. Quelle que soit la nature du monde réel, nous portons en nous-mêmes tout un monde idéal qui ne peut être que ce qu'il est et ne peut se réaliser que dans l'ordre que notre entendement y voit. De ce « fond de Platonisme » on ne sortira jamais.

II

Outre leur valeur formelle, nos idées ont une valeur scientifique. L'ordre des idées traduit l'ordre des intuitions sensibles, est conforme au cours de la nature, telle qu'elle se manifeste à notre conscience. Le mathématicien part d'une formule générale, la combine avec des formules également générales, passe par une longue série de raisonnements, de simplifications, de transformations; et, après cette excursion dans le ciel de l'abstrait, loin de toute réalité, il aboutit à une équation qui est l'expression de la réalité. On prévoit longtemps à l'avance le jour et l'heure où Vénus passera devant le Soleil. Le Verrier remarque un point du ciel où la loi d'attraction ne trouve pas son exacte application, attribue ce trouble à une planète ignorée, calcule d'avance la masse et la distance de cette planète, et découvre Neptune.

A quoi tient ce rapport des vues de l'esprit avec l'expérience ? Si, comme l'ont cru les innéistes du vieux temps, l'idée sort toute faite des profondeurs de la pensée, si elle ne tient de l'expérience aucun de ses éléments constitutifs, elle ne nous révèlera jamais que son propre contenu ; elle reste radicalement impuissante à nous tirer du domaine de la pure intelligibilité. La conscience que nous en avons ne nous manifeste pas plus la nature des faits que la vue du blanc ne nous manifeste celle du rouge. L'idée et l'expérience sont dans l'innéisme ontologique comme deux lignes parallèles qui se développent à l'infini sans se rencontrer jamais : elles forment deux ordres distincts de connaissances, et de l'un l'on ne va pas à l'autre. Dès lors on peut analyser et déduire à l'infini, accumuler intuitions sur intuitions, la science empirique ne s'enrichira pas par là ; la nature n'en sera pas mieux connue, et l'on n'a aucune raison de penser qu'elle voudra bien s'en tenir aux calculs que nous alignons en nos cervelles.

La question n'avance pas, si l'on attribue à l'idée une origine partiellement empirique, si l'on en fait avec Kant l'application d'une forme universelle et nécessaire à une intuition sensible qui n'a rien par elle-même que de particulier et de contingent. On a beau nous dire que les catégories de la pensée s'unissent aux données sensibles, les pénètrent et ne font avec elles qu'un seul et même objet : cette chimie d'un nouveau genre ne trompe que l'imagination. La raison dépasse les catégories qu'on lui prête; et, sous leur voile transparent, elle découvre une activité qui n'est pas la sienne et d'où dérivent tous les phénomènes qu'elle perçoit; elle comprend que cette activité ne peut être subjuguée par la force de lois qui découlent exclusivement de son essence, et que, par conséquent, si le cours des faits s'accorde avec de telles lois, on ne peut y voir que l'effet du plus merveilleux des hasards. Ce n'est pas parce que j'ai le concept de finalité qu'il y a des fins dans les choses; ce n'est pas parce que je conçois la causalité qu'il existe réellement des causes. Mais si la nature ne contient en elle-même ni fins ni causes, tout ordre, tout enchaînement y devient impossible : il ne reste plus en dehors de moi qu'une matière houleuse, chaotique, où rien n'est lié à rien. Dès lors quel moyen de savoir ? Quel moyen de prévoir ?

Kant ne réussit pas mieux que Descartes à expliquer la science du concret, et pour la même raison. Il admet, comme lui, que la pensée a ses lois et la nature les siennes. Et du même coup tout est perdu, l'on se trouve engagé dans une voie qui n'a d'issue nulle part.

Le problème change d'aspect, si l'on rejette à la fois et les idées et les formes innées, si l'on fait de l'intelligence un principe essentiellement actif, dont le propre est de s'élever du concret à l'abstrait, de saisir dans les faits le contenu logique qu'ils enveloppent. L'idée devient alors le fond de la nature, l'intelligible et le sensible coïncident, et l'on sait les choses dans la mesure où l'on sait conduire ses pensées. Que l'esprit regarde aux êtres concrets ou aux linéaments logiques qu'il a le privilège d'y découvrir, c'est toujours des mêmes objets qu'il s'agit. Il tire de la réalité tout ce qu'il connait ; et, partant, s'il prend le soin de bien déduire, il n'y peut voir que ce qui doit réellement arriver : ses raisonnements s'ajustent toujours au cours des faits, parce qu'ils n'en sont que l'idéale esquisse. Causalité et finalité sont les principes directeurs de la raison, parce qu'elles sont les lois fondamentales du monde : nous concevons la causalité parce qu'il y a des causes, et la finalité parce qu'il y a des fins.

Voilà, nous semble-t-il, une solution plausible du problème de l'accord de la pensée avec les choses. Cette solution serait-elle purement hypothétique qu'elle mériterait déjà quelque attention ; car elle explique les faits, et toute supposition qui a cet honneur a droit d'hospitalité au temple du savoir humain. Mais il y a plus : nous croyons avoir démontré qu'elle se fonde sur les données de la conscience, qu'elle a pour elle l'expérience que nous avons de notre vie mentale. Il suffit de se regarder vivre pour constater qu'elle est conforme à ce que nous observons au dedans de nous. Pour toute personne dont le parti pris n'a pas altéré les pensées, que l'habitude ou la passion d'un système ne retient pas sous le joug, c'est de la même source que jaillissent l'idée et la sensation : nous sentons et pensons les mêmes objets ; l'intelligible est la forme des choses.

III

La raison n'atteint pas seulement les faits et leurs lois. Elle peut aller jusqu'à la cause nouménale qui les produit : elle a une valeur métaphysique ; entre le mode et la substance Kant a creusé un fossé trop large et trop profond.

La méthode métaphysique est la déduction; et la déduction comprend en quelque sorte deux stades : on y va d'abord des faits à leur cause; puis, une fois en possession de cette cause, on examine ce qu'elle enveloppe, on en sonde le contenu logique. C'est ainsi qu'en psychologie on remonte des phénomènes volitifs à la volonté, des phénomènes intellectuels à l'intelligence, des phénomènes sensitifs à la sensibilité, de ces trois catégories de phénomènes à un seul et même principe qu'on appelle âme; ensuite, ce principe une fois découvert, on en analyse le concept, afin de mieux connaître sa nature et d'avoir quelque lumière sur son origine et sa destinée. Même marche en cosmologie, et aussi en théodicée, où l'on s'élève des faits à l'idée d'une cause première, puis de l'idée d'une cause première au concept de souveraine perfection. Dès lors le problème de la valeur métaphysique de la raison se dédouble. Il s'agit de savoir en premier lieu si le principe de causalité a une valeur absolue, en second lieu si l'analyse logique d'un concept empirique ou dérivé de l'expérience a quelque signification relativement à la réalité concrète. Or ces deux questions se trouvent résolues, si les analyses que nous avons faites au cours de ce travail sont conformes aux données de la conscience.

Tout commencement implique par lui-même

une *insuffisance objective;* tout commencement suppose quelque autre chose qui l'explique, demande une cause; et cette cause ne peut être purement modale. Car, en réalité, les actions sont des sujets qui agissent, les mouvements des corps qui se meuvent, les pensées des âmes qui pensent : il n'y a de modes proprement dits qu'aux yeux de la raison qui dissèque le concret; les modes, pris en eux-mêmes, sont des abstractions. Entre les faits et la cause nouménale dont ils procèdent, se place une *exigence essentielle;* et voilà le pont de la métaphysique.

Ce pont une fois découvert, on peut aller plus loin : la cause connue et déjà quelque peu précisée, on peut en analyser le concept et apprendre par là quelque chose, accroître la science du concret. Car ce concept est réel; et par là même tous les éléments que j'y trouve, tous les rapports que j'y vois, le sont aussi de quelque façon. Si le monde existe, il lui faut une cause qui existe aussi, qui soit une source vivante d'énergie. Par conséquent, en analysant l'essence de cette cause, c'est le réel lui-même dont je forme en moi l'idéal dessein.

C'est donc en vain qu'on essaie de nous emprisonner dans le relatif; c'est en vain qu'on espère avoir exorcisé le spectre de l'absolu. Il est là, toujours là, ce revenant éternel. Il est au fond de notre intelligence, dont les principes ont une valeur indépendante de l'espace et du temps ; il est dans la nature, dont nos idées sont comme un reflet mental ; il est par delà la nature comme la cause immuable qui met tout en mouvement. Notre pensée le rencontre partout, elle en est remplie. Et ceux-là qui le nient, l'affirment encore ; car ils donnent au moins comme absolus les principes qui fondent leur relativisme.

Mais, si telle est la place de l'absolu et dans notre raison et dans les choses, on peut garder l'espérance au cœur. La guerre qu'on lui fait n'est qu'une tourmente à travers laquelle l'humanité s'achemine au meilleur : il reparaîtra, comme le soleil après l'orage, dans une lumière plus puissante et plus pure. Et ce retour s'annonce déjà, semble-t-il ; il a son aurore au milieu de notre société sceptique et scepticisante. Tant il est vrai que les dogmes ne sont jamais plus près de renaître qu'au moment où l'on croit qu'ils finissent !

FIN.

TABLE DES MATIÈRES

                                          Pages

NOTIONS PRÉLIMINAIRES : Sujet et Plan.   VI

LIVRE I

IDÉE ET CONSCIENCE

CHAPITRE I. — *Manière dont la conscience perçoit l'idée.* — Nous voyons nos idées comme elles sont ; l'être et l'apparaître y coïncident, et par là même il n'y a pas de relativisme intellectuel...   16

CHAPITRE II. — *Dualité de la conscience et de l'idée.* — Ces deux aspects de l'acte intellectuel diffèrent en qualité et en quantité ; et ces différences suffisent à montrer l'erreur de la théorie des *idées-reflets*................................   31

CHAPITRE III. — *Unité fondamentale de la conscience et de l'idée.* — Bien que directement irréductibles l'une à l'autre, la conscience et l'idée ont un seul et même sujet, qui est l'âme ; ce sujet enveloppe des virtualités diverses, mais il est essentiellement un ; par là même, il ne peut procéder du multiple : c'est le simple qui est à l'origine des choses........................   47

LIVRE II

CARACTÈRES GÉNÉRAUX DE L'IDÉE

Chapitre I. — *Nature de ces caractères.* — Toute idée est abstraite, universelle et nécessaire. On a oublié la vraie notion de l'abstrait ; il y a deux sortes d'universalité, et deux sortes de nécessité.................................... 64

Chapitre II. — *Origine de ces caractères.* — Ils ne se situent pas dans la conscience, comme l'a dit Kant ; mais bien dans le contenu de l'idée. Par conséquent, nos principes rationnels, considérés en eux-mêmes, indépendamment du rapport qu'ils peuvent soutenir avec la nature, constituent un idéal qui vaut pour tous les temps et tous les lieux : ils sont absolus.............. 136

LIVRE III

IDÉE ET PHÉNOMÈNE EMPIRIQUE

Chapitre I. — L'idée vient du phénomène empirique.................................... 179

Chapitre II. — L'idée diffère essentiellement du phénomène empirique..................... 220

Chapitre III. — L'idée est dégagée du phénomène empirique par l'activité mentale............ 276

Chapitre IV. — Il y a peut être un innéisme héréditaire ; la pensée de H. Spencer a une « âme de vérité »..................................... 294

LIVRE IV

IDÉE ET ÊTRE

Chapitre I. — L'idée n'est ni adéquate ni essentielle à l'être; le Principe idéaliste est erroné.. 321

Chapitre II. — C'est l'être qui fonde l'idée; et non l'idée qui fonde l'être, comme le veut Hegel : l'idéal commence dans le réel et il a sa source en Dieu.................................... 331

CONCLUSION

Valeur formelle, scientifique et métaphysique de la raison. Le spectre de l'absolu n'est pas encore exorcisé........................... 344

www.ingramcontent.com/pod-product-compliance
Lightning Source LLC
Chambersburg PA
CBHW070850170426
43202CB00012B/2014